国家社会科学基金重大项目（批准号:10&ZD130）

国 家 出 版 基 金 项 目

国家"双一流"建设学科"南京大学中国语言文学"资助项目

江苏省2011协同创新中心"中国文学与东亚文明"资助项目

国家出版基金项目
NATIONAL PUBLICATION FOUNDATION

中国古代文献文化史

第三卷

中古时期的历史文献与知识传播

程章灿 主编

于溯 著

南京大学出版社

总　序

程章灿

　　中华民族有着五千年悠久而灿烂的文明,绵延至今,从未断绝。浩如烟海、形式多样的中国古代文献,在中华文明传承过程中发挥了重要的作用。中国古代文献不仅是文化的载体,也承载着历史的记忆,生生不息,成为中华文明一大特色。"中国古代文献文化史"这一研究课题,就是以文献为切入点来研究文化,从文化的视角来研究文献,前者强调文化研究的实证基础,后者突出文献研究的宏观视野。对于认识中华文化的形成过程及其特点,认识中国古代文献的发展变化及其文化价值,这一研究的意义是显而易见的。

　　纵观五千年中华文明史,造纸术与印刷术的发明,早已被公认是推动人类文明重大跨越的不朽贡献。实际上,早在造纸术和印刷术发明之前,中国古代就有了甲骨契刻、简帛书写、金石镂刻等文献生产方式,开创了源远流长的文字书写传统,也确立了坚实深厚的文献历史传统。《尚书·多士》最早用文字记载确认了这一传统:"惟殷先人,有册有典。"这个传统一方面体现在中国古代文献数量极夥,以现存 1911 年以前的古籍文献(不包括出土文献)而言,即不下二十万种。另一方面,这个传统体现在中国古代文献类型十分丰富,除书本外,文书、卷子、档案、信札、石刻、契约、账册、书画等不一而足。中国古代文献在书写、制作、印刷与流通等方面取得了很高的成就,为中国乃至世界文化发展做出了巨大的贡献,它吸引后人展开全面而深入的文化研究,同时也为这种研究奠定了坚实的文献基础。

从文化史的角度来看,文献既是文化的重要载体,也是突出的文化现象,具有重要的文化史研究价值。狭义的文献一般指书籍或有文字、图像的载体,广义的文献外延较广,包括人类一切符号载体。文献是思想知识的载体,其根本属性是"精神"与"物质"的结合。文献的这一属性决定了它本身也是一种重要的文化现象,不仅以自身的内容记载传承文化,而且以自身的物质形式嵌入广义的文化史架构之中。据《论语·八佾》记载,孔子最早使用"文献"一词,他说:"夏礼吾能言之,杞不足征也;殷礼吾能言之,宋不足征也。文献不足故也,足则吾能征之矣。"宋代大儒朱熹在《论语集注》中解释"文献"这个词,明确指出:"文,典籍也。献,贤也。言二代之礼我能言之,而二国不足取以为证,以其文献不足故也。文献若足,则我能取之以证吾言矣。"这是"文献"一词的经典解释。在这个话语体系中,"文献"包括典籍与贤人两个方面。典籍是载录文化的载体,贤人是传承文化的主体,典籍与贤人亦即物与人的深刻交集,恰好揭示了文献的物质文化与精神文化本质。环绕着文献的制作、生产、衍生、阅读、聚散、流通、使用等过程,各种社会群体与历史力量参与其间,纵横交错,在文化与文献之间形成无数交叉联结之点。经由这些联结点,既可以看到被文化史所塑造的文献现象,也可以看到文献史所凸显的文化特性。这正是中国古代文献文化史研究首要着力的方向。

中西学术传统都很重视对于文献本身的研究,由此产生了目录学、版本学、校勘学、书志学、典藏学等文献学相关学科,图书馆学、金石学、历史文献学等学科也涉及对古代文献的研究。涵盖校勘学、目录学、版本学和典藏学等学科的中国古典文献学,历来以整理图书为己任,尤重考镜源流、辨章学术,为往圣继绝学,表现出强烈的延续文化学术的历史使命感。具体而言,校勘学揭示了古代书写与传播的方式与特点;目录学揭示了文献的历史状况、分类源流和学术思想轨迹;版本学揭示了文献的物质文化形态;典藏学揭示了文献聚散传承的轨迹及其社会文化因缘。它们都为中国古代文献文化史研究提供了宝贵的学术文献资源,其中所蕴含的文化自觉和历史意识,更为中国古代文献文化史研究提供了重要的文化思想资源。

随着 20 世纪初中国学术现代化的发轫,中国古典文献研究中的文化自觉更加明显,其代表作有王国维《简牍检署考》、孙德谦《汉书艺文志举例》《刘向校雠学纂微》、陈登原《古今典籍聚散考》、余嘉锡《古书通例》等。其后又有刘国钧《中国书史简编》、张秀民《中国印刷术的发明及其影响》等,它们带动了一大批关于书史、印刷史的研究,但此类研究仍然偏重于书籍物质形态本身,对文献的文化史意义的抉发不够深广,还谈不上是系统的中国古代文献文化史研究。

自 20 世纪西方新史学诞生以来,特别是社会史、文化史观照视角兴起以后,开始出现以社会、经济、文化取代传统历史编纂学叙事关注的倾向。文献,特别是印刷书籍成为被关注的热点之一,书籍史研究于是应运而生。1958 年,法国年鉴学派史学家费夫贺(Lucien Febvre)与马尔坦(Henri-Jean Martin)出版了《印刷书的诞生》,从宏观角度解答印刷术发明对整个欧洲历史的深远影响,为书籍史研究导夫先路。20 世纪中期以后,广义历史研究的"文化转向"进一步明显,图书的阅读史、接受传播史、商品贸易史,特别是图书对社会文化影响的研究成为一种重要的学术思潮,其代表作为美国史学家达恩顿(Robert Darnton)所著《启蒙运动的生意:〈百科全书〉出版史(1775—1800)》,以 18 世纪狄德罗《百科全书》为个案,从其出版过程及流通的角度,探讨图书出版与启蒙运动的互动历史。其突出贡献在于提出了"书的历史"的重要价值,将书籍的传播过程视为理解思想、社会以及历史的最佳途径及策略。

简而言之,西方学者的这些"书籍史"(histoire de livre)研究,不同于图书馆学、目录学和版本学意义上的"图书史"(history of the book),它是一种文化史的观照,其核心是将书籍理解为文化历史中的一股力量。书的制作情形如何? 由谁制作? 为谁制作? 撰著者与出版商之间的关系为何? 国家意识形态如何影响书籍的出版? 思想理念又如何通过书籍而传播? 书的价格与书的贸易情况如何? 书籍的传播与接受的社会效果如何? 读者的阅读能力与参与性怎样? 国家文化当局的权威及其影响力如何? 等等。这些问题的产生,使二十世纪六七十年代以来的当代书籍史研究开始超越传统的文献学研究,成为一个专门学科。这一学科的内涵是:在文献书籍存在的长久时段内,用最广泛、最完整的视角来看待它,探究其社会功用、经济和政治利益、文化实践与影响等等。

西方学者运用西方书籍史的视角,研究中国古代文献与社会文化历史的关系,产生了一系列富有价值的成果,也在一定程度上推动了中国本土学者在书籍史方面的探索。但西方学者主要关注近世以来的书籍与印刷,对其他时代、其他形态的文献关注不足,亦较少利用中国传统文献学中的学术资源。因而,结合中西学术积累进行中国古代文献文化史研究,是一个极富意义并具有广阔发展前景的学科方向。

2010年底,以程章灿教授为首席专家的南京大学文学院古典文献研究所团队成功申请国家社科基金重大项目"中国古代文献文化史"(批准号:10&ZD130),项目分为十个子课题,子课题负责人依次为赵益教授、徐兴无教授、于溯副教授、巩本栋教授、俞士玲教授、徐雁平教授、张宗友教授、程章灿教授、金程宇教授等九位。其预期成果为十卷本《中国古代文献文化史》。这个研究团队及其依托的学科群体,在古典文献学、域外汉籍研究、古代文化史研究等领域已有较为丰厚的学术积累,也较早开始了中国古代文献文化史的研究探索。

立项以来,研究团队多次对十卷本《中国古代文献文化史》的架构进行系统规划,深入研讨这一课题的内涵、意义、价值及研究方法,凝聚共识。研究团队多次主办学术讨论会、专题暑期学校、学术论坛、工作坊、系列报告会等,深化对文献文化史概念及其研究思路的思考。研究团队还在《文献》《南京大学学报》《学术研究》《古典文献研究》等重要学术刊物上组织专栏,发布文献文化史研究的阶段性成果。2013年1月23日,《中国社会科学报》A1版以《古代文献文化史:超越"书籍史"的本土化尝试》为题,发表该报记者霍文琦对程章灿教授的访谈;同年赵益教授在《南京大学学报》第3期发表《从文献史、书籍史到文献文化史》一文,系统阐述文献文化史的研究思路,扩大了本项目的社会影响和学术影响。从2010年至2020年,研究团队邀请来自美、欧、日、韩的国外学者来校交流、讲学,通过多种形式的国际学术交流,以更好地借鉴外来的学术方法与观念,开阔视野。在研究团队成员的指导下,南京大学中国古典文献学和中国古代文学专业的研究生们围绕中国古代文献文化史进行专题研究,进一步开拓了中国古代文献文化史这一新的学科领域。

"十年磨一剑,霜刃未曾试。"经过十年的辛勤耕耘,十卷本《中国古代文献文化史》终告完成。2020年,十卷本《中国古代文献文化史》荣获国家出版基金资助,标志着这一成果获得了学界同行的认可。十卷本《中国古代文献文化史》包括:

第一卷　中国古代文献:历史、社会与文化(赵益著)

第二卷　早期经典的形成与文化自觉(徐兴无著)

第三卷　中古时期的历史文献与知识传播(于溯著)

第四卷　宋代文献编纂与文化变革(巩本栋著)

第五卷　明代书籍生产与文化生活(俞士玲著)

第六卷　清代的书籍流转与社会文化(徐雁平著)

第七卷　治乱交替中的文献传承(张宗友著)

第八卷　作为物质文化的石刻文献(程章灿著)

第九卷　汉籍东传与东亚汉文化圈(金程宇著)

第十卷　中国古代文献文化史史料辑要(程章灿、许勇编著)

第一卷《中国古代文献:历史、社会与文化》是全书之绪论。本卷开宗明义,就中国古代文献文化史之研究内容与撰述方针提出自己的见解。全卷除"绪论"之外共设五章,分别从中国古代文献之历史、社会与文化三个方面,拈出具有宏观性的问题进行系统论述,对其中悬而未决或有待探索的重要问题,辨证前说,阐述新见,也为深入的思考和未来的研究提示方向。

第二卷《早期经典的形成与文化自觉》是专论之一,专论先秦两汉时代早期经典形成的历史语境和形成条件。本卷既注重从文明史的角度讨论中国"前轴心时代"和"轴心时代"的经典文化,又重视从经典文化的角度讨论早期中国经典的意义、体系及其文化转变。从早期经典的发生,到诸子文献的形成,从先秦两汉经学文献体系的形成,到西汉末年谶纬的兴起,本卷系统论述了经典的宇宙化、历史化和神秘化过程。

　　第三卷《中古时期的历史文献与知识传播》是专论之二,专论中古史部文献之形成与传播。本卷第一章抓住中古时期历史编纂和历史知识传播的新特点进行讨论。以下各章围绕这些特点,以史书、史志、史注、史部形成以及具体史传文本为中心,讨论中古时期不同历史文献的书写策略,进而论述中古文献收藏以及史部文献在收藏活动中的优势和劣势,呈现中古史部文献的存佚与当时文化环境之间的关系。

　　第四卷《宋代文献编纂与文化变革》是专论之三,专论宋代文献编纂及其对文化变革之影响。宋代正式从钞本时代进入刻本时代,文献数量浩如烟海,其编纂方式、阅读方式与传播方式都发生了显著改变。本卷选取宋初四大书、经部文献、北宋私家藏书与文献编纂、南渡之际文献传承以及集部文献的新变等个案,通过对具体文献之编纂、整理、刊刻、流传的研究,挖掘和揭示其蕴含的思想文化意义,确立其在宋代思想文化史上的作用和地位,勾勒有宋一代思想文化发展的轨迹。

　　第五卷《明代书籍生产与文化生活》是专论之四,专论明代书籍生产及其文化环境。本卷挑战传统文献学中所谓"明人刻书而书亡"的观念,从新的角度思考明代图书生产现象。明代图书生产者身份多样,官刻、坊刻与家刻长期互动,时常联手,造成嘉靖、万历以降图书生产的兴盛,其征稿、编书、写书方式以及图书文化功能发生不变,足以体现明代图书生产的灵活性和复杂性。本卷十分重视商业出版,但不是在商业出版的框架内讨论书籍的社会史和文化史,而是在书籍的社会史和文化史中发现商业因素,从而确认在图书生产中政府、社会群体、作者、赞助者、出版者、评论者、接受者各自的位置、角色及身份的变化。

　　第六卷《清代的书籍流转与社会文化》是专论之五,专论清代之文献文化,其基本思路是关注社会中层与底层,尤其是区域社会的"书群",以体现清代文献的时代特色和本土特色。本卷强调,文献文化史要研究"动态的文献"或者有"社会情缘的文献",具体而言,是既要关注文献的内容与物质形态呈现(如家集、新学书籍、日记等新文献形态),关注文献之著述、编辑、刊印、流通、阅读等环节以及每一环节所牵涉的行为动机,又要关注所关联的环节与人群之间的互动,如关注抄书、藏书题跋、石印等环节以及书估、女性读者等人群,通过对零散材料的搜集与整合,提炼问题,展开深入而有新意的探讨。

第七卷《治乱交替中的文献传承》是专论之六,专论治乱交替与文献传承之关系。本卷以治乱交替之背景为切入点,研讨中国古代文献传承的内在理路。文献作为文化载体,具有强大的文化内驱力,在历代研习、注解、新纂中不断实现文本衍生与代际传承,以刘向、刘歆父子与朱熹等人为代表的历代知识阶层是推动文献传承的主体力量。历代帝王从维护巩固其统治地位、加强思想控制出发,也往往重视文化建设,建构同本朝政治体制相适应的文献体系,从而成为文献恢复、整理、编纂与传承的有力推动者。

第八卷《作为物质文化的石刻文献》是专论之七,专论石刻文献,弥补了以往文献研究及书籍史研究之不足。中国古代石刻源远流长,类型繁多,影响深远。本卷超越以往石刻研究偏重史料研究和史学研究的格局,从物质文化角度深入石刻的生产、使用、阅读、传播全过程,特别关注刻工与拓工这两个以往被忽视或遗忘的人群,透过刻工、拓工与文士的交往,突显其社会文化存在。各章论述中提炼的"尤物""礼物""景物""方物""文物""读物"等主题词语,概括并凸显了作为物质文化的石刻在中国文化史上的功能与意义。

第九卷《汉籍东传与东亚汉文化圈》是专论之八,专论汉籍东传与汉文化之东亚传播。汉籍不只是文化交流的媒介和途径,也是东亚汉文化的重要组成部分;不只是中国与东亚其他国家之间的文化桥梁,也是日本、韩国等国吸收世界其他文明的媒介。可以说,汉籍东传是促使东亚汉文化圈形成、东亚文明格局发生变化的动力之一。从东亚汉文化圈的视野研究汉籍东传,意义重大。本卷从汉籍东传之途径、特点以及汉籍回流等角度切入论题,详细论述汉籍东传对东亚各国广泛与深远之文化影响。

第十卷《中国古代文献文化史史料辑要》分为两个部分:第一部分是从古典文献中辑录有关古代文献文化史研究之资料,分门别类,首次建构了中国古代文献文化史的传统论述框架;第二部分选取海内外有关书籍史、印刷史、阅读史、藏书史等方面的研究著作四十馀种,各撰提要,加以评述,为中国古代文献文化史研究融合中外、开拓创新提供思考和参证的基础。

从总体架构上看,十卷本《中国古代文献文化史》舍弃传统的线性叙事和面面俱到的论述结构,而以绪论、专论与史料辑要来建构全书论述。绪论一卷(第一卷)以中国古代文献的总体状况为基础,以历史发展为线索,以若干具有全局性问题的论述作为发端,对中国古代文献文化史进行宏观观照。专论八卷(第二卷至第九卷),由各项专门研究组成,包括不同时期及不同类型文献的作用与影响,各种文献现象的社会文化内涵,不同的文献制作、传播、阅读、授受方式与社会文化的互动关系等众多的专门问题。史料辑要一卷(第十卷)汇辑有关中国古代文献文化的史料以及海内外重要研究成果提要,通过资料汇编和研究文献评述来总结学术历史,为未来研究奠定基础。

从总体思路上看,《中国古代文献文化史》有如下三个重点:第一,从文化的视角阐释文献,突出新视角与开阔视野,以文献为依据叙述文化,强调实证求是,勾勒文献发展的历史线索,突出中国古代文献的民族文化特色;第二,注重文献的生产、阐释、传播与接受的历史传统,在动态过程中把握文献的社会文化意义,重视中国古代文献的域外传播及其对东亚文化圈形成的影响;第三,既强调对中国古代文献历史的整体把握,也注重文献形态的复杂性与多样性,特别是书籍以外的其他文献形态,如石刻等。总而言之,本丛书始终把文献理解为中国文化史中的一股重要力量,探寻这股力量如何发生作用,具有怎样的意义,以及如何形塑了中国文化的传统。

本丛书采取多维视角,运用多学科研究方法,主要包括而不限于如下三个层面:第一,在文献层面上,采取包括传统校雠学、目录学、版本学、典藏学、编纂学等多学科相结合的方法,以期更好地分析与解决问题。本丛书第四卷较多采用编纂学的研究视角,而第七卷较多采用了目录学的视角。第二,在文化层面上,结合当代文化研究的理论与方法,如新文化史、物质文化研究、接受学、传播学等,更好地揭示了古代文献的文化内涵。本丛书第八卷较为集中运用物质文化研究的视角，而第九卷则结合了目录学与传播学的方法。第三，在历史层面上，既以技术史，也以经济史、社会史、学术史、思想史、文化史的视野进行多方面的观照。本丛书第六卷第十章使用技术史的视角，第一卷和第二卷则较多使用学术史和思想史的视角，而在第三卷和第五卷中，社会史视角比较突出。

本丛书的总体特色主要体现在如下三个方面：第一，结构体系上，以问题为中心，以历史发展为线索，对文献文化史进行全面而系统的观照。丛书的总体框架大致以绪论与专论相结合，既重视各卷之间的连续性和整体性，也突出各自的专题性和独特性。每个子课题都设立核心焦点，从各自不同的角度切入，追求论述的深度和视角的创新。第二，具体操作上，简牍时代、写本时代与印本时代并重，在继续深入进行明清书籍史研究的同时，显著填补宋以前文献文化史的空白；在突出其历史阶段性的同时，重视中国古代文献的形态多样性，动态把握其历史进程，特别重视中国古代文献外传对东亚汉文化圈形成的意义。第三，理论方法上，从原始文献出发，传世文献与出土文献兼收，文字材料与图像资料互相参证，考据与义理并重，旨在总结中国古代文献的民族特色，彰显其对人类文化的贡献。

本丛书确立了中国古代文献文化史这一新的研究方向与领域，在文献发掘、研究方法及学术思路上都力求创新。本丛书重视发掘以往未受重视的文献类型，在传统的书籍文献之外，重视日记、书札、石刻与出土文献；在传统的古文献学资料之外，重视国外的书籍史、印刷史、新文化史等研究文献。此其一。本丛书由多位在古典文献学领域素有研究的学者承担，注重"长时段"的时间观念，弱化单纯的线性进程，各以一个较大问题为中心，如古代文献的核心问题、早期经典的形成与文化自觉、中古时期的历史文献与知识传播、治乱交替中的文献传承、宋代文献编纂与文化变革、明代书籍生产与文化生活、清代的书籍流转与社会文化、汉籍东传的文化意义以及古代石刻文献的内涵与意义等，进行深入细致的探讨，多维度阐释中国古代文献文化的丰富内涵。此其二。本丛书的学术思路是将文献与文化相互融合，从文献的实证角度阐释文化，从文化的宏观视角审视文献,突破了已有研究成果将文献史研究与文化史研究割裂的格局。换句话说,本丛书的研究突破了传统文献史研究的旧有框架,借鉴"书籍史"此一新文化史研究视野并力求超越,研究对象从"书籍"扩展至"文献",时间范围从"宋元明清"扩展至整个中华文明史,深入挖掘中国古代文献的文化历史内涵,特别注重发掘古代文献的文化建构意义。此其三。

本丛书虽然已有十卷之多,字数也多达 400 万,但是,相对于浩瀚的中国古代文献文化史研究领域,这只是扬帆初航而已。我们深知,已经完成的工作尚有诸多不足,还有大量的领域有待继续深化拓展。

"路漫漫其修远兮,吾将上下而求索。"

2021 年 6 月 26 日初稿

8 月 3 日定稿

目　次

插图目次

绪　言

　　本册的主题是中国中古时期生产和流通的历史类文献的"文化史"，所以，它与研究历史文献的历史文献学以及研究历史文献的历史的史学史都不相同。文化史发展到今天，拓展出了五花八门的议题，触角似乎可以说是无远弗届。① 尽管如此，中国中古时期因其众所周知的史料局限——无论在数量还是多样性上——始终不是文化史研究的热点时段，这和西方文化史研究中中世纪成为一方重镇的情况很不一样。将"历史文献"这样一个文化符号代入中古中国，能否由此获得对此期社会面貌更多的认知，这是值得努力的方向。

　　本册由 11 篇独立文章组成。《盈握：卷子装与中古书籍史》（以下简称《盈握》）探讨中古时期书籍所采用的装帧形制与知识生产、传播之间的关系，尤其分析了卷子装和史部形成之间的关系。史部的出现是中古史学的大事件，无论从学术史角度还是目录学角度，它都得到了长久的关注。本书提出的新设想是，卷子装影响了中古时期的书籍的结构，使得模块化书籍在这个时期风靡。大书可以以模块化的方式快速生产，这使得历史类书籍在某个时间点卷帙骤然大增，从而导致了新部类的出现。《盈握》关注书籍结构的模块化，《隐蔽的网络：中古文献中的模块化书写》则继续探索书籍内容的模块化。模块化书写在中古不同部类的文

① 关于文化史的历史，请参［英］彼得·伯克著，蔡玉辉译《什么是文化史》（第三版），北京大学出版社，2020 年。

献中都普遍存在,而出现在史传中的故事模块尤为常见。可以说,用故事模块搭建单篇传记,将单篇传记以模块化形式组织成纪传史,成为中古王朝史生产的基本流程。模块化深度影响了这一时期人们的行为模式和知识结构,而这种行为模式和知识结构又反过来鼓励了模块化书写。

书籍结构、内容的模块化,导致了文献生产的提速,同时,文献传播也因载体的变化而提速。不仅轻便的纸张代替简牍成为常规书写载体,比纸张更加"轻便"的记忆也作为文献载体日渐活跃。《行走的书籍:中古时期的文献记忆与文献传播》提出了"记忆本"的概念,它与"写本"相对应,是由文献记忆形成的、同样具有版本学意义的独立文献形态。模块化加强了文献的可记诵性,模块和记忆共同参与了中古文献的制作和流通。

王朝史是政治运作的产物,也是文献运作的产物。《中朝往事:文献环境与司马氏创业史的形成》提出了"文献环境""档案型史料""佚事型史料"三个概念,旨在证明在强文献环境下,王朝史主要依靠档案型史料完成,但在弱文献环境下,社会记忆则会以佚事型史料的形态进入历史书写,填补档案型史料缺位留下的空白。

史志是中古纪传体史书发展的重要关节。在《史记》的八书和《汉书》的十志的垂范下,中古史志表现出在数量上遵依经典、在内容上不断调整的面貌。史志内容的调整展现了中古史学强大的活力。《蜡以覆车:范晔〈后汉志〉考》以失传的范晔《后汉志》为例,分析中古史志的编纂流程和内容偏好,同时也论及帛这种文献载体在中古时期的使用情况。《隋炀帝的遗产:〈隋书·经籍志〉的形成与早期史志的统计问题》讨论的是史志的统计不准问题,"算不准"透露出中古王朝史史志的基本特征:材料依托此前专业人士留下的文献,史臣仅做二次整合工作而已;文献搜罗亦不求全;但格外强调政治正确。这章内容也对目录学一直关注的《隋志》著录"梁有"问题提出了新的看法。

史注的出现是中古史学的另一个显著特征,而史料注,即陈寅恪所谓广义合本子注,是最有时代特色的一类史注形式。在陈寅恪之前,吕澂已经关注到内典的异译经对勘问题,并以他所提倡的现代学术的比较研究方法,对异译经对勘给出新的示范。陈寅恪对中古内典合本的评价比吕澂要高,而他更出人意表的发挥,是将曾经被刘知幾大力批判并且实际上在中古以后就逐渐式微的史料注捡出,归为"广义合本子注",并赋予其崇高的学术地位。更进一步地,在重新评估史料注的基础上,他为传统史学建构出了一条从中古"广义合本子注"到"赵宋史学"再到"今日语言学者之比较研究法"的新脉络。《入地上天:中古资料与广义"合本子注"说》梳理刘知幾、陈寅恪对史料注的各自理解,分析中古内典的"合本文献学"和史事的"内容校雠学"之各自操作方式,并在此基础上对中古史料注的产生和特性给出新的思考。

　　文献的生产和阅读,以及生产和阅读之间的相互影响,是文献学研究的重要议题。在所有的文献类别中,碑石(包括摩崖)是展示性最突出的一种,或者说,强展示性是碑石的特点之一。观看和阅读的探讨,以及观看和阅读活动对碑石生产的影响的探讨,对石刻研究而言尤其重要。《消失的碑林:〈桥玄庙碑〉与东汉乡里石刻景观》(以下简称《消失的碑林》)讨论中古石刻的观看问题,碑石的展示主要通过两个要素实现:一是碑体自身,二是碑和周围空间的关系。这两个要素在录文或拓本中都是无法保留的。因此,在文献学研究层面,原石也是无法被录文、拓本所取代的。然而就中古石刻而言,存世原石已经不多,幸存石刻原初的空间环境更早已荡然无存。观看和阅读行为的反馈,只能在史料中钩沉索隐,甚至"无中生有"地复原。《消失的碑林》即试图重建东汉的碑林景观。作为该文的后续研究,我将把视角从石刻建造者转为站在石前的读者,更加"无中生有"地复原中古时期的"石刻观看",追踪碑建立权力场域作用逐渐超过承担文字载体的作用、最终形成以石高而不是字数作为石刻等级标准的历史。遗憾的是,这项后续工作尚未完善,不及收入本书,期待他日能继续得到读者的关注和批评。

　　本书的最后三章都选取了文学作品作为切口。《宣传:建国史与中古文学的开端》探讨宣传文学与建国史之间的关系。《互文的历史:读〈五柳先生传〉》则旨在揭示中古时人是如何通过自传而自我类传化的。沈迥是南朝末年重大历史事件的亲历者,他选择以赋的形式记录了他所经历的历史。《归魂:纪行赋的道里信息》尝试从文学作品中发掘难得的个体史,并借以观察个体书写和大历史之间的差异。附录的两篇文章原刊于《上海书评》,因涉及中古时期的藏书与历史编纂的组织形式,与本书内容相关,一并附入。

  盗用卡尔·休斯克的说法,这 11 篇文章并非要去建构一个历史时段的全貌,而是希望从尽可能多且各异的切入点去观测"中古历史类文献"这一核心命题,如果可能的话,希望这些散漫的点未来还能伸展开来,"各个部分能够彼此照亮对方,共同来阐明更大的整体问题"①。相信在文化史和文献学视角下审视中古史学,一定会有新的发现。

---

① [美]卡尔·休斯克著,李锋译《世纪末的维也纳》,光明日报出版社,2022 年,第 14 页。

第一章
盈握：卷子装与中古书籍史

　　对于书籍而言，制作材料、装潢形制和复制方式是描述其物质形态的三个主要指标。这三个指标的变动，不仅会改变书籍本身的面貌，还有可能重塑依托于书籍的知识生产和知识传播方式。本文关注的重点就是卷子这种形制对中古时期的知识和阅读产生的影响。

　　所谓卷子，其基本设计思路非常简单，就是把书写材料卷起来。因为简单，卷子也是最早出现的书籍形制。① 莎草纸卷在公元前 3000 年的古埃及已经投入使用②，一直到古希腊罗马晚期，它都是地中海世界书籍的常规形制。③ 中国的卷子装伴随简册出现，后来则演变为纸卷，在简纸同期还有少量帛卷行世。虽然本文的议题限于中国中古时期，但在不同文明、不同时期、不同材质的卷子中，一些设计元素是普遍存在的，这些共性是卷子装的基础，因此在文中也会有所涉及。

　　古书的物质形态是中国传统书册制度的研究议题，而物质形态对文本与阅读的影响，则属于晚近兴起于欧美的书籍史研究范畴。前者的成

---

　　① 见［英］基思・休斯敦著，伊玉岩、邵慧敏译《书的大历史：六千年的演化与变迁》，生活・读书・新知三联书店，2020 年，第 223 页。

　　② ［法］弗雷德里克・巴比耶著，刘阳等译《书籍的历史》，广西师范大学出版社，2005 年，第 19 页。

　　③ Willian A. Johnson, "The Ancient Book", Roger S. Bagnall, ed., *The Oxford Handbook of Papyrology*, Oxford University Press, 2009, p.256. ［德］赫尔穆特・施耐德著，张巍译《古希腊罗马技术史》，上海三联书店，2018 年，第 149 页。

果奠定了我们对卷子的基本认识:多纸粘连成卷、展开长度无定、卷尾往往有轴、相对于册页装卷舒不便。① 但显然,书册制度语境中的卷子或者卷轴特指纸卷,由此,中国书籍制度分为简册制度、卷轴制度和板本制度②,书籍史也因之常被切分为"简牍时代"、"卷轴时代"和"刻本时代",三个制度/时代的命名方式从材质到形制再到复制技术各不一致,实际上体现了一种复合标准③,在这样的标准下,卷子装无法成为一个独立的讨论对象。书籍史从兴起之日起,关注重点就在印刷书,或者说,研究的切入点是书籍的复制技术和复制能力。当书籍史的研究对象扩展到中国书籍后,这个特点并没有改变。④ 因此,卷子装和内容、阅读之间的关系,是过去的书册制度和书籍史研究都不太关注的话题。与此不同,由于卷轴画是中国古典绘画的一个重要形式,美术史研究反而对卷子有更为深入的探索,卷子作为艺术的媒介,被认为关乎创作与观看方式、作品与环境及观众(读者)的关系以及展示和保存作品的形式。⑤ 如果书籍史的触角可以伸向卷子装,这些正是我们接下来应该思考的问题。

---

① 关于卷轴制度,可参叶德辉《书林清话》卷一"书之称卷"条,中华书局,1957年,第12—13页;[日]岛田翰《书册装潢考》,收岛田翰《古文旧书考》,上海古籍出版社,2014年,第8—16页;马衡《中国书籍制度变迁之研究》,收马衡《凡将斋金石丛稿》,中华书局,1977年,第268—272页;余嘉锡《书册制度补考》,收《余嘉锡论学杂著》,中华书局,2007年,第543—544页。

② 金鹗《汉唐以来书籍制度考》,载阮元辑《诂经精舍文集》卷一一,《丛书集成初编》本,中华书局,1985年,第339—340页。

③ 如曹朴(曹伯韩)《国学常识》即主此分期,文光书店,1943年,第72—74页。此书自问世迄今已发行30多个版本,影响巨大。又赵万里《中国印本书籍发展简史》,《文物参考资料》1952年第4期。文献学教材采取这一分期方案者甚多,兹不更举。

④ 中国书籍史研究所关心的议题,可参 Cynthia J. Brokaw(包筠雅),"On the History of the Book in China", Cynthia J. Brokaw and Kai-wing Chow ed., *Printing and Book Culture in Late Imperial China*, University of California Press, 2005, pp.3 - 54.

⑤ 参巫鸿《手卷:移动的画面》,收巫鸿《全球景观中的中国古代艺术》,生活·读书·新知三联书店,2017年,第149页。

卷子设计的人体工程学问题

　　东汉初年,学者桓谭把他的《新论》献给光武帝,皇帝阅读时不满于书卷过大,命人将大部分篇目析为两卷。[①] 刘宋孝武帝时,徐爰负责装潢皇家所藏法书,他以数十纸为卷,导致"披视不便"[②]。在古罗马,一位年迈的元老院成员在阅读纸草卷时不慎脱手,那个卷子太大,以至于他伸手去抓时失去平衡,竟致摔伤身亡。[③] 这些记载都关注到了卷子设计的人体工程学问题。人体工程学即研究物的造型与人的使用情境的匹配的理论与方法的学科,往往是物品被设计成这样而非那样的本质性原因,不符合人体工程学要求的设计,总是会被迅速淘汰的。

　　简册、纸帛卷的纵高都有定制[④],因此,卷子的人体工程学问题可以约化为卷起直径问题,或者展开长度问题。展开长度必须有一个规范区间,因为"过短则不能自为一轴,过长则不便卷舒"[⑤]。但适合读者使用的长度区间到底在哪里,不同材质的卷子长度区间是否一样,这些问题还没

---

　　① 《后汉书》卷二八上《桓谭传》章怀注,中华书局,1965年,第961页;余嘉锡《目录学发微》卷二,巴蜀书社,1991年,第29页。

　　② ［唐］张彦远纂辑,刘石校理《法书要录校理》卷二《宋中书侍郎虞龢论书表》,中华书局,2021年,第48页。

　　③ 《书籍的历史》,第21—22页。

　　④ 简牍书册的纵向长度在东汉逐渐制度化,形成法律文件三尺(汉尺一尺约23厘米)、儒家经典二尺四寸、皇帝诏书一尺一寸、普通书籍一尺这4个标准值;汉代布帛幅宽二尺二寸,出土帛书实物纵高(即布帛幅宽)则有48厘米、24厘米两种。关于以上数据的历代记载和近人讨论,详见程鹏万《简牍帛书格式研究》,上海古籍出版社,2017年,第79—113页、第261—262页。纸卷的纵高,潘吉星根据敦煌写经样本测量得晋纸有235—240毫米、260—270毫米大小两种;六朝纸有240—245毫米、255—265毫米大小两种,隋唐纸有250—260毫米,265—275毫米大小两种。见潘吉星《敦煌石室写经纸的研究》,《文物》1966年第3期。荣新江指出,敦煌写经普通书籍纵高以26厘米最常见,官府文书则达到30厘米。见荣新江《敦煌学十八讲》,北京大学出版社,2001年,第341页。

　　⑤ 《目录学发微》,第28页。

有得到解决。而且,在适用卷长这个问题上,卷子只是变量之一,另一个变量是读者的使用方式。在中古时期,人们会手持书籍阅读,也会将书放在书案上阅读①,佛教讲经还会用一种特殊的经架来放置佛典(图1-1)②。不同的阅读方式是否会影响卷子的设计,这个问题也没有得到关注和解决。

尽管变量很多,幸运的是,简(图1-2)纸(图1-3至1-9)卷及其阅读场景在早期艺术品(及其摹本)中都能看到。出现在这些场景中的卷子都非常细小,如果卷起,一个人可以轻松地单手持握,包括妇女和儿童。

图1-1 波林罗和他的经架
北齐乾明元年(560)昙始造
像碑座 晋城博物馆藏③

———————————

① 书案作为阅读承具在简册时代已经出现,并一直延续使用到纸卷时代,详见邢义田《伏几案而书:再论中国古代的书写姿势》(订补稿),收邢义田《今尘集》卷三,联经出版事业股份有限公司,2021年,第151—156页。

② 参郭俊叶《敦煌壁画中的经架——兼议莫高窟第156窟前室室顶南侧壁画题材》,《文物》2011年第10期;扬之水《与正仓院的七次约会》,上海书画出版社,2021年,第31—33页。郭文认为经架仅用于佛教的讲经场合;扬文则找到了一处与讲经无关的材料,即杨炯的《卧读书架赋》。不过,这篇赋提到的书架能够使人卧读,且书架基座是"两足",这些信息和经架的形态无法对应,应该是另外一种东西。实际上,明代学者孙能传曾经指出,杨炯的卧读书架可能与陆云《与兄平原书》中提到的曹操遗物"书车,做欹案,以卧视书"相类,见[明]孙能传《剡溪漫笔》卷五,中国书店影印本,1987年。这个说法有一定道理。如此,这种卧读书架其实就是书案的一种变体,而且案正是两足的。至于经架,从现有图像、文献记载,以及被唐代僧人称为"经架"看,应该是宗教用品无疑。

③ 图片来自扬之水《与正仓院的七次约会》,第34页。按《大方等陀罗尼经》:"若有比丘欲求此法,于其梦中上于高座,转于般若,见如是者,即是波林罗。"转于般若,即开讲《般若经》,造像反映的正是波林罗讲《般若经》的场景。值得注意的是,庞贝遗址也出土过阅读纸草文书使用的书架,见 Susan Wood, "Literacy and Luxury in the early empire: A papyrus-roll winder from Pompeii", *Memoirs of the American Academy in Rome*, Vol. 46 (2001), pp. 23-40.

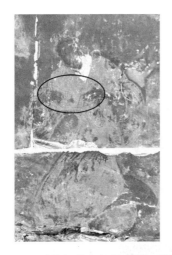

图1-2　左:子夏像　西汉海昏侯墓出土衣镜背板
　　　右:东汉画像砖　四川省博物馆藏①

图1-3　唐人摹[东晋]顾恺之《女史箴图》(局部)　大英博物馆藏

① 朱凤瀚主编《海昏侯简牍初论》,北京大学出版社,2021年,彩图18;《中国画像砖全集·四川画像砖》,四川美术出版社,2006年,第115页,图156。

图 1-4　宋人摹[北齐]杨子华《北齐校书图》(局部)　美国波士顿美术馆藏

图 1-5　(传)[隋]展子虔《授经图》　台北故宫博物院藏

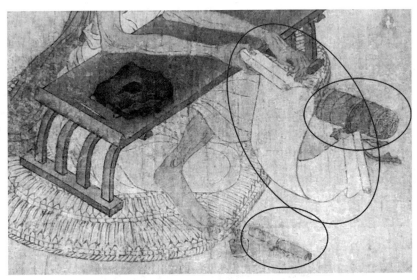

图 1-6　唐人《伏生授经图》(局部)　日本大阪市立美术馆藏①

图 1-7　[唐]孙位《高逸图卷》(局部)　上海博物馆藏

_____

① 图片来自 https://twitter.com/WhatsMuseum/status/1526406163385896961。

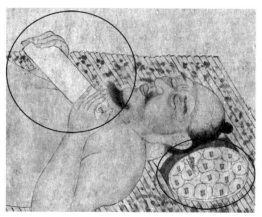

图 1-8 （传）［唐］陆曜《六逸图卷》（局部） 故宫博物院藏

图 1-9 ［南唐］卫贤《高士图》（局部） 故宫博物院藏

　　图 1-3、图 1-7、图 1-8 中出现的卷子都配备了书轴，图 1-3 的卷子还束了带。轴、带都不是卷子装的必须元件，但是配了这些元件的卷子更可以确定是完备的书籍，而不是单纸或者书籍的半成品，所以这三张图可以增强此前的判断，即书卷的长度大体要保证卷起后单手可以握住。

图1-4、图1-6、图1-9中出现了书案,但出现在书案场景中的卷子并不比其他图像中的卷子更大。如图像所呈现的,中古时期的书案案面较窄。①《颜氏家训》形容邋遢读书人的几案:"或有狼藉几案,分散部帙,多为童幼婢妾之所点污,风雨虫鼠之所毁伤。"②狭窄几案上如果再摊开几部粗大卷子,场景会比颜之推描述的更糟;加之卷子是容易滚动的圆柱体,摊开的粗大卷子如果一端滑落几案则更容易撕扯折损。这些原因可能导致在有书案的时代人们仍不愿意制作大卷子。此外,大卷子还会加剧翻检的困难,这也是书案无法解决的。所以书案的最大作用可能还是解放双手、固定卷面,以及扩大卷子的呈现面而已,它并没有刺激卷子形态产生变化。

有意思的是,西方古典时期的艺术品中呈现的卷子和中国的情况基本一样,太粗的书卷是看不到的(图1-10)。③ 图像资料常会遮蔽现实的多样性,但同时它们也呈现了现实的"理想"状态,古罗马人有"大书即

① 考古资料也可以证明这一点,如南京江宁赵史岗东晋墓M1所出陶案,案面长102厘米,宽24厘米,高19厘米;南京郭家山东晋温峤家族墓M10所出陶案,案面长148厘米,宽36厘米,高28.8厘米。虽然目前出土的中古书案只有明器,但从案面长度看,它们的大小应与实用物相仿。以上分见江苏省文物管理委员会《南京近郊六朝墓的清理》,《考古学报》1957年第1期;南京市博物馆《南京市郭家山东晋温氏家族墓》,《文物》2008年第6期;南京市博物馆编《六朝风采》,文物出版社,2004年,图版251。

② [北齐]颜之推著,王利器集解《颜氏家训集解·治家》,中华书局,1993年,第55页。

③ 德国古典学家Theodor Birt梳理了埃及、希腊、罗马一直到中世纪艺术品上出现的卷子图像,可参。Theodor Birt, *Die Buchrolle in der Kunst*, Leipzig, 1907. 另,有一件堪称反例的图像,首见于Christoph Brouwer and Jakob Masen, Antiquitatum et Annalium Trevirensium, Liége: Jo. Mathiæ Hovii, 1671, vol. 1, p. 105. 它描绘了在诺伊马根(Neumagen,今属德国)发现的一个浮雕(浮雕当时已被毁),上有成架的粗大卷子。这件绘画亦见于H.L.皮纳著,康慨译《古典时期的图书世界》,浙江大学出版社,2011年,第38页;约翰·威利斯·克拉克著,黄瑶译《藏书的艺术》,四川人民出版社,2021年,第39页。但是,很早就有学者指出,图像再现的浮雕上没有任何铭文信息显示架上的是书卷,根据那些卷子大小,它们更可能是布匹。见A. Brinkmann, "Ein verschollenes Relief aus Neumagen", *Bonner Jahrbücher: Jahrbücher des Vereins von Altertumsfreunden im Rheinlande*, Bd. 114/115(1906), pp.461-469.

大恶"①的观念,罗马绘画中的卷子即便不能代表所有实物,却也充分吻合普遍观念。

图 1-10　左:庞贝壁画中带有书签的卷子　意大利那不勒斯国家考古博物馆藏
右:庞贝壁画中持卷的女子和儿童　意大利庞贝遗址

　　因此,可持握应该就是卷子这种书籍装帧方式的人体工程学要求,而这种要求基于人的生理属性,所以在不同文明中没有太大区别。人手持握圆柱体的极限是直径 9 厘米,3—4 厘米则最适合着力抓握。②敦煌卷子普遍直径在 1 寸(约 3 厘米)左右③,正好落在一个手握舒适的范围内。可见,尽管像敦煌卷子这样主题过于集中、特殊性稍强的样本,

---

　　①　《古典时期的图书世界》,第 33 页。

　　②　刘莎、李明《包装设计教程》,中国美术学院出版社,2012 年,第 29 页;孙远波主编《人因工程基础与设计》,北京理工大学出版社,2010 年,第 122 页。

　　③　荣新江《敦煌学十八讲》,第 344 页。

它们总体上也仍然保持在常规尺寸。①

当然,人们还是会因为某些特殊需要去制作大卷子。最常见的是宗教需要,古埃及书卷较长者多是《亡灵书》②,犹太教的《托拉》按教义规定必须抄写在 248 片羊皮纸缝制的单卷上③,敦煌佛经最长者展开可以超过 30 米。唐代写经纸的厚度区间是 0.05—0.14 毫米④,以大历九年一份 3017.52 厘米长的《金刚般若经》(S.4052)为例,可以估算出它的直径:

$$A1 = 0.05\pi$$
$$An = [0.05 + 0.05 * 2(n-1)]\pi$$
$$(A1 + An)n/2 = 30175.2$$
$$n \approx 438.3$$
$$d = 0.05 * 2n = 43.8 \text{ mm}$$

同理可算出纸厚达到 0.14 mm 时,它的直径是 73.34 mm。考虑到此卷卷首有残损(不过外圈纸对直径的增益有限),再加上卷起时纸间的缝隙

---

① 需要指出的是,斯坦因在《西域考古记》中描述他从一位年轻僧人手中得到的一个卷子高 10 英寸("about 10 inches high"),又从王道士处得到的第一捆经卷高 9.5—10.5 英寸("from about 9.5 to 10.5 inches in height"),这些数据和我们对纸纸的认知是一致的。但是《西域考古记》的一些中译本将这两处"卷高"翻译成了"直径",希望读者留意。Aurel Stein, *Serindia : Detailed Report of Explorations in Central Asia and Westernmost China*, The Clarendon Press, 1921, p.802, p.809.

② [英]弗雷德里克·G.凯尼恩著,苏杰译《古希腊罗马的图书与读者》,浙江大学出版社,2012 年,第 112 页。*The Oxford Handbook of Papyrology*, p.21.

③ 徐新《犹太文化史》(第二版),北京大学出版社,2011 年,第 202 页。

④ Mariannem Harders-Steinhäuser, "Mikroskopische Untersuchung einiger früher, ostasiatischer Tun-huang-Papiere", *Das Papier*, BD.23 No.3 (1968), SS210 - 216.潘吉星《中国造纸技术史稿》使用了这个说法,文物出版社,1997 年,第 173 页。戴仁(Jean-Pierre Drège)对 1000 份敦煌卷子样本进行了测量,数据大体与 Harders-Steinhäuser 吻合。Jean-Pierre Drège, "Papiers de Dunhuang. Essai d'analyse morphologique des manuscrits chinois datés", *T'oung Pao*, Second Series, Vol. 67, Livr. 3/5 (1981), pp. 305 - 360.

以及书轴,实际的直径还要大一点,但作为敦煌最大卷之一,它也只是逼近手握能力的上限。对很多宗教卷子而言,便于阅读并不是首要要求,甚至有些文本本不是用来阅读的,比如《亡灵书》就是随葬品。佛经承载着抄写制作者的虔敬与功德,宣讲供养有时还要考虑配合宗教场合的庄严与隆重,所以"大"自有其意义;如果需要讲读,则可能有其他辅助,比如前文提到的经架。犹太教也重视读经仪式,因为仪式上通常要选读两三段经文,所以大部分教会堂会备至少三部《托拉》,以避免现场来回翻滚卷子,这也是解决大卷子阅读不便的一个办法。①

非宗教文献也会有制作大卷子的需求。唐代薛保逊为科考行卷"好行巨编","自号金刚杵"②——金刚杵既是对"巨编"形态的比拟,也是对其力量的隐喻。如果薛保逊把他的行卷作品制作成两卷,就达不到他想要的那种视觉冲击力。不过,尽管存在种种特殊需求,总体上说宏编长卷并非书籍常态,薛保逊的卷子被记述者称为"巨编",正说明一卷"应该"有多大,在时人心目中是有一个标准的。

以上讨论了卷子设计中的卷长问题。需要补充的是,如果卷子配备了书轴,那么为了满足可持握的要求,书轴必然不会太粗。图1-3、图1-7、图1-8中的书轴正是如此,而敦煌所出的书轴实物,如斯坦因所描述的,也是"细小的轴"③。细轴有很大的弊端,它会让卷子产生更多的摺痕,加重每次开合对纸张的损伤,所以后人重装敦煌卷子都会选配粗轴(图1-11)。但尽管这种缺陷的原理非常简单,在实践中也容易被观察到,细轴仍然流行于中古时代,这也说明对时人而言,人体工程学的要求是在先的。

---

① http://www.equiptoserve.org/etspedia/etspedia/犹太文化/妥拉卷轴。
② [唐]王定保著,陶绍清校证《唐摭言校证》卷一二,中华书局,2021年,第527页。
③ [英]奥雷尔·斯坦因著,中国社会科学院考古研究所主持翻译《西域考古图记》(修订版)第三卷,广西师范大学出版社,2019年,第33页。

图 1-11　大英图书馆为敦煌卷子配置的空心粗纸轴与原装木轴对比①

在《典论》中，曹丕称赞他的父亲"虽在军旅，手不释卷"②。这是成语"手不释卷"目前已知最早的用例，并且在魏晋迅速流行起来，韦昭《吴书》谓鲁肃"虽在军陈，手不释卷"③。虞溥《江表传》记载孙权评论光武帝也是"当兵马之务，手不释卷"④。《晋书》描述《丧服》体量，说"《丧服》一卷，卷不盈握"⑤。唐人整理书翰，也说"编次盈握，动息痌瘝，著之襟怀"⑥。通过书和手的关系来说明书籍体量和阅读嗜好，是一个有鲜明卷子时代特色的表述方式。基于人体工程学设计，卷子尤其是纸卷普遍易持便携，这也使阅读可以经常发生在无书案的甚至移动的、不稳定的

　　① 参看大英图书馆"法华经手稿数字化"项目的研究（https://blogs.bl.uk/collectioncare/south-asia/）。为了解决书轴过细对卷子的伤害，项目为这批敦煌卷子统一配置了直径 5.5 厘米（针对 10 米以下经卷）和 3.5 厘米（针对 10 米以上经卷）两种空心纸筒做书轴。

　　② 《三国志》卷二《文帝纪》，中华书局，1982 年，第 90 页。

　　③ 《三国志》卷五四《周瑜传》裴注引，第 1273 页。

　　④ 《三国志》卷五四《吕蒙传》，第 1275 页。

　　⑤ 《晋书》卷一九《礼志上》，中华书局，1974 年，第 581 页。

　　⑥ ［唐］李观《贻睦州纠曹王仲连书》，《李元宾文集》卷三，《丛书集成初编》本，中华书局，1985 年，第 25 页。

环境中，如曹操这样的手不释卷者，以及图1-5、图1-7展现的那样。在李密著名的牛角挂书事迹里，他就是在移动中用一只手阅读的：

> 乘一黄牛，被以蒲鞯，仍将《汉书》一帙挂于角上，一手捉牛靷，一手翻卷书读之。尚书令、越国公杨素见于道，从后按辔蹑之，既及，问曰："何处书生，耽学若此？"密识越公，乃下牛再拜，自言姓名。又问所读书，答曰："《项羽传》。"越公奇之，与语大悦。①

卷的内外矛盾

卷不仅是书籍的物质载体，也是书籍的内容单位。在前一个身份上，它需要满足人体工程学要求；在后一个身份上，它要保证内容的完整。但同时持有两个身份，有时是难以协调的，在光武帝读《新论》的例子里，内容要求就让位给了人体工程学要求。

一卷的尺寸无法满足一卷的内容，这应该是随着文化的发展逐渐出现的问题——《史记》平均一篇只有4000多字，《汉书》已经达到了7700多字。而这个问题还会因书写材质的变化而加剧，因为纸卷比简册更加柔软脆弱，更容易飘动折损，所以更不适合做太大。在魏晋南北朝到唐初产出的13种正史中，没有一个单卷能超过两万字，但是，《汉书》的《匈奴传》有23691字，《王莽传》有37645字，《五行志》达到了48217字。纸代替简，不仅让卷质量轻了，也让卷字数少了，至少相对于简书的巅峰时代而言。

反过来说，因为纸质地轻薄，一卷也不宜太短，所以纸卷时代的到来很可能同时带来两个现象：一是单卷字数相对于简册时代更加平均，二是为了追求这种平均，合卷与析卷的情况增多。这两个推测都有迹可循，以下是中古正史各卷字数离散系数的统计（表1-1）②：

---

① 《旧唐书》卷五三《李密传》，中华书局，1975年，第2207页。
② 统计排除了诸史中表、残卷以及后人增补卷。凡自注每4字以1字计。

表 1-1　中古正史卷字数离散系数

书名	史记	汉书	三国志	后汉书	宋书	南齐书	魏书	北齐书	周书	隋书	梁书	陈书	晋书	五代史志	南史	北史
离散系数	0.70	0.85	0.42	0.34	0.48	0.45	0.38	0.40	0.30	0.34	0.58	0.49	0.33	0.26	0.27	0.28

离散系数(卷字标准差/卷字平均数)越大,说明卷字波动越大,上表显示这个系数到《三国志》发生了巨大变化。如果把这个变化可视化,那就是《史记》或《汉书》放在那里是一堆粗细极为参差的卷子,而《三国志》以下任一种史书各卷粗细都要比《史》《汉》平均得多。

纸卷时代比简册时代更强的析合卷意愿仍可通过纪传史来捕捉。《史》《汉》都是一传题对应一卷,但南北朝以后诸史都有一传题析为多卷的情况。有的史书还保留了编撰过程中析卷不断调整的痕迹,比如《旧唐书》有的传被分为几卷,各卷都有独立卷号;有的传虽然被分为几卷,却共享一个卷号。除了以上这些作者自析卷的情况外,注者也会将原书析卷,以调节加入注文造成的卷字不平衡。以日藏唐钞本《汉书·扬雄传上》(颜师古注本)(图 1-12)为例,此卷从卷首到卷尾有 121 个逐渐减小的水印,这说明卷子曾在卷起状态下浸了水,卷起的圈数就是 121 圈,结合卷长数据,可以算出卷起直径区间 $d \in [3.654, 7.248)$(单位:cm)[①]。这个数据可以验证《扬雄传》加注后析为两卷的合理性。在析卷的过程

图 1-12　日本兵库县上野淳一藏《汉书·扬雄传上》抄本 (27.4 cm×1388.3 cm)[②]

---

① 7.248 cm 是书轴达到最大直径即书轴直径等于卷子直径时的数值,它只表示区间的上限,在实际中是不可能的。又此卷卷首亦略有残损,以字数计,残损不超过两纸。

② 图版拼合自大阪市立美术馆编《唐钞本》,同朋社,1981 年,第 44、57、58 页。

中，书籍的原篇目顺序也可能被改变，比如李善注《文选》就调整了萧统的原作品排序。[1]

纪传史中的帝纪性质特殊，所以传统上不合纪[2]，像《汉书》的《惠帝纪》只有834字，《高后纪》只有1661字，也都独立成篇。尽管中古王朝史在结构设计上深受《汉书》影响，但《晋书》已经将字数少的帝纪合卷处理，《旧唐书》甚至出现了"一卷半"皇帝，即有些皇帝的材料做成两卷嫌短，做成一卷过长，于是拆出一部分与人合卷，剩下的部分单独成卷。这样损有馀而补不足，反映在视觉效果上，就是《汉书》834字的《惠帝纪》卷子和37645字的《王莽传》卷子放在一起的巨大反差很难再看到了。

卷长的物理限制导致的析合卷在希腊罗马纸草中同样存在，菲洛德摩斯（约公元前110—公元前40）图书馆的卷子若超过15米就有可能被抄工析为两卷[3]，老普林尼（23—79）的3卷书也因尺寸原因重新析为6卷[4]，可见析合卷是卷子装必然引发的一种书籍史现象。中国的纸张与竹简、莎草纸、羊皮纸等东西方其他常见卷子材质相比更为轻薄，更容易为外力损坏，所以理论上说，纸卷要面对更紧张的内外矛盾，规划卷长在纸卷书籍制作中也扮演着更为重要的角色。

卷与书籍结构的成立

分卷或再析卷可以调和卷的物理长度与文本长度之间的矛盾，于是卷子装也可以容纳体量庞大的著作，就像《伊利亚特》和《奥德赛》这两首长诗都被写定者切分成了24卷。著作分卷后，各卷在物理形态上是独立的，为了不让连续的内容被一个个卷子割裂，有的作者会在卷首回顾

---

① 见黄伟豪《〈文选〉姐妹篇及其分卷分合问题》，《文学遗产》，2013年第4期。

② 有两例比较特殊的情况，一是《三国志》的《三少帝纪》，因是废帝，所以合并处理。二是南北史帝纪合卷，这是因为二史是通史。《魏书》亦有合纪，即卷一一《废出三帝纪》，性质与《三国志·三少帝纪》同。

③ William A. Johnson, *Bookrolls and Scribes in Oxyrhynchus*, University of Toronto Press, 2004, p.148.

④ William A. Johnson, "The Ancient Book", *The Oxford Handbook of Papyrology*, p.264.

前卷内容，再引出本卷内容，比如古希腊历史学家波利比乌斯（约公元前200—公元前118）在他的《通史》第二卷开头写道："在前面的那一卷中，首先，我叙述了……现在我将试图概述那些紧随其后的事件。"狄奥多罗斯（约公元前89/90—公元前30）在其《希腊史纲》第十一章开头写道："前面的第十章，叙述该年的重要纪事……本章我们要提出历史的发展方向……"①这些文字如同绳索，将后一卷系在前一卷上，由此诸卷间的串联关系也凸显出来。书籍史名家罗杰·夏蒂埃认为，对阅读而言，卷子装与册页装抄本的不同在于，前者培育了从头到尾连续、线性阅读文本的习惯，而后者则使读者可以跳读选读。② 那么，《通史》和《希腊史纲》的例子更可以进一步表明，在西方古典著作中，即使是多卷本卷子，线性阅读也可以得到保障。

　　和《荷马史诗》《通史》《希腊史纲》展示的串联诸卷的书籍结构不同，中国中古时期流通的多卷本，尤其是大体量多卷本著作多是通过并联诸卷来架构的。所谓并联诸卷，可以理解为一种模块化的书籍设计方案：修撰者使用多个功能独立的内容单元搭建成书，每个内容单元都是一个模块卷。模块卷可以灵活追加、更换或移除，而无论追加、更换还是移除，都不影响其他模块卷的功能，也不影响全书的成立。③ 在这种书籍

---

　　① ［古希腊］波利比乌斯著，杨之涵译《通史》，上海三联书店，2021年，上册第100页。［古希腊］狄奥多罗斯著，席代岳译《希腊史纲》，文化发展出版社，2019年，第686页。关于《通史》《希腊史纲》以及其他各类西方古典书籍的分卷和卷间勾连，见 Carolyn Higbie, "Divide and Edit: A Brief History of Book Divisions", *Harvard Studies in Classical Philology*, Vol. 105 (2010), pp. 1–31.

　　② Roger Chartier, "Languages, Books, and Reading from the Printed Word to the Digital Text", *Critical Inquiry*, Vol. 31, No. 1 (Autumn 2004), p. 151. 另可参 Peter Stallybrass, "Books and Scrolls: Navigating the Bible", Jennifer Andersen and Elizabeth Sauer(ed.), *Books and Readers in Early Modern England: Material Studies*, University of Pennsylvania Press, 2002, pp.46–48.

　　③ 模块化(modularity)是20世纪后半叶以来为多种学科使用的分析概念，在中古时期的知识生产过程中，模块化是一个非常值得注意的现象，除了本文讨论的书籍内容单元的模块化、卷子装物理形态上的模块化外，这个时期的文本书写策略也呈现出很强的模块化特征，详见本章下节。

结构中,模块卷之间是松耦合的,因此不需要《通史》和《希腊史纲》的那种衔接段落。纪传史就属于典型的模块化书种,它的各篇有独立主题,且主题可以灵活增删,一如模块之插拔。除了纪传史之外,类书以及和类书一样依据某种主题搭建起来的书籍,如按照五礼搭建的礼议、按州地搭建的州谱和地志、类聚式医方、总集等,也都属于模块化书种。

模块化设计的一个特点是结构清晰,模块依设计者给出的既定逻辑搭建,而非无序堆叠。所以,模块化书籍的分卷一般拥有主题性卷题,全书有层次分明的目录,这使它很容易与只有卷号而无实际卷题的多卷本著作(如《荷马史诗》或《论语》《孟子》等中国早期经典)[①]区别开来。模块化设计的另一个特点是可扩展性,通过追加新模块,书籍理论上可以实现无限扩容,这给大卷帙书籍的制作提供了路径。

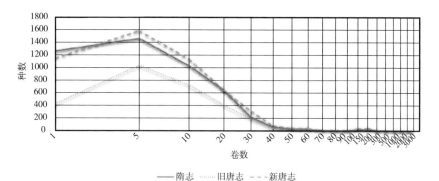

图 1-13 中古书籍的卷帙分布

图 1-13 对《隋书·经籍志》、两《唐书·艺文志》共计 13050 个图书著录项(《隋志》通计亡书)进行了统计和分析,可以看出,在中古书籍世界占统治地位的是 20 卷以下的小书。这些小书在《隋志》中占到了90.4%,在《旧唐志》中占 86.1%,在《新唐志》中占 87.3%。百卷以上的书极为稀少,在《隋志》中仅占 1.7%,在《旧唐志》中占 2.8%,在《新唐志》中占2.4%。小卷帙书主题分散,但百卷以上大书的主题相当集中,主要

---

① 很有意思的是,《荷马史诗》的很多中译本被译者"强行"拟出了各卷卷题,这正能看出传统模块化卷子观的影响力。

包括经部的礼类①，史部的正史、起居注、仪注和谱系类，子部的医方和类书类，以及集部的总集类。这个主题分布情况和上文提到的模块化书种高度重合。表1—2是已知中古书籍中体量最大的10种，它们都是600卷以上的特大书，从主题分布看，《四海类聚方》顾名思义是分类编辑的医方②，《三教珠英》《文思博要》《皇览》《华林遍略》《策府》是类书③，《文馆词林》是依文体分类的总集，《总集境内十八州谱》和《区宇图志》分别是依诸州分题的谱牒和地理书④，《通史》是纪传史⑤，它们全部属于模块化书种。可见当时制作这种规模的书籍，模块化是唯一的方式⑥。

---

①　这些书有一部分在《唐志》中被归入史部仪注类。

②　《隋书·经籍志》子部医方类著录《四海类聚方》2600卷，中华书局，1973年，第1050页。

③　《旧唐志》子部类书类著录《三教珠英》1300卷、目13卷，又《旧唐书》卷七八《张昌宗传》："乃诏昌宗撰《三教珠英》于内。乃引文学之士李峤、阎朝隐、徐彦伯、张说、宋之问、崔湜、富嘉谟等二十六人，分门撰集，成一千三百卷，上之。"第1563、2707页。

④　［唐］杜宝《大业杂记》："敕内史舍人窦威、起居舍人崔祖浚及龙川赞治侯卫等三十馀人撰《区宇图志》一部，五百馀卷，新成，奏之。又著《丹阳郡风俗》，乃见以吴人为东夷，度越礼义，及属辞比事，全失修撰之意。……敕遣秘书学士十八人修《十郡志》，内史侍郎虞世基总检。……及图志第一副本新成，八百卷。奏之，帝以部秩太少，更遣子细重修，成一千二百卷，卷头有图。"（辛德勇辑校《大业杂记辑校》，中华书局，2020年，第230页。）据此，则《区宇图志》经过两次修撰，三次定稿，第一次由崔赜总责，成500卷；第二次虞世基总责，先成800卷，终成1200卷。而《隋书》卷七七《崔赜传》云："受诏与诸儒撰《区宇图志》二百五十卷，奏之。帝不善之，更令虞世基、许善心衍为六百卷。"（第1757页）《隋志》著录《隋区宇图志》129卷，又云"隋大业中，普诏天下诸郡，条其风俗物产地图，上于尚书。故隋代有《诸郡物产土俗记》一百五十一卷，《区宇图志》一百二十九卷，《诸州图经集》一百卷"。（第987、988页）［唐］张彦远《历代名画记》卷三："《区宇图》一百二十八卷，每卷首有图，虞茂氏（世）编集。"（［日］冈村繁译注，俞慰刚译《历代名画记译注》，上海古籍出版社，2002年，第219页。）说均与《大业杂记》不同。但杜宝亲自参加了《区宇图志》的编纂，言当有据。姚振宗认为，《区宇图志》"其体如今之通志合郡县风俗山川人物土产为一编"，所以《隋志》所说的《诸郡物产土俗记》《区宇图志》《诸州图经集》共计380卷都是整体的《区宇图志》的一部分，其说可从。

⑤　《梁书》卷四九《吴均传》："寻有敕召见，使撰《通史》，起三皇，讫齐代，均草本纪、世家功已毕，唯列传未就。"（中华书局，1973年，第699页。）

⑥　中古大书都是模块化结构，但模块化结构的书籍不一定就是大部头书。实际上，因为模块插拔自如，可多可少，模块化书籍是卷帙浮动最大的书种。

表 1－2　中古文献所见大体量的四部书籍①

排序	书名	时代	发起人或责任人	卷帙
1	四海类聚方	隋	炀帝	2600
2	三教珠英	唐	武则天	1300
3	区宇图志	隋	炀帝	1200
4	文思博要	唐	太宗	1200
5	文馆词林	唐	高宗	1000
6	华林遍略	梁	武帝	700
7	总集境内十八州谱	梁	武帝	690
8	皇览	曹魏	文帝	680
9	通史	梁	武帝	602
10	策府	唐	张大素	582

　　模块化设计支持多线程并行开发,即不同模块可由不同特长的开发者分别开发,因此是一种高效率的生产方案。对书籍制作而言,多线程也就是集体作业的编纂方式。集体作业节约了书籍生产的时间成本,但对人员组织和物资供应能力提出很高要求,因此在中古时期,卷帙较大的模块化书籍往往由官方角色发起和组织,表 1－2 列出的 10 种巨著都可以确定其官修背景。② 从某种程度上说,模块化设计方案激发了中古帝王的修书热情,他们只要搭建平台、组织人员、分包任务,通常就能快速获得宣示其文化建设成就的皇皇巨著。

---

　　① 按[宋]曾慥《类说》卷六引《南部烟花记》:"帝命虞世南等四十人选文章,自楚词讫大业,共为一部五千卷,号《文章总集》。"然《南部烟花记》晚出伪书,未足为凭。又《新唐志》著录《开元起居注》3682 卷,然据《旧唐书·于休烈传》,3682 卷实为唐史馆总藏书卷数,《开元起居注》仅为其中一种,《新唐志》著录有误,说见朱希祖《汉唐宋起居注考》,载朱希祖《中国史学通论 史馆论议》,中华书局,2012 年,第 92—94 页;李南晖《唐修国史研究》,中山大学出版社,2022 年,第 127 页。故《文章总集》《开元起居注》均不计入表 1－2。

　　② 《策府》修撰缘起史无详载,但策府者帝王藏书之所,以题名观之,当是官修类书。张大素,张公瑾子,唐高宗龙朔中历东台舍人,兼修国史,传见《新唐书》卷八九。

在模块化设计中，模块具有独立功能，因此一个模块可以在不同系统中重复使用。比如制作纪传史、类书都可以再利用旧有同类书籍的内容单元，极端者如《南史》《北史》基本就是利用旧有模块生产的。模块的这个特性，同样可以提升书籍制作的效率。

由于模块本身的功能独立性，在中古时期，人们有将书籍的一个模块视为独立一书的倾向，因此当时称引史传习惯单称篇名，像潘岳自述"尝读《汲黯传》"，刘杳引据《汉书》故实，径称"《张安世传》曰"，《南史》云"帝读《陈汤传》"，李白诗序云"余时系寻阳狱中，正读《留侯传》"[①]，唐诗中更有《读戾太子传》《读留侯传》《读诸葛武侯传书怀赠长安崔少府叔封昆季》[②]等诸多读史诗，拟题鲜少加《史记》《汉书》《三国志》字样。也因为具备独立功能，单篇史传的阅读有时会被与特定动机捆绑。读《霍光传》意味着觊觎最高权力[③]，读《项羽传》意味向往英雄志业[④]，杨素也正是因为李密读《项羽传》而对其青眼有加。

以上讨论的是书籍内容结构的模块化设计。实际上，对多卷本书而言，每个单卷也是一个实体的模块，它同样具有功能独立性，亦即可以被单独抽出阅读。李密的牛角上明明挂了一帙书，杨素却完全不觉得李密是在读《汉书》而进度恰到《项羽传》，在他的潜意识里，或者在这个故事的记述者的潜意识里，《项羽传》就是李密的特定阅读目标。这种潜意识，正是基于模块化书籍抽卷阅读的普遍性。因此与《荷马史诗》要求的线性阅读不同，模块化多卷本书籍支持选读。罗杰·夏蒂埃对卷子装、册页装所培育的阅读习惯的结论，应该修正为线性结构的卷子装培育了

① 《文选》卷一六《闲居赋序》，《宋尤袤刻本文选》，国家图书馆出版社，2017 年，第 180 页。《梁书》卷五〇《刘杳传》，第 716 页。《南史》卷五〇《刘之亨传》，中华书局，1975 年，第 1253 页。《全唐诗》卷一七七李白《送张秀才谒高中丞》，中华书局，1960 年，第 1806 页。按，本书所引诗文，如无特待讨论之异文、特须辩正之作者、特宜参考之笺注，概据常见总集，以便读者查检。

② 《全唐诗》卷五三八，6142 页；卷六七九，第 7782 页；卷一六八，第 1735 页。

③ 《后汉书》卷七八《宦者传》，第 2533 页。

④ 如夏侯湛为族人作传，特别强调"读《项羽传》及兵书"。见《三国志》卷九《夏侯渊传》裴注引夏侯湛《夏侯荣叙》，第 273 页。

线性的阅读习惯,而模块化的卷子装培育了模块化的阅读习惯。

如果阅读可以是模块化的,那么书籍流通就可以是模块化的。余嘉锡发现古书有"本是全书,后人于其中抄出一部分,以便诵读"[①]现象,这其实就包括了模块化流通情况在内。汉光武帝赐窦融《外属图》《五宗》《外戚世家》《魏其侯列传》,汉明帝赐王景《山海经》《河渠书》《禹贡图》,这里涉及的《史记》四传就是独立流通的书籍模块。沈约撰《晋书》,其中第五帙被人偷走,这一帙《晋书》也成了一组独立流通的书籍模块。[②] 祖珽以《华林遍略》数帙"质钱樗蒲"[③],书籍模块可以直接交易,更体现出模块化流通和阅读的常态性。理论上说,书籍卷帙过大会影响其流通能力,但对模块化书籍而言,分散流通其实给大书提供了另一种在知识世界产生影响的方式。

在模块化书籍中,卷仍然保持了载体单元和内容单元的统一性;或者应该说,这种统一性作为卷的初始特征,孕育了模块化书籍设计方案,而前者又因后者获得了延续。《荷马史诗》所体现出来的那种过长文字与有限载体间的矛盾、为解决这一矛盾而使用的分卷方案对于文本连贯性的破坏,在模块化卷子装书籍中并没有那么突出。也就是说,如果模块化设计成为大书生产的常规方案,人们寻求更大容量载体的需求就没有那么迫切了。这可能就是中国的册页装相比于西方更晚出现的原因之一。

卷与四部

在中古时期,不同部类的大卷帙书籍是在不同的时间点集中产生的。经部的礼论礼议类文献从南朝开始兴盛,大型总集的兴起也在梁代以后。子部则曹魏时期出现了千馀篇的大类书《皇览》,这个体量在当时

---

① 余嘉锡《古书通例》,中华书局,2009 年,第 268 页。

② 《宋书》卷一〇〇《自序》,中华书局,1974 年,第 2466 页。

③ 《北齐书》卷三九《祖珽传》,中华书局,1972 年,第 515 页。

是十分惊人的①;史部则汉代已有《史记》(130 卷)、《汉书》(100 卷)、《东观汉记》(143 卷)三史,截止到西晋,谢承(130 卷)、薛莹(100 卷)、司马彪(83 卷)、华峤(97 卷)四家大部头后汉史也已完成。类书和纪传史在魏晋率先积累了一批大书,这是理解四部产生的一个线索。

　　四部的产生,一般认为始于西晋官藏目录《中经新簿》。14 卷的《中经新簿》是太康年间(280—289)皇家藏书校理工程的一项成果②,和后来的四部目录相比,它尚有两个"缺陷":一是一级目录没有名字,只以甲乙标识;二是二级分类比较混杂,尤其是丙丁部。对于丙丁部究竟是依什么主题立部的,今人时有讨论③;不过,正如余嘉锡指出的,《新簿》的制作者本来就不是要严格按主题划分四部,否则不至于取不出一级目录的名字。④ 在图书校理工程中,《新簿》这样的目录是随校随编,到最后阶段才能定稿,但部类划分是工程一开始就要确定的,因为书籍要按部类分派给校理人员。据《晋太康起居注》记载,"秘书丞桓石绥启校定四

---

　　① 《三国志》卷二《文帝纪》:"又使诸儒撰集经传,随类相从,凡千馀篇,号曰《皇览》。"又卷二三《杨俊传》裴注引《魏略》:"魏有天下,拜象散骑侍郎,迁为常侍,封列侯。受诏撰《皇览》,使象领秘书监。象从延康元年始撰集,数岁成,藏于秘府,合四十馀部,部有数十篇,通合八百馀万字。"(第 88 页;第 664 页)如果做一个比较,《文选》白文约 258000 字,《皇览》体量相当于 30 多部《文选》。

　　② [梁]阮孝绪《七录序》:"晋领祕书监荀勖,因魏《中经》,更著《新簿》,虽分为十有馀卷,而总以四部别之。"(《广弘明集》卷三, T52, no. 2103, p. 109a4 - 5.)《北堂书钞》卷五七引《晋太康起居注》:"秘书丞桓石绥启校定四部之书,诏遣郎中四人各掌一部。"(中国书店影印孔广陶校注本,1989 年,第 187 页。)据此可知此次校书具体发生在太康年间。此条又见《初学记》卷一二引《晋太康起居注》,中华书局,2004 年,第 298 页;《唐六典》卷一〇《晋居注》,中华书局,1992 年,第 297 页。惟《六帖》卷二一引此条云出《晋太原起居注》,《白氏六帖事类集》第五册,文物出版社,1987 年;又《太平御览》卷二三四引此条云出《晋太元起居注》,中华书局,1960 年,第 1112 页。晋无太原年号,前者"原"当作"康",形近致讹;后者底本或作太原,据音臆改致误。

　　③ 参辛德勇《中国古典目录学中史部之演化轨迹述略》,《中国典籍与文化》,2006 年第 1 期;聂溦萌《从丙部到史部——汉唐之间目录学史部的形成》,《中国史研究》,2015 年第 3 期。

　　④ 《目录学发微》,第 135 页。

部之书,诏遣郎中四人,各掌一部"①。既然太康校书安排四人各掌一部,这4个"部"就有任务包的性质。成为后世校书典范的刘向,当初也是分了4个任务包作业,不同的是刘向自为校书骨干,他只是把自己做不了的少量任务分了3包②;而太康校书没有骨干③,其时面临的校理任务有十万卷之多④,具体负责的4位郎中承担的工作量应该是均衡的,这样的安排也优化了时间成本,不至于像刘向那样花费20多年⑤。工作量均衡分配,当然仍要尽量保证同主题书不打散,统归一人负责;但一人完全可以承担多种主题。因此在这种分配原则下,书籍的二级目录保持了主题性,而本质是任务包的一级目录则是主题被平均主义原则调剂后的样子。四郎中校理图书的同时,可能也各自编纂他们所负责部类的

---

① 《北堂书钞》卷五七,已见前注。按四郎中有二人姓名可考,其一为傅瓒,其二为左思。姚察《汉书训纂》云:"秘书校书郎中傅瓒校古文《穆天子传》。"见殿本《汉书》卷首颜师古《汉书注叙例》宋祁校语引。又司马贞《史记索隐》云:"《穆天子传目录》云傅瓒为秘书郎,与荀勖同校定《穆天子传》。"见《史记》,中华书局,1982年,第5页。《初学记》卷二一引王隐《晋书》:"左思专思《三都赋》,绝人伦之事,自以所见不博,求为秘书郎,著《中经》。"(第298页)

② 《汉书》卷三〇《艺文志》,中华书局,1962年,第1701页。

③ 荀勖作为校书总负责人,主要精力可能放在《汲冢书》的整理上,因此史家视《汲冢书》为荀勖平生成就之一。《初学记》卷一二引傅畅《晋诸公赞》:"荀勖领秘书监,太康二年汲郡冢中得竹书,勖躬自撰次注写,以为中经,列于秘书。"(第295页)《御览》卷七四九引王隐《晋书》:"荀勖领秘书监,始书,师钟、朗(按当为胡)法。太康二年得汲郡冢中古文竹书,勖自撰次注写,以为中经,别在秘书。"(第3322页)但是,据前引《穆天子传目录》所记傅瓒事,可知《汲冢书》的实际整理工作仍是有郎中深度参与的。王隐《晋书》特别提及荀勖的书法,可能定本誊抄由荀勖完成。

④ 《北堂书钞》卷一〇一引《荀勖让乐事表》:"臣掌著作,又知秘书,今覆校错误,十万馀卷书,不可仓卒,复兼他职,必有废顿者也。"(第385页)

⑤ 《北堂书钞》卷一〇四引《风俗通义》:"刘向为孝成皇帝典校书籍,二十馀年,皆先书竹,为易刊定,可缮写者,以上素也。"(王利器校注《风俗通义校注·佚文》,中华书局,1981年,第494页。)按太康校书也拟仿照刘向的程序,《晋书》卷三九《荀勖传》云"俄领秘书监,与中书令张华依刘向《别录》,整理记籍"。(第1154页)依刘向《别录》意味着校理誊写后还要做叙录,可见这次校书规划的工程量非常大,只不过叙录最后没有按预期完成。

目录①，最后他们的 4 份目录合在一起（在卷子装时代，这种“合”就是将 4 组卷子堆在一起）就得到了“虽分为十有馀卷，而总以四部别之”②的《中经新簿》，这也就是为什么甲乙丙丁四部虽然没有特别的主题意义，却仍然呈现在《新簿》的结构里。

校书的工作量与书籍卷帙有关，也与整理难度有关。甲乙部拥有秦汉以来积累而得的众多经子书，丙部拥有魏晋以来爆发的大书，前者单书小而书多，后者单书大而书少，故可得相垺。《皇览》奉敕官修，写校装潢质量自属上佳，又自编成之日起就安放在秘府③，存藏状况也好，因此易于校理。汲冢书“竹书数十车”，“多烬简断札，文既残缺，不复诠次”，“漆书皆科斗字”，整理要求“校缀次第，寻考指归，而以今文写之”④。体量并不算小，整理难度极高，所以大书较多的历史类书籍与《皇览》并部，比与汲冢书并部更得均衡。

在工作量干预下形成的甲乙丙丁四部，无法反映当时的知识体系，却影响了后来的知识体系。晋元帝时李充整理皇家藏书，用《中经新簿》

---

①　如郎中左思就曾参与《中经新簿》的编纂，考见张固也《古典目录学研究》，华中师范大学出版社，2014 年，第 3 页。

②　阮孝绪《七录序》，已见前注。对于这句话，有一种解读是《中经新簿》只分四部，四部之内不更分类，说见姚名达《中国目录学史》，上海古籍出版社，2018 年，第 64 页。这个理解恐非阮孝绪本意，阮氏强调《新簿》十有馀卷而只是四部书目，是因为在他所处时代，四部目录一般就分 4 卷，个别著录项丰富的就分 40 卷。前者如《宋元徽元年四部书目录》《梁天监六年四部书目录》《梁东宫四部目录》《梁文德殿四部目录》，并见《隋书·经籍志》，第 991 页；后者如宋《四部书大目》，见《南史》卷二七《殷淳传》，第 740 页。图书目录按部分卷是自《七略》以来的传统，14 卷的《新簿》从卷帙上看完全不像四部目录，所以阮孝绪才特为说明。另外，《中经新簿》按小类分卷，也说明它的小类才是目录学意义上的分类。

③　《三国志》卷二三《杨俊传》裴注引《魏略》，第 664 页。

④　《晋书》卷五一《束皙传》，第 1432 页。按此传详列汲冢书整理后的目录，总计“大凡七十五篇，七篇简书折坏”。这些能整理出书目的 75＋7 篇，是汲冢书剔除无法识读的烬简断札后的部分，而汲冢书总体装满“数十车”，体量当远大于 75＋7 篇。

点对江左库藏①,由此保留了四部框架;他又将二级目录调整为"以类相
从"②,由此四部成为真正目录学意义上的图书分类。两晋南北朝官书
管理制度的延续性保护了四分法,使其成为皇家藏书标配,中古时期的
四部分类法,其实有一个先定四分再纯洁化的过程。

《中经新簿》四部和《七略》六部尽管性质不同,但《新簿》甲乙丁三部
尚保留了与老六部的某种对应关系(图 1-14),唯独丙部,它的所有小
类在《七略》系统都不是目录项,可以说丙部是真正诞生于中古时期的新
部类。在以往的学术史叙事中,丙部的兴起常被等同于史学的兴起,
但从前面的梳理看,这种看法有很大风险。不仅没有《皇览》就不会有
丙部,而且几种大卷帙后汉史如果没有恰巧赶在太康前问世,史书也
未必进入丙部。胡应麟早就指出,史书在《中经新簿》的时代并不多。③
其实直到《隋志》,史部书仍是四部中最少的,它们的特殊性在于卷帙大
(表 1-3,图 1-15)。所以与其说是史学,不如说是大书彻底破坏了《七
略》体系,从而将目录学推入四部时代。

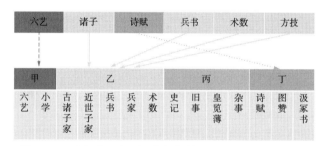

图 1-14 《七略》(上)和《中经新簿》(下)的图书分类体系

① 《隋书》卷三二《经籍志序》:"东晋之初,渐更鸠聚。著作郎李充,以勘旧簿校之,其见
存者,但有三千一十四卷。"(第 906 页)
② 《宋尤袤刻本文选》卷四六《王文宪集序》李善注引臧荣绪《晋书》,第 12 册第 46 页。唐
修《晋书·李充传》略同。
③ [明]胡应麟《经籍会通》卷二,《少室山房笔丛》,上海书店,2009 年,第 498 页。

表 1 – 3 《隋志》中四部书籍的平均卷数统计(通计亡书)

	部	卷	卷/部
经	1007	7766	7.71
史	866	17026	19.66
子	1710	16618	9.72
集	1278	13637	10.67

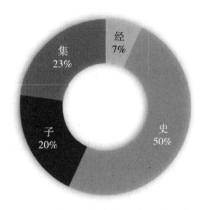

图 1 – 15 《隋志》中 50 卷以上书的四部分布

结论和馀论

作为一种装帧形态,卷子装深刻影响了中古书籍的结构和内容。当帝纪也因卷子的尺寸被拆分时,我们看到书籍的物理形态甚至可以在一定程度上消解皇帝的神圣性。模块化的卷子装书籍设计方案,刺激了中古大书的生产,也改变了书籍的生产、阅读、流通方式。模块化大书又促成了四部分类法的诞生,从而改变了人们的知识结构。大书在流传能力上有天然的缺陷,但模块式大书的模块式流传,让大书拥有了另一种在中古知识世界产生影响的方式。同时,模块化设计在一定程度上缓解了书籍内容不断增加而载体有限的矛盾，延迟了册页装时代的到来。

相比简册、纸张、雕版印刷以及宋以后的各种册页装帧，卷子装看上去是最不具备文明独特性的物质文献话题。中国中古时期卷子有的很多特点或现象，包括前文提到的人体工程学要求、析合卷、书签，以及诸如单面书写、书名题于卷末、可以装置书轴且书轴两端可以镶嵌装饰、书卷可以用各色织带结束、可以装入各色书帙中、卷子背面可能有学童涂鸦、书卷可能由专业抄工计费书写等等，同样见于希腊罗马纸草。① 不过正因如此，古典学、纸草学可以为中国中古卷子研究的展开提供丰富信息。比如卷子长度与内容关系问题，有纸草学者猜测，书籍制作者有可能根据内容性质安排卷长，浪漫诗卷精致小巧，不朽之史则厚重可观。② 有学者指出，亚历山大里亚的学者们在写定古代抒情长诗时就是因为受到纸草卷长度的约束，所以重新定义并重新限定了抒情诗的体裁样式。③ 还有学者认为，卷子长度的限制导致一个作家的作品无法写进一个单卷里，因此一部作品的大受欢迎并不能让这位作者的其他作品一起不朽，故而古典时期的很多作家只留下寥寥几部作品，其他悉数亡佚。④ 关于卷子装到册页装的变革，有古典学者指出，当册页装时代到来后，罕僻之书有不会被转移到册页本的危险，装帧的变革导致了这些书籍的亡佚。⑤ 这些议题都涉及了卷子装的书籍史，虽其结论未必可行于中国中古卷子世界，但视角都颇具启发性。

同时，通盘考量不同文明的卷子装，也能发现中国中古卷子的真正特点。希腊罗马卷子虽然同样可以装配华丽的书轴和系带，但这些部件

---

① 《古希腊罗马的图书与读者》，第 127、130、168 页。《藏书的艺术》，第 32—33 页。*The Oxford Handbook of Papyrology*，p.21.

② *Bookrolls and Scribes in Oxyrhynchus*，p.151.

③ ［瑞士］克劳德·伽拉姆著，刘保云译《古希腊抒情诗，一种不存在的体裁?》，《西方古典学辑刊第三辑：苏格拉底的申辩》，复旦大学出版社，2021 年，第 275 页。

④ 《古希腊罗马的图书与读者》，第 134 页。

⑤ ［英］L. D. 雷诺兹、［英］N. G. 威尔逊著，苏杰译《抄工与学者：希腊、拉丁文献传播史》，北京大学出版社，2021 年，第 45 页。

仅起装饰作用。而中国中古卷子的签、轴、帙、带组成了一个可视化序列,将卷子所属的图书分类、所属书籍和自身卷号凸显出来,目录学元素被放进了装帧中。在这种可视化努力下,卷子既是一个独立的模块,又是一个系统中的模块。

最后还应补充的是,虽然本文研究的是中古纸卷时代的卷子装,但这个时期卷子装的很多特点,仍然继承自简册卷子。长期以来,对简册与纸卷的关注基本来自不同学科的不同学者,由此形成的学科分野和学者知识构成反过来又强化了竹卷和纸卷的切割,尽管就装帧研究而言,这种切割不仅并无必要,而且会削弱对二者关联的关注——甚至可能引发某种误导,比如有学者认为卷子装是公元一世纪时随佛教的传播从西方经印度传入中国的[①],这可能就是所见参考书很少将竹卷和纸卷放在一起讨论的缘故。总之,卷子的起源、存放方式、"书"的观念、分卷和全书的关系、书题的位置和大小题的书写顺序等本文未及讨论的卷子装书籍史的问题,都需要进一步置于包括简纸在内的卷子时代整体背景中加以观照。

---

① Thomas Forrest Kelly, *The Role of the Scroll : An Illustrated Introduction to Scrolls in the Middle Ages.* W. W. Norton & Company, 2019, p.10.

第二章
隐蔽的网络：中古文献中的模块化书写

模块化(modularity)是从 20 世纪后半叶开始逐渐进入多种学科视域的概念[①]，简单地说，它是指一种积木式设计方案：设计者先将复杂系统预分解成若干功能组件，即模块，继而选取开发好的模块搭建系统。对于系统而言，模块就是子元件或子程序，它们通过接口(硬件的物理接口或软件的接口文件)与系统相连接。不同的模块功能独立，互不依赖，因此当系统里的一个模块损坏或被移除，其他模块的功能并不受到干扰。由此可见，模块是系统中具有功能独立性的、可追加、可更换、可移除的即插即拔单元，而模块化的核心精神就在于分解与选择。以模块化的方式去生产一个产品、开发一个程序，意味着生产者分解了复杂的流程，把任务简化成两步：选取一群独立模块，再把它们拼装起来。因为不同模块由具备不同技术专长的多方并行开发，所以系统搭建效率将大为提高；同时，坏损模块的修复不牵扯其他模块或整个系统，因此也节约了系统维护成本。

模块化的概念虽然迟至 20 世纪才出现，模块化的实践却历史悠久，它并非现代人才有的设计思维。[②] 但概念的提出，为回顾和分析历史上

[①]　参 Andrew L. Russell，"Modularity：An Interdisciplinary History of an Ordering Concept"，*Information & Culture*，Vol. 47，No. 3 (2012)，pp. 257‐287.

[②]　关于模块化的实践史，请参[美]卡丽斯·鲍德温、[美]金·克拉克著，张传良译《设计规则：模块化的力量》，中信出版社，2006 年。[日]青木昌彦、安藤晴彦编著，周国荣译《模块时代：新产业结构的本质》，上海远东出版社，2003 年。

的模块化实践提供了理论工具。本文就利用这一工具,探讨中国中古时期文本生产中的模块化现象,包括文本模块的类型、特征、植入方式和工作原理,以及模块化书写给古典文献带来的影响。

文本模块与模块化书写

【例1】

1.1　春日载阳,有鸣仓庚……采蘩祁祁。(《诗·豳风·七月》)

1.2　二月……采蘩,……有鸣仓庚。(《夏小正》)

【例2】

2.1　(时苗)始之官,乘薄軬车,黄牸牛,布被囊。居官岁馀,牛生一犊。及其去,留其犊,谓主簿曰:"令来时本无此犊,犊是淮南所生有也。"(《三国志·常林传》裴注引《魏略·清介传》)

2.2　羊祜子暨为青州刺史,牛产犊,及还,以官舍所生,遗之而去。(《北堂书钞》卷三八引曹嘉之《晋纪》)①

【例3】

3.1　予之祖父郴,为汲令,以夏至日诣见主簿杜宣,赐酒,时北壁上有悬赤弩,照于杯,形如蛇,宣畏恶之,然不敢不饮,其日,便得胸腹痛切,妨损饮食,大用羸露,攻治万端,不为愈。后郴因事过至宣家,窥视,问其变故,云:"畏此蛇,蛇入腹中。"郴还听事,思惟良久,顾见悬弩,必是也。则使门下史将铃下侍徐扶辇载宣,于故处设酒,杯中故复有蛇,因谓宣:"此壁上弩影耳,非有他怪。"宣遂解,甚夷怿,由是瘳平。②(《风俗通义》卷九,又《太平御览》卷二三引《抱朴子》略同。)

---

①　《三国志》卷二三,第662页。《北堂书钞》,第104页。

②　《风俗通义校注》,第388页。

3.2 乐令有数客，阔不复来。乐问所以，答曰："前在坐，蒙赐酒，方欲饮，见杯中有蛇，意甚恶之，既饮而疾。"于时河南厅事上壁有角，角边漆画作蛇。乐而疑是角影入杯中，复令置杯酒于前处，谓曰："君更看酒中复有所见不？"答曰："所见如初。"乐乃告其所以，客豁然意解，沉痾顿消。[①]（《太平御览》卷三三八引《世说》，《晋书·乐广传》略同。）

【例4】

4.1 美人迈兮音尘阙，隔千里兮共明月。临风叹兮将焉歇，川路长兮不可越。……月既没兮露欲晞，岁方晏兮无与归。佳期可以还，微霜沾人衣。（谢庄《月赋》）

4.2 海上生明月，天涯共此时。情人怨遥夜，竟夕起相思。（张九龄《望月怀远》）

4.3 今夜鄜州月，闺中只独看。遥怜小儿女，未解忆长安。香雾云鬟湿，清辉玉臂寒。何时倚虚幌，双照泪痕干。（杜甫《月夜》）[②]

以上4组例子分别选自四部文献，每一组都呈现着一个简单明了的特点：相似。所相似者，一在文本功能；二在核心内容，也就是功能的实现途径。一个文本功能与核心内容的结合体，就是一个文本模块。模块可以多次植入不同文献中，由于其功能和工作原理并不变化，植入文本就算每个字都不同，也还是会给人以"雷同"的阅读体验。

以植入现成文本模块的方式生产新文本，就是模块化书写。在中古时期，模块化书写在不同文献部类中都普遍存在，其中史料类模块近年

---

① 《太平御览》，第1550页。
② 《宋尤袤刻本文选》卷一三，第四册第74页。《全唐诗》卷四八、卷二二四，第591、2403页。

尤其受学界关注。① 不同部类中的模块化书写当然可以视为经学、史学或文学的现象，但模块化现象既然不囿于特定部类，则其首先是一个文献现象，是一个需要从古典文献的整体去把握的书写方式。

中古时期的模块化书写是一种泛文献现象，也可以从它所培育的阅读习惯上得到证明。在这个时期最著名的集部注李善《文选注》中，"举先明后"是重要的笺注任务，所谓"后"即作品中的注释点，"先"即与注释点使用同样语词、典故或模块的先例②，这种注释方式说明模块是当时读者的阅读关注点之一。不仅注家致力于发掘模块，中古时期的文学评论家也会用"袭"（陆机《文赋》："袭故而弥新"）、"傍"（钟嵘《诗品》："非傍诗史"）、"借"（刘勰《文心雕龙·物色》："因方以借巧"）、"偷"（皎然《诗式》)③等概念去描述和探讨模块化书写，这更能看出模块问题的热度。但是，上述对模块的关注都集中在文学领域，同一时期的子史注则很少为模块出注，即使是这一时期新出现的注释量相当丰满的"合本子注"亦然。史籍和史料类子书的注，本有辨析史实的责任，但它们不甚关注模块，说明模块化书写在当时人看来并不必然地与史料真实性问题相关。换言之，史籍的研读者和诗文的研读者都将模块化视为一种纯粹的文本层面的书写策略，只不过前者关注写作技术，所以需要注释和讨论；后者

---

① 见［美］傅汉思（Hans H. Frankel）著，郑海瑶译，黄宝华校，《唐代文人：一部综合传记》，收［美］倪豪士编选《美国学者论唐代文学》，上海古籍出版社，1994 年。［英］崔瑞德（Denis Twitchett）《中国的传记写作》，张书生译，《史学史研究》，1985 年第 3 期。孙正军《中古良史书写的两种模式》，《历史研究》，2014 年第 3 期。孙正军《形象与写意：史传书写程式化修辞频现》，《中国社会科学报》，2014 年 4 月 23 日第 5 版。潘务正《"疽发背而死"与中国史学传统》，《文史哲》，2016 年第 6 期。杨孟哲《法律的文学叙事与历史叙事——从欧阳修的〈纵囚论〉说起》，《天府新论》，2017 年第 3 期。于溯《历史学家的四个技艺：中古纪传史詹言》，《上海书评》，2017 年 9 月 22 日。

② 《宋尤袤刻本文选》卷一《两都赋序》"或曰赋者古诗之流也"句李善注："诸引文证，皆举先以明后，以示作者必有祖述也。"（第一册第 78 页）如李详指出的，这是李善《文选注》中实践最多的凡例之一，"实开注书之门径"。见李详《文选注例》，收《李审言文集》，江苏古籍出版社，1989 年，上册第 154 页。

③ 参《诗式》之"偷意诗例"，［唐］皎然著，李壮鹰校注《诗式校注》卷一，人民文学出版社，2003 年，第 59 页。

不关注写作技术,所以视若无睹。这再一次证明在当时人的观念中,模块化书写的性质并不因文献属性而有别。但这种情况到宋代发生了变化,宋人不仅开始搜集史料模块,还有了考辨真伪的意识,如南宋学者戴埴说:

> 大率奇事易失实。虎石蛇杯,意义略同,皆有二出。《汉书》李广出猎见虎,射之没矢,视之,石也,射不入矣。《韩诗外传》熊渠子夜见虎,射之没金饮羽,下视知石,复射,矢摧无迹。《晋书》乐广赐客酒,杯中有蛇,既而疾。广意厅壁角影,复置酒,客顿愈。《风俗通》应郴请杜宣酒,杯中如蛇,宣得疾。后于故处设酒,蛇乃弩影耳,意遂解。二事于人名具不合,未知孰是。①

既然说"易失实""未知孰是",可见在戴埴看来,情节近似而属于不同主人公的二事,只能是一真一伪。但李广射石这件事既见于《汉书》,颜师古却没有引熊渠子事出注,尽管《韩诗外传》也是在颜注征引书目内的。从这个具体的例子,很能看出唐宋人对史料模块态度的不同。

史料类模块一旦与真伪问题联系起来,它就不可能像诗文模块那样继续大量出现了。同时,一旦人们对于模块已经有了区别种类并给予不同定位的意识,模块化书写也就不再构成一个整体的文献现象。因此本文讨论的文献的模块化仅限于中古时期,在此之前,模块化现象不突出,在此之后,模块化不再是一个泛文献现象,因此更适合放置于文史等学科内部讨论。

游走的模块与固定的模块

如前所述,模块植入不同系统时,须调试接口以适应新系统。换言之,接口文件给了模块自由,使其能在不同文献甚至不同性质的文献间

---

① [宋]戴埴《鼠璞》卷上,《丛书集成初编》本,中华书局,1985年,第7页。

游走。如：

【例5】

5.1　南登霸陵岸，回首望长安。（王粲《七哀诗》）

5.2　步登北邙阪，遥望洛阳山。（曹植《送应氏》）

5.3　引领望京室，南路在伐柯。（潘岳《河阳县作》）

5.4　尚怜终南山，回首清渭滨。（杜甫《奉赠韦左丞丈二十二韵》）

5.5　回首凤翔县，旌旗晚明灭。（杜甫《北征》）[①]

这个或可以称为"望京"的模块，核心内容是作者将要离开都城（或行在）时做一个回望的动作，功能则是表达恋阙之情。这个模块每次植入，事件发生的地点都不同，也就是地点作为接口文件在不断改写，以适应不同的文本系统。

【例6】

6.1　卓茂为丞相史，尝出，道中有人认茂马者。茂问失马几日，对曰："月馀矣。"茂曰："然此马畜已数年。"遂解马与之，曰："即非所失，幸至丞相府还我。"乃步挽车去。后马主自得马，惭愧诣茂。（《艺文类聚》卷九三引《东观汉记》，《后汉书》卷二五《卓茂传》略同。）

6.2　刘宽尝行，有人失牛者，乃于路就宽车中认之。宽无所言，下驾步归。有顷，认者得牛而送还，叩头谢曰："惭负长者。"（《艺文类聚》卷九四引谢承《后汉书》，《后汉书》卷二五《刘宽传》略同。）

6.3　尝有失牛者，骨体毛色，与（刘）虞牛相似，因以为是，虞便推与之；后主自得本牛，乃还谢罪。（《三国志·公孙瓒传》裴注引《吴书》）

---

① 逯钦立辑校《先秦汉魏晋南北朝诗》，中华书局，1983年，第365、454、633页。《全唐诗》卷二一七，第2252、2275页。

6.4　尝行,寄宿逆旅,同宿客失脯,疑虞为盗。虞默然无言,便解衣偿之。主人曰:"此舍数失鱼肉鸡鸭,多是狐狸偷去,君何以疑人?"乃将脯主至山家间寻求,果得之。客求还衣,虞投之不顾。(《晋书·桑虞传》)

6.5　家牛生一犊,他人认之,延牵而授与,初无吝色。其人后自知妄认,送犊还延,叩头谢罪,延仍以与之,不复取也。(《晋书·王延传》)

6.6　尝行路,邻人认其所着屐,(沈)麟士曰:"是卿屐邪?"即跣而反。邻人得屐,送前者还之,麟士曰:"非卿屐邪?"笑而受之。(《南史·隐逸传下》))①

【例6.1】和【例6.2】二事出现在《后汉书》同一卷中,如此都没有引起章怀注的怀疑,这再一次说明无论作者还是注家,都不觉得这种模块化写法与史料真实性问题相关。更有意思的是,卓茂是东汉初人,刘宽是东汉末人,前者出行以马车,后者出行以牛车,这个差异正契合了东汉魏晋以来车行习俗的变化。② 同样地,【例6.3】【例6.5】的刘虞和王延事中出现的道具也是符合时代特色的牛。马与牛,就是该模块的接口文件,它的改写使模块能嵌入符合自己时代信息的上下文中。

接口文件的改写,也是模块化书写和"张冠李戴""传闻异辞"之间的重要区别。单纯由后者造成的相似性文本,因为没有经过主动改写,也比较容易露出"破绽",从而被注释者和考据者发觉。

一方面,模块可以游走于不同文献,通过接口调试与新系统结合无间;另一方面,一些模块又逐渐固定在它们"应该出现"的位置上,各就各位,由此形成高度模块化的文本。后一种情况就好比预制了主板和卡槽,只等着一组组模块来插。换言之,在功能先行或格式固定的文献类

---

① 《宋本艺文类聚》,上海古籍出版社,2003 年,第 2395、2409 页。《三国志》卷八,第 240 页。《晋书》卷八八,第 2290、2291 页。《南史》卷七六,第 1891 页。

② 参孙机《汉代物质文化资料图说》(修定本),中华书局,2020 年,第 124—125 页。刘增贵《汉隋之间的车驾制度》,《中研院史语所集刊》第 63 本第 2 分册,1993 年,第 410—420 页。

型中,更容易形成高度模块化的形况,如:

【例 7】

7.1　大妇织绮罗,中妇织流黄。小妇无所为,挟瑟上高堂。(汉乐府《相逢行》)

7.2　大妇织绮纻,中妇织流黄。小妇无所为,挟琴上高堂。(汉乐府《长安有狭斜行》)

7.3　大子二千石,中子孝廉郎。小子无官职,衣冠仕洛阳。(同上)

7.4　长兄为二千石,中兄被貂裘。小弟虽无官爵,鞍马驳驳,往来王侯长者游。(汉乐府《艳歌何尝行》)[1]

对乐府而言,音乐就是主板,如果词作者原创能力不足,自可从那一段乐府中截取歌词片段插入这一段乐府[2]。又如:

【例 8】

8.1　母常欲生鱼,时天寒冰冻,祥解衣将剖冰求之,冰忽自解,双鲤跃出,持之而归。(《晋书·王祥传》)

8.2　卜氏尝盛冬思生鱼,敕延求而不获,挞之流血。延寻汾叩凌而哭,忽有一鱼长五尺,踊出水上,延取以进母。(《晋书·王延传》)

8.3　及王氏卒,殷夫妇毁瘠,几至灭性。时柩在殡而西邻失火,风势甚盛,殷夫妇叩殡号哭,火遂越烧东家。(《晋书·刘殷传》)

8.4　及丁母忧,居丧泣血,杖而后起。停柩在殡,为邻火所逼,烟焰已交,家乏僮使,计无从出,乃匍匐抚棺号哭。俄而风止火息,堂屋一间免烧,其精诚所感如此。(《晋书·何琦传》)[3]

----

① 《先秦汉魏晋南北朝诗》,第 265、266、398 页。

② 关于这种现象,余冠英《乐府歌辞的拼凑和分割》有经典研究,见余冠英《汉魏六朝诗论丛》,古典文学出版社,1956 年,第 33 页。

③ 《晋书》卷三三,第 987 页;卷八八,第 2290、2288—2289、2292 页。

这是两个孝子事迹的模块。孙正军指出,《良吏传》《孝子传》等类传是"模式最常出现的场合"①。这个结论可以更推而广之,即无论是否类传,史书中凡记述某人地方工作政绩或道德品行的地方,模块化书写都容易出现,如:

【例9】

9.1 (戴封)迁中山相。时诸县囚四百馀人,辞状已定,当行刑。封哀之,皆遣归家,与克期日,皆无违者。诏书策美焉。永元十二年,征拜太常。(《后汉书·独行传》)

9.2 (傅岐)除始新令。县民有因斗相殴而死者,死家诉郡,郡录其仇人,考掠备至,终不引咎,郡乃移狱于县,岐即命脱械,以和言问之,便即首服。法当偿死,会冬节至,岐乃放其还家,使过节一日复狱。曹掾固争曰:"古者乃有此,于今不可行。"岐曰:"其若负信,县令当坐,主者勿忧。"竟如期而反。太守深相叹异,遽以状闻。岐后去县,民无老小,皆出境拜送,啼号之声,闻于数十里。至都,除廷尉正,入兼中书通事舍人。(《梁书·傅岐传》)

9.3 三年,出为上州刺史。为政仁恕,以礼让为本。尝至元日,狱中所有囚系,悉放归家,听三日,然后赴狱。主者固执不可。捴曰:"昔王长、虞延见称前史,吾虽寡德,窃怀景行。导民以信,方自此始。以之获罪,弥所甘心,幸勿虑也。"诸囚荷恩,并依限而至。吏民称其惠化。秩满当还,部民李漆等三百馀人上表,乞更留两载。诏虽弗许,甚嘉美之。及捴入朝,属置露门学。高祖以捴与唐瑾、元伟、王褒等四人俱为文学博士。(《周书·萧捴传》)②

【例9】三例中都出现了"纵囚"事件,这个事件的基础情节是,碰到

---

① 孙正军《形象与写意:史传书写程式化修辞频现》。

② 《后汉书》卷八一《独行传》,第2684页。《梁书》卷四二,第602页。《周书》卷四二,中华书局,1971年,第752页。

重大节日或者因犯家庭变故，官员暂时释放囚犯，并与之约定返期，而被释放的囚犯在处理完事务后都如期返回继续接受刑罚。而这个事件作为史料模块，其功能是体现官员的仁爱，并以囚犯的守约证明官员的教化有成。"纵囚"是中古文献中的高频模块，宋以后学者对此屡有统计，综合他们的数据得到的结果是：《后汉书》中出现5次，《晋书》2次，《宋书》1次，《梁书》3次，《周书》1次，《隋书》1次，《南史》增2次，《北史》增1次，两《唐书》去复合4次。[①] 以上仅是正史用例，像【例9.3】提到的王长文纵囚，事见《华阳国志》，凡此杂史小说如果计入，这个模块的用例还会更多[②]。纵囚确实会出现在类传里，如【例9.1】，但出现在非类传里的情况也不少。无论是否出自类传，从【例9】看，诸纵囚事的史源性质可能是相近的。戴封纵囚事"诏书策美焉"，傅岐纵囚事"以状闻"，萧㧑纵囚事必在其部民上表中，三人事迹都经由地方上报中央，中央留下的相关存档是这些事迹最终得以进入王朝史的关键。也就是说，模块式书写并不是由类传的性质造成的；是作为传记史源的察举、上计、旌表等申报、批复文件，以其文书固有的板滞填充格式为模块式书写提供了滋生的土壤。

　　除了史源外，【例9】三事还有两个值得留意的相似点。其一，纵囚是戴封、傅岐和萧㧑在其中山、始新和上州任上唯一被记载的事迹。其二，三人在纵囚之任后都获得升迁。以上两个相似点，也普遍见于其他包含纵囚模块的中古传记中（表2-1）。察举、上计、旌表等申报、批复文件成为模块植入的重灾区，除了文书格式本身会导致填充内容套路化

---

　　① 参与统计的学者有周密、尤侗、赵翼、郝懿行等。见[宋]周密《癸辛杂识》后集，中华书局，1988年，第92页；[清]尤侗《看鉴偶评》卷三，《艮斋杂说·续说·看鉴偶评》，中华书局，2007年，第252页；《陔馀丛考》卷一九，中华书局，2003年，第378—379页；[清]赵翼撰，王树民校证《廿二史札记校证》卷三○，中华书局，1963年，第711页；[清]郝懿行《晒书堂集》文集卷八《纵囚论》，齐鲁书社，2010年，第5349—5352页。

　　② [晋]常璩撰，任乃强校注《华阳国志校补图注》卷一一《后贤志》："元康初，试守江原令。县收得盗贼，长文引见诱慰。时适腊晦，皆遣归家。狱先有系囚，亦遣之，谓曰：'教化不厚，使汝等如此，长吏之过也。蜡节庆祈，归就汝上下，善相欢乐；过节来还，当为思他理。'群吏惶遽争请，不许。寻有赦令，无不感恩，所宥人辄不为恶，曰：'不敢负王君。'"上海古籍出版社，1987年，第645—646页。

外,更重要的原因是,其功利性的用途也始终在引诱那些曾为前人带来过利好的事迹化为模块加盟。在这些档案基础上形成的传记,既是模块的接收者,也是传播者。

表 2 - 1 中古纵囚模块传主的政治回报[①]

时代	人物	纵囚时职爵	在职其他见载事迹	纵囚后职爵
东汉	钟离意	堂邑令	无	尚书
东汉	戴封	中山相	无	太常
晋	曹摅	临淄令	辨究冤案	尚书郎
晋	王长文	试守江原令	无	大将军梁王肜从事中书郎
晋	谢方明	南郡相	无	宋台尚书吏部郎
梁	何胤	建安太守	无	尚书三公郎
梁	席阐文	东阳太守、山阳伯	无	东阳太守、湘西侯
梁	王志	东阳太守	无	侍中
梁	傅岐	始新令	无	廷尉正,入兼中书通事舍人
周	萧㧑	上州刺史	无	露门学文学博士
唐	吕元膺	蕲州刺史	无	右司郎中、兼侍御史知杂事

隐蔽的网络

模块化书写是一种植入式书写,相比于其他常见的植入式书写如引用、用典等,它具有更高的隐蔽性。[②] 因为这种隐蔽性,捕捉模块并不容

---

① 《后汉书》卷四一《钟离意传》,第 1407 页。《宋书》卷五三《谢方明传》,第 1523—1524 页。《梁书》卷五一《处士传》,第 735 页。《梁书》卷二一《王志传》,第 319 页。《南史》卷五五《席阐文传》,第 1358 页。《旧唐书》卷一五《吕元膺传》,第 4103—4104 页。戴封、王长文、傅岐、萧㧑已见前。

② 典故既可以植入得非常隐蔽,也可以植入得十分明显,这取决于作者预期的效果是含蓄蕴藉还是强装饰性。

易，明人王世贞在其笔记《宛委馀编》中收集了 78 个传记模块，他对每一个模块都用"人知有……而不知有……"这样的措辞来著录，如：

> 看竹不问主，人知有王徽之，而不知有袁粲。
> 倚柱读书雷震不辍，人知有夏侯玄，而不知有诸葛诞。①

钩沉抉隐的成就感情溢于言表。"人知有……而不知有……"还能在很多明清笔记中见到，几乎成为其时模块著录的一种标准格式②。

　　模块的隐蔽性首先是接口文件改写导致的。以植入"望京"模块的【例 5】为例，同样的意思也可以通过植入典故来表述：

> 灞涘望长安，河阳视京县。（谢朓《晚登三山还望京邑》)③

但从效果来说，植入典故比植入模块更显眼：站在三山望建康的谢朓显然不能同时站在灞涘望长安、站在河阳望洛阳，所以读者读到这句诗，立即能发觉这不是写实，而是用典。典故植入不像模块植入一定要做接口文件改写，这是它看上去更突兀的原因。如果谢朓也植入"望京"模块，他的诗句就可以写成"三山望京邑"，在这种情况下，只要读者不熟悉【例5.1】【例 5.2】【例 5.3】，就无从发觉这里有模块植入。

　　除了接口文件外，模块的隐蔽性还源于其功能的完足。模块具有独立、明确的功能，所以对它的理解既不需要参考所植入文本的上下文，也不需要参考模块的原初用例，这也与典故正好相反。读懂【例5】中的每一个诗例都不以知晓其他诗例为前提，但要理解谢朓的"灞涘望长安，河阳视京县"，就必须知道【例 5.1】和【例 5.3】，读着谢朓又

---

① ［明］王世贞《弇州四部稿》卷一六二，万历刻本。
② 如［明］郭良翰《问奇类林》、［明］陈师《禅寄笔谈》、［明］顾起元《说略史别》、［明］徐应秋《玉芝堂谈荟》、［明］张岱《夜航船》等。清人沈廷文又有《广事同纂》一卷，专为增补王世贞《宛委馀编》的 78 例而作，有《丛书集成初编》本。
③ 《先秦汉魏晋南北朝诗》，第 1430 页。

要想到王粲和潘岳，势必会造成阅读卡顿，当读者停下思考时，植入也就暴露了。

模块的隐蔽性也与非核心内容的多变有关。如下例：

【例 10】

10.01　（吕）布之破也……太祖又给众官车各数乘，使取布军中物，唯其所欲。众人皆重载，唯涣取书数百卷，资粮而已。（《三国志·魏书·袁涣传》引《袁氏世纪》）

10.02　及克统万，世祖赐诸将珍宝杂物，顺固辞，唯取书数千卷。（《魏书·李顺传》）

10.03　及齐灭，周武帝闻其名，与阳休之、袁叔德等十馀人俱征入关。诸人多将辎重，爽独载书数千卷。至长安，授宣纳上士。（《隋书·陆爽传》）①

三例的情节都是主人公在可供选择的丰厚的战利品中只索取书籍，其功能是显示传主的清廉高致。但对于功能的实现而言，"战利品"这个设定并不重要，它只要是一堆丰厚的物品就可以。所以模块也可以这样使用：

10.04　弘微家素贫俭，而所继丰泰，唯受书数千卷，国吏数人而已，遗财禄秩，一不关豫。（《宋书·谢弘微传》）

10.05　兄弟分财，昙首唯取图书而已。（《宋书·王昙首传》）

10.06　湛之卒，渊推财与弟，唯取书数千卷。（《南齐书·褚渊传》）

10.07　三蜀多珍产，竟不以豪厘润屋，罢官东归，得书六七千

----

① 《三国志》卷一一，第 334 页。《魏书》卷三六，中华书局，1974 年，第 830 页。《隋书》卷五八，第 1420 页。按，这个模块应该改造自《史记·萧相国世家》"诸将皆争走金帛财物之府分之，何独先入收秦丞相御史律令图书藏之"。但模块表意的偏重和"图书"的含义已与萧何事不同，所以【例 10】没有将《萧相国世家》列入。

卷而已，其馀则不加于故。（《唐刘应道墓志》）①

同样的，"书籍"也不能算核心要素，只要是不贵重而别有深意的物品就可以：

　　10.08　初，高祖欲观诸子志尚，乃大陈宝物，任其所取，京兆王愉等皆竞取珍玩，帝唯取骨如意而已。（《魏书·世宗纪》）

　　10.09　高宗即位，班赐百僚，谓贺曰："朕大赉善人，卿其任意取之，勿谦退也。"贺辞，固使取之，贺唯取戎马一匹而已。（《魏书·源贺传》）

　　10.10　以本官从于谨平江陵，大获军实，谨悉诸将校取之。馀人皆竞取珍玩，尼唯取梁元帝素琴一张而已。（《周书·裴尼传》）

　　10.11　及义之亡后，资生杂物，近盈百万。基法应获半，悉舍以为福，唯取粗故衣钵，协以东归，还止钱塘显明寺。（《高僧传·齐山阴法华山释慧基》）②

甚至，传主也完全可以什么都不要：

　　10.12　进至京邑，桓玄奔走，高祖使熹入宫收图书器物，封闭府库。有金饰乐器，高祖问熹："卿得无欲此乎?"熹正色曰："皇上幽逼，播越非所。将军首建大义，劬劳王家。虽复不肖，无情于乐。"（《宋书·臧质传》）③

从战利品到遗产、赀货，从书籍到琴、马、如意、衣钵甚至空缺，非核心内

---

① 《宋书》卷五八，第1590页；卷六三，第1678页。《南齐书》卷二三，第425页。刘瑞、穆小军《唐秘书少监刘应道墓志考释》，《唐研究》第四卷，北京大学出版社，1998年，第166页。
② 《魏书》卷八，第215页，第920页。《周书》卷三四，中华书局，1971年，第598页。［梁］释慧皎著，汤用彤校注，《高僧传》卷八，中华书局，1992年，第324页。
③ 《宋书》卷七四，第1909页。

容不仅可以变换,还可以在已有的变例中再进行排列组合。如果一个模块仅能在写分战利品时使用,那它的适用范围是非常有限的,而当这个道具可以自由改写,模块的生存能力和繁殖能力就大大增强了。这一点,也是引用和用典等植入式书写所不具备的。

借助非核心内容的穷极变化和接口文件的完美改写,【例10】12个模块样本散入浩瀚的文献之中,结成一个隐蔽的网络。在中古文献中,就隐藏着众多模块之网。模块之网恢恢,可以说它存在于中古文献之内,也可以说,中古文献存在于模块之网内。

开发者和供应方

当王世贞得意于"人知有……而不知有……"时,他并没有追问,为什么"人知有……而不知有……",即,同一个模块,为什么一些植入案例广为人知,另一些却寂寂无名?

可以确定的是,在获得"人知有"的能力上,模块的开发者并不占有天然优势。就文学模块而言,宋人论杜诗有所谓"灵丹一粒,点铁成金"[①]之说,前人开发的模块因杜甫一点而成金,后者知名度反而更高。史料模块的情况也类似,像前文提到的"纵囚"模块,虽然自《后汉书》以来屡见,但以唐太宗传记的用例最为著名[②]。在所有纵囚事件中,唐太宗纵囚既不是时间最早的,也不是情节铺写得最精彩的,但他是唯一一位不是以地方官员而是以皇帝的身份去纵囚的。他的纵囚事迹不仅两

---

① [宋]黄庭坚《答洪驹父书》:"自作语最难,老杜作诗,退之作文,无一字无来处。盖后人读书少,故谓韩、杜自作此语耳。古之能为文章者,真能陶冶万物,虽取古人之陈言入于翰墨,如灵丹一粒,点铁成金也。"《黄庭坚全集》,中华书局,2021年,第425页。

② 《陔馀丛考》卷一九"纵囚不始于唐太宗"条:"纵囚事唐太宗最著,白乐天所咏'死囚四百来归狱'是也,然不自唐太宗始。"(第378页)唐太宗纵囚事见《旧唐书》卷三《太宗纪》,第42页;《新唐书》卷五六《刑法志》,第1412页。

《唐书》有载，还有白居易《七德舞》歌颂之，欧阳修《纵囚论》批判之①，衍生文本之丰富也是其他纵囚者所不及的。由此可见，模块的一次植入是否能成为"人知有"的那一版，与文本涉及人物的知名度有关，也与案例是否被他人尤其是名人回忆、谈论从而得以扩大影响有关。

　　在不断扩张的模块之网中，开发者并不始终占据那个最核心的节点，而占据核心节点的"人知有"用例，当然也可能是随时变动的。【例9.3】萧扆纵囚援王长文、虞延为前例，王、虞对萧扆而言就是纵囚模块网上的核心节点，是那个"人知有"。到了后代，唐太宗成为"人知有"，获得核心节点的位置，王长文、虞延也就渐渐成了"而不知有"。所以，从理论上说，模块之网上的任何节点都有可能成为核心节点，而模块之网的扩张也就可能从它的任何一个节点发起。

　　模块开发者或隐而不显，模块的知名用例或与时迁移，对于需要模块来写作的作者来说，这两者都不算稳定的可以依赖的模块供应方。相对而言，更能承担模块供应功能的是类书。如本文第一节所论，类书本身就是依模块化理念制作的书籍，它的部类就是模块组，故而插拔自由，可以做成上千卷的大书囊括宇宙，也可以做成一两卷的小书供日常之需。对使用者而言，类书提供了一个植入素材库，这些素材经选取后，可以以引用、用典、模块等不同方式植入使用者的文本。由于公文写作和诗赋创作的需要，中古士人对类书有相当的依赖，致有自编类书以应不时之需者。这些类书有的还将模块做成对仗形式，如张说的《事对》、陆贽的《备举文言》②，这实质上是给模块做好了接口文件，以便使用者能更高效地将其植入骈文中。

　　模块之网深藏在文献之中，但类书已经把它们部分打捞上来，放置在一个类目下。"纵囚"就是类书中的传统模块，它可见于《北堂书钞·

---

　　①　《全唐诗》卷四二六，第4689页。欧阳修《居士集》卷一八，《欧阳修全集》，《儒藏》精华编第二〇六册，北京大学出版社，2016年，第377页。

　　②　［宋］王应麟著，武秀成、赵庶洋校证《玉海艺文校证》（修订本），凤凰出版社，2017年，第1008、1010页。

政术部》"德化"类,《初学记·政理部》的"囚"类,《白氏六帖事类集》"放囚"类,并且《六帖》连给了三个"伏腊放归"案例,供读者选择①。所以对日常接触诗赋或公文的士人而言,这不是个稀见素材。像类书这样的模块供应方的出现,进一步加重了文献生产的模块化,而文献生产的模块化也保证了类书的持续繁荣。

结语

在中古文献中,充斥着大量具有功能独立性的、反复现身的文本单元,即文本模块。这说明以植入现成模块来生产新文本的技术,即模块化书写,在当时十分流行。由于模块化书写在不同部类文献中都普遍存在,因此应该首先从文献学的视角去理解这种书写方式。在这个视角下,植入同一模块的文献以模块为节点形成网络,文献间不仅存在着目录学规划出的显性关系,还存在着模块所勾连起的隐形关系。

一旦文本中出现了模块,它就不再是孤立的文本,而是模块之网上的一个节点。这意味着在进入文本内容之前,打捞隐蔽的模块之网是必需的先行工作,模块网是不可忽略的文本认识背景。对研究者而言,这个背景的建立也更增加了文本解读的复杂性。但尽管如此,在中古时期的观念中,模块化只是一种写作技术,就史料模块而言,它从不被认为与史料的真实性问题必然相关,这种态度和模块网的存在同样值得注意。

作为一种写作技术,模块化书写的效果是化异为同。模块是功能性的文本单元,当史撰者发现目标事迹与前史中另一事具有相同寓意的时候,这两个事件对他而言就具有相同功能,那么他就有可能用植入前史模块的方式完成目标事迹的书写。但是,事件的寓意相同不意味着事件的过程相同,继承人在遗产分配时让财物与兄弟、军人在分配胜利品时

---

① 《北堂书钞》卷三五,第84页。《初学记》卷二〇,第491—492页。《白氏六帖事类集》卷一三。

选取书籍，这两类事件的情节就完全不同，但一旦采用同一模块来写，差异就会被消弭，如【例 10】呈现的那样。因此，就历史叙述而言，模块化书写常常不是史事的雷同所导致的，它反而可能是雷同的制造者。

模块化书写必然导致异化为同，但不必然引发非无中生有。【例 10】的几个事件无论是否真实，都不是模块化书写本身造成的，或者说如果史撰者想掺入虚假史料，无论是否使用模块化书写都能做到。因此中古时人视模块化书写为写作技术，这个定位大体是恰当的。当然，因为模块的功能也就是事件的意义，在某种程度上说是史撰者主观建构的，模块化书写可以被进一步定位为一种强主观性的历史叙事。

正因为模块化书写经常服务于意义建构，美德主题的模块极为常见。《世说新语》载顾荣在洛阳施炙于炙人，后来永嘉遭乱，得到炙人相助。这明显是在使用《左传》赵盾、灵辄故事模块。该模块经过接口修改，在《南史》中又以阴铿施酒炙于行觞者，后来侯景之乱，为行觞者相救的故事出现。[1] 当然，美德主题的模块的真实性也是最容易遭到质疑的。

但在另一些情况下，同一模块的多次现身确实源于史实本身的雷同，或者说是源于某种持续的行为传统，如【例 9】的"纵囚"模块[2]。传统历史编纂的预设功能之一，就是以前贤引导后进，所以"昔王长、虞延见称前史"成为萧扬纵囚的动力，在他的事迹中，模块移植不是书写层面的问题，而是实践层面的问题，是后人在实践上移植了前人的行为模块。类似的，汉末人物传记出现了地方小吏耻迎督邮、弃职而去的事迹，如冯良、赵晔等[3]；典型在前，精熟史籍的晋彭泽令陶渊明拒绝接待督邮并即

---

[1]　参《世说新语·德行》余嘉锡笺，第 31 页。

[2]　关于纵囚这一政治传统的分析，可参陈爽《纵囚归狱与初唐的德政制造》，《历史研究》，2018 年第 2 期。

[3]　徐冲《范晔〈后汉书〉冯良事迹成立小论》，收徐冲《观书辨音：历史书写与魏晋精英的政治文化》，北京大学出版社，2020 年，第 87—110 页。

日去职,也就可以理解为一种行为模块的再实践[1]。当这些再实践被记载下来,再现的史料模块仍然是写实的,至少在书写者主观看来是这样。

模块产生还有一种可能的原因是,始于"张冠李戴""传闻异辞"的错误信息,被写定者改了接口文件,以模块化的方式植入新的文本系统。在范晔《后汉书》中,冯良、赵晔不仅去职事迹相近,去职后还都赴犍为杜抚处求学,因此,清人何焯和姚之骃都认为这是一事两传[2]。

总之,史料中的文本模块和它对应的历史真实之间,关系异常多样,无法一以论之。但既然史撰者仅将模块化视为一种书写技术,后人若不理解这一文献制作习惯,见模块即指为虚构,必然是危险的。总之,模块化书写方式不仅加剧了中古文献本身的复杂性,也加剧了中古历史文献与历史真实之关系的复杂性。

---

[1] 如陶渊明自陈,"得知千古上,正赖古人书"(《赠羊长史》)。陶渊明的史学修养,体现在他的历史主题诗作,以及模拟前史的传记作品等,详见本书第十章第一节。冯良和赵晔的事迹,陶渊明都能读到。前者见《北堂书钞》卷七七引《东观汉记》,第 283 页;《御览》卷六六六引《抱朴子》较详:"冯良者,南阳人,少作县吏。年三十为尉佐史,迎督邮,自耻无志,乃毁车杀牛裂败衣。寻去从师,受诗传礼易,复学道术占候。游十五年,乃还。"见王明《抱朴子内篇校释·佚文》(中华书局,1985 年,第 364 页)。后者见《北堂书钞》卷一〇三引谢承《后汉书》:"赵晔字长君,会稽山阴人。少尝为县吏,奉檄送督邮,晔心耻斯役,遂弃车马去,到犍为诣杜抚受《韩诗》。"(第 395 页)

[2] [清]何焯《义门读书记》卷二四,中华书局,1987 年,第 402 页。[清]姚之骃《后汉书补逸》卷一〇。徐冲对冯良、赵晔的分析与清人不同,见前引徐文。

第三章

行走的书簏：中古时期的文献记忆与文献传播

作为人类本有的一项生理功能，记忆力深刻参与了人类文明进程。各文明早期的历史和神话故事凭借记忆口耳相传，在古印度，佛教经典也长期通过口诵流布①。古希腊人甚至已经有了系统训练记忆的技艺②，这种技艺后来受到罗马演说家的大力推崇，他们将"记忆术"列入古典修辞学，并奉希腊诗人西摩尼得斯③为记忆术的发明者。但是，随着书写和文献制作技术的逐渐发展，是用记忆来承载和传播文明，还是用文字来承载和传播文明，人们就有了两种选择，这两个选项间也就形成了某种竞争关系。在《斐德若篇》中，柏拉图借法老塔穆斯之口护卫记忆而贬抑文字，他警告说，文字会导致健忘，因为人一旦掌握文字就不再努力记忆了。④ 这种将记忆与文字记录对立起来的观念影响深远，在今天，很多学者仍然认为，印刷和更强大的知识存储器的出现，都是对记诵习惯和能力的进一步摧毁。⑤

---

① 参[英]渥德尔著，王世安译《印度佛教史》，商务印书馆，1995年，第187页。

② 见[古罗马]西塞罗著，王焕生译《论演说家》，中国政法大学出版社，2003年，第453页。

③ 西摩尼得斯(约公元前556—公元前468)是古希腊抒情诗人，他在一次宴会中遭遇建筑坍塌而幸免于难，事后凭回忆复原出宴会中每位宾客坐的位置，并因此指认出了所有血肉模糊的尸体。见《论演说家》，第487页。

④ [古希腊]柏拉图著，朱光潜译《斐德若篇》，商务印书馆，2018年，第74页。

⑤ [英]弗朗西斯·叶芝著，钱彦、姚了了译《记忆之术》，中信出版集团，2015年，第121页。[德]阿莱达·阿斯曼著，潘璐译《回忆空间：文化记忆的形式和变迁》，北京大学出版社，2016年，第2页。

从一个长时段的视角看,外在于人体的知识载体的确战胜了有生理局限的记忆力;但是在每个具体的时空中、在特定的文化观念和历史情境下,物质文献和人类记忆的关系远非那么简单。印度佛教长期依赖口诵传播,据说一个重要原因是那里的学者和哲学家看不起文字。[①] 中国文化对文字和书写极度推崇,汉字拥有神圣的起源传说,书写拥有高于口说的地位,乃至形成了具有神秘色彩的"敬惜字纸"观念[②];但讽诵——背诵文献,也长期受到重视。在《金石录后序》那个著名的片段里,李清照将讽诵描述为一项日常娱乐:

> 每饭罢,坐归来堂烹茶,指堆积书史,言某事在某书某卷、第几页第几行,以中否角胜负,为饮茶先后。[③]

讽诵是记忆的一个分支,它是以记忆的老对手——文字记录为对象的记忆,或者说结合了这对矛盾体。本文将这种特殊的记忆称为文献记忆。在不同的文化或时代中,文献记忆所扮演角色的重要性是不同的。即以对文献记忆的指称为例,至迟在中古汉语中,已经有"讽"字表达"记忆文献"之义[④]。拥有专称,正是文献记忆成为现象、受到关注的体现。

---

① 《印度佛教史》,第 187 页;[英]肯尼斯·罗伊·诺曼著,陈世峰、纪赟译《佛教文献学十讲》,中西书局,2019 年,第 48—68 页。

② 参李乔《敬惜字纸考》,收《烈日秋霜:李乔历史随笔》,福建人民出版社,2004 年,第 239—242 页;白化文《中国纸文化中特有的"敬惜字纸"之现象》,《中国典籍与文化》2011 年第 3 期。

③ 徐培均笺注《李清照集笺注》(修订本)卷三,上海古籍出版社,2013 年,第 335 页。

④ 《周礼·春官·大司乐》:"以乐语教国子兴、道、讽、诵、言、语。"郑玄注:"倍文曰讽,以声节之曰诵。"所谓倍(背)文,即背着文献读出文献内容,所以贾疏说:"'倍文曰讽'者,谓不开读之。"除了"讽"字外,"诵"字也有近似的意思,所以贾疏又说:"云'以声节之曰诵'者,此亦皆背文。但讽是直言之,无吟咏;诵则非直背文,又为吟咏、以声节之为异。"(按本句"但讽是直言之"中"直"字诸本多误作"宜",此据[日]加藤虎之亮《周礼经注疏音义校勘记》,中西书局,2016 年,第 511 页上。)《说文》讽、诵互训,段注云:"《周礼》经注析言之,讽、诵是二;许统言之,讽、诵是一也。"[清]段玉裁《说文解字注》,上海古籍出版社,1981 年,第 90 页。又,可以作为一个参照的是,英语中就没有单词能精准对应"记忆文献"的意思,这个意思只能用 word for word / line for line repetition 这样的词组来表达。

另一个有趣的文化对照是，希腊人发明了记忆术，中古时期的中国人则找到了针对文献记忆的药方：

> 韩终服菖蒲十三年，身生毛，日视书万言，皆诵之，冬袒不寒。
> 陵阳子仲服远志二十年，有子三十七人，开书所视不忘，坐在立亡。①

仙方和专称一样，也说明文献记忆得到了格外关注。而这种关注度又不是一成不变的，有些时代的人比其他时代的人更关注文献记忆，留下了更多关于讽诵的故事。傅汉思在研究唐代正史《文苑传》时就发现，在唐代史官们看来，"惊人的记忆力似乎是当时文人不可缺少的特点"②。事实上，这个特点既不限于文苑，也不限于正史，也不限于唐代。在中古时期的各种性质的人物传里，记诵能力都是常见话题，比如：

> 诵经日万言，过目则能。（《出三藏记集·竺法护传》）
> 初出身为领军府白衣吏。少知书，领军将军沈演之使写起居注，所写既毕，暗诵略皆上口。演之尝作让表，未奏，失本，喜经一见，即便写赴，无所漏脱。（《宋书·吴喜传》）
> 大眼虽不学，恒遣人读书，坐而听之，悉皆记识。令作露布，皆口授之，而竟不多识字也。（《魏书·杨大眼传》）
> 尝与右北平阳固、河东裴伯茂、从兄昇、河南陆道晖等至北海王昕舍宿饮，相与赋诗凡数十首，皆在主人奴处。旦日奴行，诸人求诗不得，邵皆为诵之，诸人有不认诗者，奴还得本，不误一字。（《北齐书·邢邵传》）
> 读书数行并下，过目皆忆。（《梁书·昭明太子传》）

---

① 《抱朴子·仙药》，见《抱朴子内篇校释》，第 208 页。
② 见《唐代文人：一部综合传记》，《美国学者论唐代文学》，第 10 页。

　　　　兄敬嗣,时因禀训,读《上林赋》于前。太妃一览斯文,便诵数
纸。(《大唐越国故太妃燕氏墓志铭》)
　　　　子史一经目,终身不忘。(《唐刘应道墓志》)
　　　　七岁时,诵庾信《哀江南赋》,数遍而成诵在口。(《旧唐书·蒋
乂传》)①

　　"惊人的记忆力"并没有特定的人物群体偏好,它可能发生在邢卲、
萧统、刘应道、蒋乂这样的知识精英身上,也可能发生在杨大眼或吴喜等
胡人、武人、胥吏甚至不甚识字的非知识人身上;女性拥有"惊人的记忆
力"同样被视为卓异品质。这些人物唯一的共性是生活在中古时期,那
也正是《抱朴子》关注讽诵仙方的时期。清代大型类书《古今图书集成》
在"博闻强记部"抄录了清以前 106 个文献记忆故事,其中中古时期的就
占到了 71 个。② 同样产生于这一时期的《抱朴子》中出现诵书仙方,绝
非偶然。可以说,中国文化之格外强调文献记忆,这个特点正是在中古
时期形成的。
　　但问题是,在物质文献史上,中古时期正是纸代替竹帛、书写越来越
便利、书籍越来越丰富的时期,文献有了更好的、更多的物质载体,为什

---

　　① 《三国志》卷二一,第 599 页。《后汉书》卷八〇下,第 2657 页。[梁]僧祐《出三藏记集》
卷一三,中华书局,1995 年,第 518 页。《晋书》卷一一四,第 2934 页。《宋书》卷八三,第 2114
页。《魏书》卷七三,第 1636 页。《北齐书》卷三六,第 475 页。《梁书》卷八,第 166 页。《唐代
墓志汇编续集》,咸亨〇一二《大唐越国故太妃燕氏墓志铭》,上海古籍出版社,2001 年,第 193
页。《大唐故秘书少监刘府君墓志铭并序》《长安新出墓志》,文物出版社,2011 年,第 113 页。
《旧唐书》卷一四九,第 4026 页。须指出的是,鉴于"诵"字有"背诵"和"诵读"二义,本文在选择
中古时期文献记忆的史料时,对原文只出现"诵"字而上下文未明确显示此"诵"为背诵义的,盖
不取用。尽管如此,所谓史不书常,我认为除僧传外的人物传记是不会把"能够诵读"作为传主
的秀异素质加以渲染的,比如像"公幼挺奇伟,聪明懿肃,年五岁,日诵《春秋》十纸"(《王德表墓
志》《唐代墓志汇编》圣历〇二八,上海古籍出版社,1992 年,第 947 页。)。这类在中古史料中
极其多见的描述,其实完全可以认定为文献背诵行为,惟本文尽量回避引据,免致读者可能的
歧见。
　　② 《古今图书集成·理学汇编·学行典》卷一一二,中华书局,1934 年,第六〇六册第
32—36 页。

么反而更需要记忆这个载体?为什么记诵高手在这个时期的史料中井喷式地出现,而不是在文献流通更艰难的古代,或者接触书籍机会更多的雕版印刷时代?

文献记忆:文献还是记忆?

支配文献记忆行为的是文献记忆观念,后者同样是随时变化的。比如体现在计量方式上,今天人们说背诵一篇文章、一段课文、三百首唐诗,计量单位(篇、段、首)多是根据文本内容设定的。而前引《抱朴子》收录的背诵仙方中,有一道药效是"日视书万言","言"(字数)作为记诵单位今日已罕有使用,在中古时期却相当常见,比如:

> (司马防)雅好《汉书》名臣列传,所讽诵者数十万言。
> (李邠)暗记《论语》《尚书》《毛诗》《左氏》《文选》凡百馀万言。[①]

除了"言"以外,"纸"也常常用来衡量记诵量:

> 姚主即以药方一卷,民籍一卷,并可四十许纸,令其诵之三日,便集僧执文请试之。乃至铢两、人数、年纪,不谬一字。
> 年甫十三……读月令数纸,才一遍,诵之若流。
> 兄敬嗣,时因禀训,读《上林赋》于前。太妃一览斯文,便诵数纸。
> 终制读书,岁不践阃,一览数纸,终身不忘。
> 属颜鲁公许试经得度,时已暗诵五百纸。比令口讽,一无差跌,

---

① 《三国志》卷一五《司马朗传》裴注引司马彪《序传》,第 466 页。韩愈《唐故中大夫陕府左司马李公墓志铭》,见刘真伦、岳珍校注《韩愈文集汇校笺注》卷二四,中华书局,2010 年,第 2588 页。

大见褒异。①

字数和纸张数都与文本内容无关,而与物质文献的视觉样态有关。而且,它们其实也是中古时期写本制作的计工单位②。用字数和纸张数计量背诵量,说明在当时人的观念中,文献记忆与物质文献有相当的同质性。③ 可以说明这种同质性的另一个例子是,《汉书·艺文志》著录小说家时特别强调其口语记忆的源头("街谈巷语,道听途说"),而且这个源头与小说被置于诸子十家之末且独被著录者评曰"不可观"有直接关系;但是《汉志》著录伏生本《尚书》,并不因其来自文献记忆而区别视之。写出记忆中的非文献内容和写出记忆中的文献性质截然不同,对后一个行为,"来源于记忆"这一点被完全忽视了。这也说明,文献记忆在当时更多的是被从文献而不是记忆的角度来认识的,它的产物作为一种虚拟书籍,与实体书籍并无本质区别,不过一个是储藏在体内,一个是在箧中而已。

人体能够成为书籍的储藏地,这种观念也在当时的很多言论中有所体现。汉末的赵壹在《刺世疾邪赋》中写道:"文籍虽满腹,不如一囊

---

① 《出三藏记集》卷三,第118页。《周书》卷二六《长孙绍远传》,第430页。《大唐越国故太妃燕氏墓志铭》,已见前。李华《唐赠太子少师崔公神道碑》,《文苑英华》卷九〇〇,中华书局,1996年,第4740页。《宋高僧传》卷一五《唐湖州八圣道寺真乘传》,中华书局,1987年,第373页。

② 如刘宋陶贞宝"以写经为业,一纸直价四十"。见《云笈七签》卷一〇七,中华书局,2003年,第2322页。又唐终南山悟真寺僧法诚延请弘文学士张静写经,两纸酬值五百,见[唐]道宣撰,《续高僧传》卷二九,中华书局,2014年,第1184页。

③ 一个实物例证是,敦煌写经的卷末题记常著录用纸数量,这既是为方便雇书双方核算价格,也是为方便诵经者核算记诵量。另外,内典目录也多著录众经纸数,如《彦琮录》《静泰录》《道宣录》《明佺录》《智升录》等,这是与外典目录很不同的一个特色。著录纸数的原因,应该也是为了诵经的核计。像唐代的度僧,就有据诵经纸数许度的政策,如前引真乘事,又如宝历年间也有"僧能暗记经一百五十纸、尼能暗记经一百纸,即令与度"之诏,见《宋高僧传》卷二九《唐京师保寿寺法真传》,第736页;《册府元龟》卷五二,中华书局影印本,1960年,第580页。

钱。"①《世说新语》载郝隆七月七日出日中仰卧，人问其故，对曰："我晒书。"②东魏的崔㥄被人称赞"胸中贮千卷书"③。文籍满腹、晒腹曝书、胸中贮书，这种描述方式就和早期文献中的"多识前言往行"（《易·大畜》）、"博闻强识"（《礼记·曲礼》）、"前事之不忘"（《战国策·赵策》）之类不同，落脚点在人体与书，而不是记忆与知识。更直观的例子是，汉唐史料中常可见"书筒""书厨""书麓""书箱""书库""书箧"一类人物绰号④，还有人被称为"皮里晋书""皮里阳秋"⑤，被称为"肉谱"，乃至有被完全取缔了"肉"的存在而直呼为"人物志"的⑥。这些绰号无论褒贬立意何在，它们能以这样的面貌出现，都基于人可以作为书籍储藏地的认识。而这种认识，与以字数、纸张数来计算记诵成果，是相互吻合的。

如果人体是书籍的储藏地，那么文献记忆的行为，就是为书籍制作一个藏于此地的复本，这与为书籍抄写一个复本并无本质区别。正因为如此，制作"记忆本"的流程、要求，与制作写本也是一致的。

文字准确是制作写本的核心要求。早期的文献记忆，正如朱熹指出

---

① 《后汉书》卷八〇下《文苑传下》，第 2631 页。

② 《世说新语笺疏》，第 943 页。

③ 《北齐书》卷二三《崔㥄传》，第 334 页。

④ 东汉边韶自称五经笥，见《后汉书》卷八〇上《文苑传上》，第 2623 页。梁许懋人称经史笥，见《梁书》卷四〇懋本传，第 575 页。王俭嘲陆澄为书厨，见《南齐书》卷三九澄本传，第 685—686 页。梁沈约嘲傅迪为书麓，见《太平御览》卷六一六引沈约《俗说》，第 2770 页。又李善号书麓，见《新唐书》卷二〇二《文艺传中》，第 5754 页。张读《宣室志》载沈约有爱子，少聪敏，好读书，约甚怜爱，因以青箱名之，见《太平广记》卷八三引，中华书局，1961 年，第 2717 页。隋房晖远号五经库，见《隋书》卷七五《儒林传》，第 1716 页。唐谷那律号九经库，见《旧唐书》卷一八九上《儒学上》，第 4952 页。唐柳璨号柳箧子，见《旧唐书》卷一七九璨本传，第 4670 页。

⑤ 《梁书》卷三三《刘谅传》："少好学，有文才，尤博悉晋代故事，时人号曰'皮里晋书'。"（第 484 页）《世说新语·赏誉》："桓茂伦云：'褚季野皮里阳秋。'谓其裁中也。"（《笺疏》第 546 页）

⑥ 《太平御览》卷六一二引《唐书》："李守素尤为谱学，妙谙人物，自晋、宋以降，四海士流及周、魏以来诸贵勋等，华戎阀阅，靡不详究，时号为'肉谱'。尝与虞世南等六人同直学馆……因共谈人物。初言江左、东南，犹相酬对。及言北台诸姓，次第如流，显其历叶，皆有据证，世南但抚掌而笑，不复能答。既而叹曰：'肉谱定可畏。'许敬宗因谓世南曰：'李仓曹以善人物，乃得此名，虽为美事，然非雅号。……今目仓曹为人物志可乎？'"（第 2752 页）

的,孟子凭记忆引据《诗》《书》每每有误;汉人凭记忆授经也常出现错字①,当时并无一字不可差的要求。但在中古史料中,用"不差一字""一无舛误"描述文献记忆已经非常常见了,文献记忆理论上应与诵本严格一致,应该正是在这个时期逐渐确立的准则。

至晚在南朝后期,"不差一字""一无舛误"的标准已经不仅适用于书籍内容,而且还适用于书籍的作者、书名、目次、版式等信息。据说当时萧劢能把《东观汉记》背诵到"卷次行数亦不差失"②的程度,而长于记诵的刘杳能准确识别各种文献片段的出处③。文本与书名目次版式间的有效对应,使人体中的一部部书籍卷帙分明、互不混杂,就像它们的体外版本一样。

南朝的藏书家们宣称,抄书、藏书的目的是"备遗忘"④,换言之,物质文献是作为"记忆本"的校本被收藏的。不惟物质文献可校"记忆本","记忆本"也可校物质文献,《旧唐书》载唐玄宗见凌烟阁"左壁颓剥,文字残缺,每行仅有三五字",随行的蒋义认出这些文字是圣历中侍臣图赞,"即于御前口诵,以补其缺,不失一字"⑤,这就是以记忆本为校本的一个实例。

字字对应,不脱不讹,定名析卷,布置版式,最后以字数和纸张数计算工作量,这本是制作写本的相关概念,而文献记忆也一一接受了。不仅如此,物质文献的校勘概念也被文献记忆接受了。"记忆本"和写本二者间可以自如互校,这更说明当时人使用物质文献的制作和校勘概念去描述文献记忆,并不是一种文学性的比喻,而是真正将"记忆本"视为版本学意义上的文献形态。由此可以看出,中古时期人有将文献记忆直接

---

① [宋]黎靖德编《朱子语类》卷一〇,中华书局,1986年,第170页。

② 《南史》卷五一,第1263页。

③ 《梁书》卷五〇,第716页。

④ 《梁书》卷三三《王筠传》载筠《自序》云:"爱《左氏春秋》,吟讽常为口实,广略去取,凡三过五抄。馀经及《周官》《仪礼》《国语》《尔雅》《山海经》《本草》并再抄。子史诸集皆一遍。未尝倩人假手,并躬自抄录,大小百馀卷。不足传之好事,盖以备遗忘而已。"(第486页)

⑤ 《旧唐书》卷一四九《蒋义传》,第4027页。

视为一种文献的倾向。

记忆本及其特性

就像面对"选择记忆还是选择文献"的时刻一样，现在人们面对文献也有了两个选择：记忆本，还是写本？

记忆本的一个显著优势是成本低。对没有经济能力置办实体书籍的人，记忆本的意义尤大。《后汉书》载王充早年家贫无书，就去卖书的地方蹭看，"一见辄能诵忆，遂博通众流百家之言"①。荀悦据说也是"家贫无书，每之人间，所见篇牍，一览多能诵记"②。借书并制作一部记忆本是贫者求学的常态，东汉延笃学《左传》而无力置办纸张抄写，就找人借一部背了下来③，梁代的任孝恭也是"家贫无书，常崎岖从人假借。每读一遍，讽诵略无所遗"④。还有人利用佣书的机会，在为雇主制作写本的同时为自己制作了记忆本，比如东吴的阚泽、南朝的王僧孺和朱异⑤。而记忆本的低廉不仅体现在经济成本上，也体现在知识成本上，非但不花钱可得之，不识字也可以，北魏名将杨大眼就是通过有声读物的方式获得书籍："恒遣人读书，坐而听之，悉皆记识。"⑥

记忆本的另一个优势在机动性。人们即使拥有了物质文献，也可能在战乱、火灾、迁徙等不测中再次失去；或者物质文献没有亡佚，却在需要使用时恰巧不在场。但记忆本总是随身的，蔡琰在汉末的流徙中丢失了父亲蔡邕留下的四千馀卷藏书，她后来仍凭记忆重新写出了四百馀

---

① 《后汉书》卷四九，第 1629 页。

② 《后汉书》卷六二，第 2058 页。

③ 《后汉书》卷六四《延笃传》章怀注引《先贤行状》，第 2103 页。

④ 《梁书》卷一三《沈约传》，第 233 页；卷五〇《文学传下》，第 726 页。

⑤ 《三国志》卷五三《阚泽传》："居贫无资，常为人佣书，以供纸笔，所写既毕，诵读亦遍。"（第 1249 页）《梁书》卷三三《王僧孺传》："家贫，常佣书以养母，所写既毕，讽诵亦通。"（第 469 页）《南史》卷六二《朱异传》："居贫，以佣书自业，写毕便诵。"（第 1515 页）

⑥ 《魏书》卷七三，第 1636 页。

篇。① 梁代的陆倕借得一部《汉书》而不慎丢失其中四卷《五行志》,后来也是凭记忆"暗写还之,略无遗脱"②。唐太宗命人写《列女传》以装屏风,一时找不到书,虞世南现场默写,"不失一字"③。记忆本一旦拥有,就与记忆者同在,从这个意义上说,拥有一部书的记忆本,才是真正拥有了一部书。

正是意识到了这一点,中古时期的藏书家并不以收藏实体书为最终目标,藏书的终极追求是藏得记忆本,获得实体书只是藏书流程的中间环节。前文提到,南朝藏书家萧钧和王筠都称自己抄书、藏书的目的是"备遗忘":抄是为了帮助记忆,藏是为了给"记忆本"保留一个校本,俾其永远完善地存于体内。如果对记忆力足够自信,甚至这个校本也不必备,陈代学者沈不害写文章"操笔立成,曾无寻检",而家中也从不置藏书,大概因为实在用不上④。柏拉图担心的文字使人们不复记忆的情况,在沈不害这里遭遇了反例。

沈不害的故事也说明记忆本还有可"寻检"的优势。在沈不害的时代,书籍都是卷子装写本,相对于册页装,卷子装的阅读尤其是查检是极不方便的,如胡应麟云:

> 自汉至唐犹用卷轴……每读一卷或每检一事,绅阅展舒甚为烦数,收集整比弥费辛勤。⑤

西方卷子同有此缺陷,因此导致了回忆替代展卷:

> 读者慢慢展卷阅读,同时用一只手将已经读过的部分收拢,这个过程的结果就是将整个卷轴的内外层次倒转过来了,所以在下一

---

① 《后汉书》卷八四,第 2801 页。
② 《梁书》卷二七,第 401 页。
③ 《旧唐书》卷七二《虞世南传》,第 2566 页。
④ 《陈书》卷三三《儒林传》,中华书局,1972 年,第 448 页。
⑤ 《少室山房笔丛》卷四《经籍会通四》,第 45 页。

个读者展读之前要重新卷一遍。这种图书形式的不便之处显而易见,尤其别忘了当时有些书卷长逾十米。另一个缺点是图书所用的材料不结实,容易损坏。不难想象,当一个古代的读者需要去查证一处引文时,不到万不得已,都会尽量依靠记忆而不愿费事去展卷查检,况且这个过程还会增加书的磨损。①

所以当中古时期的读者需要检索文献时,有时不是去查书,而是去找人。《梁书》说沈约、任昉等人"每有遗忘"就去访问学者刘杳②,沈、任都是中古时期第一流的藏书家③,但对他们而言,刘杳的记忆本显然比自家的写本使用起来更便捷。北齐时,祖孝徵、魏收、阳休之等人一次讨论古事,"有所遗忘,讨阅不能得",于是呼王劭问之,"劭具论所出,取书验之,一无舛误"。④ 身边有书但"讨阅不能得",这个缺陷使写本无法与记忆本相抗衡。

记忆本的第四个优长在利于理解,或者确切地说,是中古时人人为地在熟读成诵与理解文意间建立起了联系。这种联系似肇见于魏明帝时董遇的名言"读书百遍而义自见"⑤,而其影响至为深远。在萧梁,萧绎敦促子弟读五经,也强调"读之百遍,其义自见"⑥。唐人王友贞九经皆读百遍。⑦ 乃至七世纪末留学印度的义净会以"斯等诸书,并须暗诵。……同孔父之三绝,等岁释之百遍"的格义式描述介绍当地五天

---

① 《抄工与学者:希腊、拉丁文献传播史》,第2—3页。
② 《梁书》卷五〇《刘杳传》,第715页。
③ 《梁书》卷一三《沈约传》:"好坟籍,聚书至二万卷,京师莫比。"(第242页)又卷一四《任昉传》:"昉坟籍无所不见,家虽贫,聚书至万馀卷,率多异本。昉卒后,高祖使学士贺纵共沈约勘其书目,官所无者,就昉家取之。"(第254页)
④ 《隋书》卷六九《王劭传》,第1601页。
⑤ 《三国志》卷一三《王朗传》裴注引《魏略》,第419页。
⑥ 《金楼子·戒子》,见[梁]萧绎著,陈志平、熊清元疏证校注《金楼子疏证校注》(修订本),上海古籍出版社,2022年,第351页。
⑦ 《旧唐书》卷一九二《隐逸传》,第5118页。

俗书的教学情况。① 所以记忆本不仅自带检索工具,还长期被认为自带解读工具。

从义净的说法来看,根植于印度文化的口诵观念,和中土自产的以诵读求理解的观念,在当时人心中大概是混杂糅合的。② 而这种糅合的结果就是,有些俗书的读诵或背诵行为也有了诵经般的仪式感和修行色彩,甚至产生了诵经般的祛魔感应效果。③ 记忆本通向理解,甚至制作和不断诵出某些特殊文献的过程通向功德,这是记忆本性质中最为特殊的两点。

由此看来,记忆本在获取、携带、传播和使用方面,都有写本所不具备的优势;但写本是可视的,可分享的,而且是可以穿越时空分享的,这些优势记忆本也不具备。至此,这里其实已经可以回答本文一开始提出的问题:文献记忆与物质文献同步繁荣,正是因为此时它们二者间有互补性;关于记诵的故事在中古时期井喷式地出现,就是因为物质文献的发展增加了人们接触书籍的机会,但其结构设计、制作工艺、存藏条件还远远满足不了那时人们对文献的所有要求。因此,为文献制作记忆本仍是必要的,而且对于某些内容的文献,人们可能更倾向于制作记忆本。

---

① [唐]义净著,王邦维校注《南海寄归内法传校注》卷四《西方学法》,中华书局,1995年,第97页。据校记"岁释"他本作"岁精",然两皆不通,或是字有讹误。

② 一个明显的迹象是,中古僧传在描写僧人的记忆力时,会动用世俗人物传记中的记诵故事为模板,这说明在时人眼里,同时空中发生着的僧俗的文献记忆行为,在事实层面也是同质的。南北朝时,诵经(包括诵读和背诵)在南方僧众中都受到极高的重视,故慧远《与桓太尉论料简沙门书》云:"经教所开,凡有三科:一者禅思入微,二者讽味遗典,三者兴建福业。"(《弘明集》卷一二,T52,p. 85,b13—21。)《洛阳伽蓝记》里甚至还有比丘因"不暗诵"被阎罗王法办的故事。(《洛阳伽蓝记》卷二,[北魏]杨衒之著,范祥雍校注《洛阳伽蓝记校注》,上海古籍出版社,1978年,第81页。)唐代更有度僧试诵之制,已见前引。僧人通过记忆传播经典、积累功德,并将其认定为一种基础职业素养,这对信众广大的中古社会造成文化传染,也是必然。

③ 如沈演之每日读《老子》百遍,见《宋书》卷六三《沈演之传》,第1685页。东汉郎伯夷诵《孝经》《易》以御狐精,见《风俗通义校注》,第427页。梁皇侃"常日限诵《孝经》二十遍,以拟《观世音经》"。见《梁书》卷四八《儒林传》,第680页。

记忆本的内容偏好

　　除了作为基础知识构成的儒家经典外，最容易被人们选中制作记忆本的文献，一定是最需要利用记忆本优势的文献，或者说，最需要避免写本劣势的文献：大概不会有人去背诵类书，因为类书自带的检索便利，消解了辛苦记诵的意义。

　　谱牒是中古时期一个有时代特色的记诵对象，前文提到的唐人李守素，就因长于此道，人称"肉谱"。背谱之风盛自南朝，萧绎 13 岁就开始背诵《百家谱》①。谱牒在当时有多重社会功用，选官、议婚、避讳都要以之为据，而主要是指导日常避讳的功用引发了制作记忆本的需求，因为总不宜在接对人物时临场查本。关于谱牒文献的记诵，一个有名的例子是王弘得了王僧孺的《十八州谱》后能"日对千客，不犯一人之讳"②，显然已经有复本在体。齐竟陵王萧子良命谱学家贾渊修过一部《见客谱》，从性质看，大概也是要背下来的。③

　　谱牒内容无逻辑可言，背诵难度极大，萧绎背《百家谱》，甚至背到了伤害身心健康的程度④。因此，谱牒常在传记中作为展现传主记忆力的道具出现（或者是与谱牒性质相近的名籍、宫籍、批量人名），其实传记作者的这种主题偏好，还是受了他们自己所处时代的背谱之风的影响。众所周知，谱学在中古时期极为兴盛，但流传下来的谱牒文献却几乎没有。前人论此，多归因于江陵焚书之厄和后来的隋末战乱，但某一类书在书厄面前特别脆弱，根本上还是因为这类书相对于其他类书，复本更少。换言之，在谱学兴盛的时期，很多谱牒恐怕是以"肉谱"的形态活跃于时的。《魏书》说高谅"造《亲表谱录》四十许卷，自五世已下，内外曲尽。览者服其博记"⑤。

---

① 《金楼子·自序》，《疏证校注》（修订本），第 1121 页。

② 《南史》卷五九《王僧孺传》，第 1462 页。

③ 《南齐书》卷五二《文学传》，第 999 页。

④ 《金楼子·自序》，《疏证校注》（修订本），第 1121 页。

⑤ 《魏书》卷五七《高祐传》，第 1263 页。

纸谱本来就是肉谱的衍生品,如果后者无意著述,不发生这种衍生,那谱牒就不免随肉身湮灭了。

另一个常见于中古时期的记诵热点是故事类文献,如历朝史事、注记、律令、奏章、仪注等等。《魏书》有一段记载生动地体现了熟记故事的政治效力:延昌四年正月某夜,宣武帝崩于式乾殿,留下年仅五岁的太子,两天后,宣武帝的同母弟、一直被软禁在华林园的广平王元怀扶疾入临[①],"径至太极西庑,哀恸禁内,呼侍中、黄门、领军、二卫,云身欲上殿哭大行,又须入见主上"。面对突发的逼宫,大臣们愕然相视,莫敢抗对,侍中崔光"独攘衰振杖,引汉光武初崩,太尉赵熹横剑当阶,推下亲王故事,辞色甚厉,闻者莫不称善,壮光理义有据。怀声泪俱止,云侍中以古事裁我,我不敢不服。于是遂还,频遣左右致谢"[②]。"以古事裁我"的强大威慑力,体现了故事行政被广泛承认的权威性,也说明牢记故事以备非常必要。

档案、注记类故事文献成为记诵热点,也与其接触群体有限且集中贮藏于相关政府机构的特性有关。这种典型的集中秘藏易致集中焚毁型文献[③],正是记忆本发挥优势所在,尤其在政权频繁交迭的时代。萧

---

① 《魏书》卷二二《孝文五王传》:"召(广平王怀)入华林别馆,禁其出入⋯⋯世宗崩,乃得归。"第 592 页。

② 《魏书》卷六七《崔光传》,第 1491 页。

③ 按《晋书·刑法志》:"文帝为晋王,⋯⋯令贾充定法律。⋯⋯其常事品式章程,各还其府,为故事。"(第 927 页)政府机构保存故事是汉代以来相延的制度,而正因如此,经眼者每局限于相关职能部门的若干人员。像常被引据为故事的章表奏议,它们在制作环节就强调作者的保密自觉,如曹魏任嘏"每纳忠言,辄手书怀本,自在禁省,归书不封。"(《三国志》卷二七裴注引《任嘏别传》,第 748 页)。刘宋谢弘微"每有献替及论时事,必手书焚草,人莫之知"(《宋书》卷五八《谢弘微传》,第 1593 页)。唐钱徽"奏议多闻于削稿"(白居易《授钱徽司封郎中知制诰制》,《文苑英华》卷三八二,第 1951 页。)并其例。而在储藏环节,官府存档也有一定的取阅权限,东晋王敦之乱时,周顗上表救王导而人皆不知,后王导料检中书故事,乃得顗表,正可见此。至于前朝档案或有触忌时讳者,更受到严格控制,像梁武帝时吴均乞阅萧齐起居注并群臣行状,就遭到了武帝的断然拒绝。又王导料检中书故事,是因为其时兵士劫掠内外,官省奔散,王导去查点清理中书省散乱焚馀的档案。中书省还是在宫内的官署,地处外朝的各机构遭受历次动乱侵扰的概率更大,所藏故事散乱的危险也更大。又据《陈书·儒林传》记载,侯景之乱也造成了"台阁故事,无有存者"。(卷三三,第 434 页)

齐初建时，大概台阁故事又一次毁于易代战火，徐勉向萧道成推荐能够背诵晋、宋起居注的孔休源为尚书仪曹郎，自此"每逮访前事，休源即以所诵记随机断决，曾无疑滞。吏部郎任昉常谓之为'孔独诵'"①。所以在中古时期，尤其在礼仪制度、铨选制度尚未得到系统、稳固建设的唐代之前，常能见到熟诵历代故事的人物颇得以接近权柄，成为重要的政治顾问，像孔休源，以及前文提到的因博悉晋代故事号为"皮里晋书"的刘谅，并皆其例。

从崔光的事例还可以看到，汉故事在魏晋南北朝仍有政治效力，因此《汉书》在魏晋以降也是一个非常突出的记诵热点②，以至范晔对《汉书》有"当世甚重其书，学者莫不讽诵焉"③的观察。除提供故事外，史书中另有丰富的政治、社会、军事、地理信息④，也常因此为经世者所措意。

---

① 《梁书》卷三六《孔休源传》，第 520 页。

② 《汉书》记诵的实例极多，聊举数例：司马防"雅好《汉书》名臣列传，所讽诵者数十万言"。已见前注。沈攸之"晚好读书，手不释卷，《史》《汉》事多所谙忆"。见《宋书》卷七四攸之本传，第 1941 页。阚骃"三史群言，经目则诵，时人谓之宿读"。见《魏书》卷五二骃本传，第1159 页。邢邵"尝因霖雨，乃读《汉书》，五日，略能遍记之"。见《北齐书》卷三六邵本传，第 475页。陆倕"尝借人《汉书》，失《五行志》四卷，乃暗写还之，略无遗脱"。已见前注。臧严"尤精《汉书》，讽诵略皆上口"。见《梁书》卷五〇《文学下》，第 719 页。陆云公"九岁读《汉书》，略能记忆"。见《梁书》卷五〇《文学传下》，第 724 页。韦载"年十二，随叔父棱见沛国刘显，显问《汉书》十事，载随问应答，曾无疑滞"。见《陈书》卷一八载本传，第 249 页。郝处俊"好读《汉书》，略能暗诵"。见《旧唐书》卷八四处俊传，第 2797 页。郗士美"年十二……《史记》《汉书》皆能成诵"。见《新唐书》卷一四三士美本传，第 4695 页。又张巡见于嵩读《汉书》，因诵其所读，尽卷不错一字，嵩因乱抽他帙以试，无不尽然。事见韩愈《张中丞传后叙》，《韩愈文集汇校笺注》卷三，第 297—298 页。

③ 《后汉书》卷四〇《班固传》，第 1334 页。对于《史》《汉》在中古阅读史中一冷一热的原因，学界已有各种角度的解说，我以为可以补充的一点是，除了《汉书》相较于《史记》有更稳妥的伦理观和价值观外，对于中古社会而言，《史记》的西汉部分也已经很难为现实提供可操作的故事，尤其是这一时期大量依赖的礼制类故事，因此在思想和内容两方面，《汉书》都是比《史记》更好的读诵选择。

④ 吉川忠夫已经注意到，在魏晋南北朝时期，《汉书》因其"刑政之书"的实用性而被广泛阅读。见吉川忠夫著，王忠发译，《六朝精神史研究》，江苏人民出版社，2012 年，第 242—246 页。

北魏拓跋焘攻北凉,公卿始以河西无水草、不利行军为由反对,崔浩乃引《汉书·地理志》"凉州之畜,为天下饶"一句驳之,力促开战①。北周凉州刺史、总督河西甘瓜诸军事崔说亡故,庾信在其神道碑中也特别表彰崔说"《敦煌实录》,宛在胸襟;玉门亭障,无劳图画"。②

唐代以后,随着诗赋举士政策的推行,诗文作品又成为一个新的记诵热点,像前引韩愈《李邘墓志》,就提到李邘能暗记《文选》。《文选》白文也有近26万字,体量不俗,它和各种别集的热门,恐怕挤压了传统背诵热点的记忆空间,按代宗朝礼部侍郎杨绾的说法,就是"幼能就学,皆诵当代之诗;长而博文,不越诸家之集","六经则未尝开卷,三史则皆同挂壁"③。由此也可见,记忆本的内容偏好是随时变化的,但总以实用为指归,人们为参政而背诵历朝故事、起居注、史书,为选举而背诵诗文,为社交需要而背诵谱牒,所以萧绎尽管少年时躬丁其酷,后来也还是教导子弟要特别留意谱牒④。

总之,记诵是一种非常实用主义的行为,而不是我们过去常常理解的文人炫博。有谁会为了平生未必能碰到几次的表演机会,逐字逐句连内容带版式信息地背诵下一部部稀见书?人们为一种文献制作记忆本,主要还是意图利用记忆本拥有而写本不具备的某些特性而已。

写本的新变与记忆本的衰落

记忆本和写本既是两种互有短长的文献形态,那么对于藏书家来说,最理想的收藏大概是所有文献两种载体各入一本,而这就会导致写本越多、越易得,人们想背诵的书籍、能背诵的书籍就越多。事实上,记忆本确实有和写本同步扩张的迹象。以记诵量来说,从"十来岁为秦博

---

① 《魏书》卷三五《崔浩传》,第823页。

② 庾信《周大将军崔说神道碑》,[清]倪璠注《庾子山集注》卷一三,中华书局,1980年,第779页。按《敦煌实录》,十六国时期敦煌人刘昞著,见《魏书》卷五二昞传,第1160页。

③ 《旧唐书》卷一一九《杨绾传》,第3430页。

④ 《金楼子·戒子》,《疏证校注》(修订本),第351页。

士，到九十多岁也不过能背《尚书》二十九篇"①的伏生，到 2 世纪末"弱冠能诵《左氏传》及五经本文"②（按总字数将近 40 万）的贾逵，再到 8 世纪中期十四五岁时已经"暗记《论语》《尚书》《毛诗》《左氏》《文选》凡百馀万言"的李邕，背诵体量是一路飙升的。以记诵范围来说，人们的涉猎领域也在跟随着写本扩张。齐梁时期，搜罗珍奇书籍成为一时风尚③，文献记忆活动中就迅速出现了稀见书。当时拼比文献记忆力的隶事游戏，就以背出别人不知道的典故为胜④；而前文提到的那位为人提供肉体检索的刘杳，在他凭记忆给出的检索结果中，也能看到《论衡》、《新论》、朱建安《扶南以南记》、杨元凤《置郡事》等超出常规经史范围的书籍⑤。

　　但是，史料也告诉我们，除了那些第一流的学问家、藏书家外，最常见的记忆对象还是几类实用性文献。人的记忆力是有限的，务实虽然不是最理想状态，却是大多数人的选择。实际上，能将最实用的文献记诵下来难度就已经不小。《梁书》说萧绎五岁能诵《曲礼》，将他描绘成典型的中古记诵神童⑥，但如前文所说，他本人也坦承背《百家谱》背得诱发

---

① 　［日］本田成之著，孙俍工译《中国经学史》，漓江出版社，2013 年，第 92 页。

② 　《后汉书》卷三六《贾逵传》，第 1235 页。关于白文五经字数，根据《宋元学案》所引宋人郑耕老的统计，《毛诗》39224 字，《尚书》25700 字，《礼记》99020 字，《周易》24207 字，《左传》经传合 196845 字。（［清］黄宗羲原著，［清］全祖望补修，《宋元学案》卷四，中华书局，1986 年，第 219 页。）以上总计 384996 字。今据朱氏语料库统计，《毛诗》31458 字，《尚书》24569 字，《礼记》98198 字，《周易》21846 字，《左传》经传合 210166 字，以上总计 386237 字。

③ 　如陆澄"家多坟籍，人所罕见"。见《南齐书》卷三九澄传，第 686 页。任昉"聚书至万馀卷，率多异本"。昉卒后，高祖使学士贺纵共沈约勘其书目，官所无者，就昉家取之"。已见前注。王僧孺"好坟籍，聚书至万馀卷，率多异本，与沈约、任昉家书相埒"。见《梁书》卷三三僧孺本传，第 474 页。

④ 　隶事要参与者现场凭记忆将某一主题的典故胪列出来，并组织成文，最后的成品形态可能是以某物为题、一句一典的诗赋，如今日仍可见的南朝咏物诗、地名诗、药名诗等。参于溯《典故论稿》，南京大学博士学位论文，2011 年。

⑤ 　《梁书》，第 715 页。

⑥ 　《梁书》卷五《元帝纪》："世祖聪悟俊朗，天才英发。年五岁，高祖问：'汝读何书？'对曰：'能诵《曲礼》。'高祖曰：'汝试言之。'即诵上篇，左右莫不惊叹。"（第 135 页）

"心气疾",差点出生命危险①。而在李邺的背诵书单里,出现的其实都是应明经、进士科涉及的常规书目,可背诵总字数已经达到了百万级。基础背诵量已然巨大,新书籍还在不断生产,毫无疑问,记忆本以无涯逐有涯的步伐终会停止下来。

而且,物质文献不仅体量将不断膨胀,制作技术也将不断进步。技术进步会导致成本降低,成本低会导致价格下调,也会因此产生出更多的复本。一旦书籍复本增多,即使遭遇战火,记忆本的价值也不会那么大了。根据学者对历代书价的考证,8世纪后半叶每卷书折米量59斤,9世纪上半叶激增到100斤,可以明显看到安史之乱带来的价格波动;但12世纪后半叶书价每册折米量13斤,与11世纪中叶的数据持平,南北宋的更迭对书价的冲击已不明显。② 这种趋势说明,由于有了更进步的书籍制作技术,记忆本的优势已经被部分削弱了。叶梦得说,在写本时代,"学者以传录之艰,故其诵读亦精详",而雕版印刷出现后,"书籍刊镂者益多,士大夫不复以藏书为意。学者易于得书,其诵读亦因灭裂",③正描述了这一趋势。

而记忆本最为擅长的检索优势,还受到了类书的挑战,尤其是私撰小类书,它们就是贴合作者自己的检索需要来设计类目结构的。南朝有一部3卷本小类书,就叫《备遗记》④。李商隐编写过两卷的小册子《金钥》,这部书仅由帝室、职官、岁时、州府四部分构成,以为"笺启应用之备"⑤。唐代的两位制诰大家张说和陆贽也编有类似的工具书,张书名为《事对》,全书10卷,陆书名为《备举文言》,全书20卷。⑥ 后蜀文谷"杂抄子史一千馀事,以备遗忘",书名就叫《备忘小抄》⑦。当时的私人小工

---

① 《金楼子·自序》,《疏证校注》(修订本),第1122页。
② 参张升《古代书价述略》,《中国出版史研究》,2016年第3期。
③ [宋]叶梦得著,宇文绍奕考异《石林燕语》卷八,中华书局,1984年,第116页。
④ 《隋书》卷三四《经籍志三》,第1007页。
⑤ [宋]陈振孙《直斋书录解题》卷一四,上海古籍出版社,1987年,第424页。
⑥ 《〈玉海·艺文〉校证》(修订本)卷二一,第1008、1010页。
⑦ [宋]晁公武著,孙猛校证《郡斋读书志校证》卷一四,上海古籍出版社,1990年,第658页。

具书也在需用者之间流通，像《新唐志》著录有东川节度掌书记李途的《记室新书》三十卷，"纂集诸书事迹为对语，列四百馀门。职方郎中孙樵为之序"①。请人作序，可见编纂的初衷就有流通之意。文谷的《备忘小抄》据说也"世多传写之"，利好大众②。总之这些实用性类书卷帙往往不大，方便检阅、携带和流通，它们的出现，也可以看作是写本结构设计上的一个创新。

写本不可能取得记忆本的所有优势项，但是随着技术的进步，它改善了自身的很多劣势项，而且新结构类书的出现，使写本也模拟到了记忆本的重要特长，那么随着书籍的增多，逐一制造记忆本，不仅是不可能的，也是不那么必要的。而一旦这种情形发生，人们对记忆的观念必将变化，戏剧性的记诵故事将不再那么吸引人，人们对记诵的追求也将趋于理性化。

这种记诵观的理性化在宋代就已经很明显。以史籍记载的记诵速度来说，汉末夏侯荣能每日背诵千字③，东晋道安可以达到五千馀字④，而《抱朴子》的仙方明确告诉我们，当时人理想的记忆速度是日诵书万言。但宋人郑耕老《读书说》却实实在在地说，中材之人每日能诵 300 字，"天资稍钝，中材之半"的，每日能诵 150 字。⑤ 以史籍记载的记诵准确度来说，中古史料中触目皆是"不差一字""一无舛误"，程颐却说这种追求是玩物丧志⑥。而记诵和穷理的关系也得到了一些反思，像"读书百遍而义自见"这句话，就被《册府元龟》归入了"偏执"门⑦。记诵作为

---

① 《玉海·艺文》卷二一引《中兴书目》，《〈玉海·艺文〉校证》，第 1010 页。

② ［清］吴任臣《十国春秋》卷五六《文谷传》，中华书局，2010 年，第 816 页。按此条史源未详，但《十国春秋》引书亦有今所不存者，兹姑待考。

③ 见《三国志》卷九《夏侯渊传》，第 273 页。

④ 《出三藏记集》卷一五，第 561 页。

⑤ 《宋元学案》卷四，第 219 页。

⑥ 《朱子语类》卷九七《程子之书三》："谢显道初见明道，自负该博，史书尽卷不遗一字。明道曰：'贤却记得许多，可谓玩物丧志！'谢闻此言，汗流浃背，面发赤。"中华书局，1986 年，第 2496 页。

⑦ 《册府元龟》卷九一六《总录部·偏执》，第 10835 页。

一种历史悠久的文化传统,固然不可能就此停止产生影响,但不同声音的出现,说明记忆本的黄金时代毕竟已成为过去了。

结语

《汉书·艺文志》说,《诗经》能遭秦火而全,"以其讽诵,不独在竹帛故也"[①]。不需上溯秦汉,即使在写本甚至刻本都已经成熟的宋代,对一些因特殊原因无法产生写刻本的文献,记忆本仍是珍贵的材料:女词人朱淑真死后,手稿就被父母"一火焚之",直到后来魏仲恭在旅店听人背诵朱词,大受打动而录以成集,这才有了我们今日仍能看到的《断肠集》[②]。问题是,记诵虽然长期默默参与着文献的传递,却因其无形而难为后人察觉。尤其对物质文献明显走向繁荣的中古时期,我们只顾勾勒竹帛到纸的物质文献史,却基本忽视了在数百年时间里一直在和写本一起承担着文献传承任务的记忆本,尽管史料中突然出现了数量多到惊人的记诵的故事。而当我们注意到这些故事时,新的问题就出现了:在流传下来的中古文献中,有哪些经历过文献记忆再诵出的环节,就像蔡文姬背出的四百馀篇那样?有哪些像经过记忆本的配补校勘,就像陆倕交还的《汉书》、蒋乂补全的"圣历中侍臣图赞"一样?

记忆本对文献流传的参与,其实可以从古文献的同音异文中看到一些痕迹。柯马丁在研究郭店楚简、上博简和马王堆帛书所反映的中国早期写本形态时就推测,文献中大量同音异文的存在,说明记忆可能参与了文献的传播。[③] 而同音异文,尤其是音误字,在敦煌写本中仍然大量存在,比如伯 3480 号王粲《登楼赋》中,"陶牧"的"牧"被写为"沐","人情

---

① 《汉书》卷三〇,第 1708 页。

② [宋]魏仲恭《断肠诗集序》,见《朱淑真集注》,中华书局,2008 年,第 2 页。

③ [美]柯马丁(Martin Kern)著,李芳、杨治宜译《方法论反思:早期中国文本异文之分析和写本文献之产生模式》,收陈致主编《当代西方汉学研究集萃》(上古史卷),上海古籍出版社,2012 年,第 391 页。

同于怀土"的"同"被写为"通"①，这种误字，基本可以判断是默写造成的。更明显的例子是，敦煌写本中的音误字还有不少带着西北方音特色，比如"色""索"二字在唐五代西北方言中读音接近，因此常见混用。②同音异文不仅见于敦煌写本，在今存唐诗中也大量保留着，宇文所安因此猜测，部分唐人诗集是当时诗歌被吟诵后、由听者根据记忆抄写出来而形成的。③如果考虑到不同的背诵者、记录者合作形成的口录本，作者自录的初稿本，作者多次反复修改流出的一二三稿本及其再次形成的记忆本、口录本，这些版本全部参与了文献的形成，那么正如柯马丁指出的，在写本间建立文本族谱的研究模型是十分危险的做法④，中古文献的形成和流传史，因为记忆本的加入，恐怕要比我们过去想象的复杂得多。

记忆本的意义不仅在于传承文献或者传承文献的一个版本，作为一种需要凭借天赋和努力才能获得的文献形态，它的得来不易，始终在刺激着物质文献谋求创新，不断模拟记忆本的优点，以冀减轻记忆的负担。因此，书籍的制作原料、工艺、装帧乃至内容结构，都不是孤立的问题，这些要素始终在互相配合、不断调试着，以尽可能多地取得记忆本易得、易读、易检、易携的优点。推动物质文献发展的，有记忆本看不见的手。

跳出文献史，记诵行为的文化意义也颇值得关注。中古社会在承接前代文献遗产的同时，也在以比前代更快的速度生产新文献，同时由于纸张逐渐代替竹帛，文献因制作成本降低而流通量更大，这些都意味着人们有比过去更多的机会接触到书籍，并可以充分利用一切接触到书籍的机会——无论是借、蹭、看、听——获得一个记忆本。每一个背诵者都是肉体的书籍、肉体的图书馆。不仅如此，他们还是行走的书麓，通过他

---

① 见傅刚《文选版本研究》，世界图书出版公司，2014年，第130页。

② 参张涌泉《敦煌写本文献学》，甘肃教育出版社，2013年，第231页。

③ ［美］宇文所安（Stephen Owen）著，贾晋华译《盛唐诗》，生活·读书·新知三联书店，2014年，第92页。

④ 《方法论反思：早期中国文本异文之分析和写本文献之产生模式》，第370页。

们,书籍可以再次传播出去,甚至能传播给无法阅读的人。中古时期书籍的流通量,恐怕也比我们过去想象的要大。

背诵是如此平常,以至于我们从不把它作为一种独立的文献和文化现象来考察。但事实上,记忆本分担写本的责任,改变写本的面貌,刺激写本的发展,并服务到了写本服务不到的对象,没有记忆本的中古文献世界,反倒是无法想象的。

第四章
中朝往事：文献环境与司马氏
创业史的形成

从司马懿发动高平陵政变(249)到司马炎禅魏(265)的十六年间，在司马氏三代人手里，孕育并最终形成了西晋政权。这一历史过程，即本文所谓的司马氏创业史。对创业史的研究，无论从政治史方面还是史料批判方面，近年都涌现出不少新成果。[①] 政治史聚焦于权力结构，史料批判聚焦于历史书写所呈现的权力关系[②]，后者同样带有强烈的政治史趣味，或者也许可以说，它本质上仍是政治史的。本文则想离开政治史视角，转从文献史角度探讨文献环境可能对历史书写造成的影响。所谓文献环境，主要包括史撰者所拥有的史料、信息渠道，以及他们的工作流程和所能获得的各种支持，等等。对这些看起来像是传统史学史应该（或已经）解决的问题，史学史很少处理到文献环境对文本样态的具体塑造方式层面，因此本文要处理的主要是史学史的下游工作，也将更多地依赖文本分析展开。

我们何以今日还能知道司马氏创业始末，并不是一个容易回答的问

---

① 兹就近十年发表成果举其要者：朱晓海《西晋佐命功臣铭飨表微》，《台大中文学报》2000年第12期。仇鹿鸣《魏晋之际的政治权力与家族网络》，上海古籍出版社，2012年、2020年(修订本)。李磊《魏晋之际国子、太学之议与司马氏政权的合法性建构》，《江海学刊》2016年第6期。权家玉《魏晋政治与皇权传递》，社会科学文献出版社，2019年。以上为政治史类。徐冲《中古时代的历史书写与皇帝权力起源》，上海古籍出版社，2012年。李磊《东晋初年的国史叙事与正统性建构》，《史林》2018年第5期。以上为史料批判类。

② 参孙正军《魏晋南北朝史中的史料批判研究》，《文史哲》2016年第1期。

题。就王朝史而言,《三国志》因其主题设定和写作环境限制,对创业史没有深度涉及①,理论上说,《晋书》应该提供最系统的创业史记述,但今本《晋书》成于唐代,上距司马氏创业已近 400 年。虽然唐修《晋书》的史源可以上溯到南朝宋齐时人臧荣绪的《晋书》②,臧书的主干资料还来自更早的东晋以来的诸家晋书③,但这些史籍也都形成于过江以后,与创业史之间尚有时空阻隔。就王朝史之外的史料而言,中古小说杂史也散见创业史叙述,同时它们也是唐修《晋书》的史源之一④,不过它们多数也产生于江左。也就是说,构成我们今日对于创业史认知的主要文献,其写定的时地可能都远离了历史现场,不惟如此,它们和历史现场间还横亘着"惠、怀之乱,京华荡覆,渠阁文籍,靡有孑遗"这场著名的"书厄"⑤,在"文"和"献"两方面,都有异常。欲检讨文献环境对历史书写的影响,这种异常性提供了难得的切口,因为如果预设的影响关系存在的话,创业史的历史书写也必有异常之处。

修不完的晋书

在中古时期写成的王朝史中,晋史数量最多,写作跨时也长,从晋到梁,已知成书 34 种,撰而未成者尚有 5 家。⑥ 造成晋史不断有人修撰的

① 参《廿二史札记校证》卷六《三国志》书法""《三国志》多回护"条,第 121—125 页。
② 《太平御览》卷六〇三引《唐书》:"又诏司空房玄龄等修《晋书》,以臧荣绪书为本,采摭诸家传记而益附之,爰及晋代文集,罔不毕举。"第 2716 页。
③ 王超《臧荣绪与〈晋书〉研究》对比了臧荣绪与王隐、何法盛、虞预、朱凤四家晋书的相似条目,以见臧书史源,可参。山东师范大学硕士学位论文,2015 年,第 17—82 页。
④ 见《史通·杂说上》,第 427 页。
⑤ 《隋书》卷三二《经籍志一》:"惠、怀之乱,京华荡覆,渠阁文籍,靡有孑遗。东晋之初,渐更鸠聚。著作郎李充,以勘旧簿校之,其见存者,但有三千一十四卷。"又同书卷四九《牛弘传》:"晋秘书监荀勖定魏内经,更著新簿。虽古文旧简,犹云有缺,新章后录,鸠集已多,足得恢弘正道,训范当世。属刘、石凭陵,京华覆灭,朝章国典,从而失坠。此则书之四厄也。"(第 906 页)
⑥ 参冉昭德《关于晋史的撰述与唐修晋书撰人问题》,《西北大学学报(哲社版)》1957 年第 4 期。

原因，并不是前有成果未能尽善，而是不够完整。东晋史家已有晋史 11
种，宋初乃因"晋氏一代，竟无一家之史"①敕谢灵运修晋史，宋末沈约又
以"晋氏一代，竟无全书"②修晋史。宋修晋史又有 7 种，但直到齐梁间
的臧荣绪《晋书》，才在内容上全部覆盖了两晋，达到"弥纶一代"③的完
整度。而尽管臧书已出，与之同时的沈约还在继续修他的《晋书》，后来
梁代的萧子云又出一种《晋书》，而且萧氏也号称"以晋代竟无全书，弱冠
便留心撰著"④。或许臧书也还有未备之处。总之，即便从东晋第一部
晋史王隐《晋书》算起，到大体成规模的臧荣绪《晋书》为止，晋史修撰史
也已经跨时 200 余年，这比东西晋加起来的时间还长。

　　晋史长期修不完，说明这项工作有特别的难度，而且这种难度与政
治无关，因为晋亡后完整的晋史也没有很快问世。对比观之，沈约《宋
书》在何承天、徐爰旧本的基础上，不到一年即成；但他的《晋书》花了二
十余年，仍然"条流虽举，而采掇未周"⑤。既然"采掇"是困扰沈约的问
题，则东晋诸家晋史留下的史料肯定不够充足。这种情况，与两晋政府
对修史的积极形成了强烈反差。

　　两晋的官修史事业，甚至可以说皆始于开国之前⑥。高平陵政变

---

　　① 《宋书》卷六七《谢灵运传》，第 1772 页。

　　② 《宋书》卷一○○《自序》，第 2466 页。

　　③ 《南齐书》卷五四《高逸传》："荣绪……撰晋史十帙，赞论虽无逸才，亦足弥纶一代。"
（第 936—937 页）又可参前揭冉昭德文并王树民《十八家晋书》，《文史》1983 年第 1 辑。

　　④ 《梁书》卷三五《萧子云传》，第 513 页。

　　⑤ 参《宋书》卷一○○《自序》，第 2466—2467 页。

　　⑥ "官修史"一词虽为史学界通用概念，却并无通用定义。金毓黻在《中国史学史》的序
言中指出上古国史悉由官修，但正文中又以《汉书》为官修之首，前后不无矛盾。（金毓黻《中国
史学史》，商务印书馆，1999 年，第 4、129 页。）也有学者将官修史定义为"经几代史官相继撰修，
或由帝王敕命组织修史人员，成于众人之手的史书"，但特别指出《北齐书》《梁书》《陈书》等虽
完全符合定义，惟"主要是由一人撰成的"，就仍算私修，也使得定义无法成立。（杨翼骧、叶振
华《唐末以前官修史书要录》，《史学史研究》，1991 年第 4 期。）实际上，官方对修史的参与，是通
过提供职位、档案、配套人员、场所以及其他物质保障等多种形式实现的，具体到每种史书，则
各有不同；而且对同一部史书而言，官方的参与方式和参与程度在其在编纂过程中也可能发
生变化。因此何谓官修史，确实不是容易回答的问题。本文认为，在官方提供的所有资源中，

(249)后,著作人选即有变动,应璩成为马氏掌权后任命的第一个史官。① 嘉平六年(254)曹芳被废,王沈又以侍中典著作②,这是司马氏任命的第二个史官。从时间点看,两次任命都发生在重大历史事件之后;从选员看,应璩是曹爽的异见者③,王沈及共责修史的荀顗、阮籍皆司马氏亲信④。这说明司马家族在推进魏晋革命进程的同时,也对历史如何书写这一进程保有高度敏感,并作了具体的干预。干预的最终成果,就是有"多为时讳,非实录也"之评的王沈《魏书》。可以说,曹魏末年的国史修撰,名义上是魏修魏史,实质上已经有晋修晋史的性质了。

史官职位是最为重要的一项,因其不仅为史书编纂提供了动因,也提供了定位,包括编纂者的自我定位(这对史书的意识形态有极大影响),进而给予史官责任感。即便史书可能延宕至该史官卸任或迁转他职后才得以完成,以上四点通常不会因史官的人生轨迹发生变化,所以东晋出现了退职史官各自坚持修史,乃至分别修一部晋史的现象。反过来说,如果因这些前史官分别著有一史就认为他们在私修史,则未免流于皮相。基于以上认识,本文即以修纂者是否拥有史职(著作郎、著作佐郎)来区分官修和私修史书。

① 曹魏太和年间,中书省置著作郎,专掌国史,并承担起居注的编修,这项制度也被两晋沿用。参《史通·史官建制》,《通释》第 278、296 页。又《通典·职官》,中华书局,1988 年,第 555、736—737 页。牛润珍依据《魏书·应璩传》裴注引《文章叙录》所叙璩履历"齐王即位,稍迁侍中、大将军长史。曹爽秉政,多违法度,璩为诗以讽焉。其言虽颇谐合,多切时要,世共传之。复为侍中,典著作。嘉平四年卒,追赠卫尉",推测璩典著作约在高平陵之变后,今为落实之:据《三国志·方技传》,有相者谓应璩年六十一为侍中,六十三卒,皆验。按璩嘉平四年卒,则六十一为侍中在嘉平二年(250),无论这是应璩初为侍中还是复为侍中,其典著作都在嘉平时期,即高平陵事变后了。见《三国志》卷二九,第 808 页。牛说见所著《汉至唐初史官的演变》,河北教育出版社,1999 年,第 91 页。

② 《晋书》卷三九《王沈传》:"正元中,迁散骑常侍、侍中,典著作。与荀顗、阮籍共撰魏书,多为时讳,未若陈寿之实录也。"第 1143 页。

③ 见前引《魏书·应璩传》。又《宋尤袤刻本文选》卷二一应璩《百一诗》李善注引张方贤《楚国先贤传》:"汝南应休琏作百一篇诗,讥切时事。"(第 6 册第 41 页)

④ 王沈初为曹爽所辟,累迁中书门下侍郎。爽诛,仍以故吏免,但不久即起为治书侍御史,盖是甄别通过,必非曹党。《羊祜传》又载祜初与沈俱被辟,独不应征,曰:"委质事人,复何容易。"及爽败,沈谓祜曰:"常识卿前语。"祜曰:"此非始虑所及。"可见王沈立场确不在曹。至曹髦谋诛司马昭,王沈驰告昭,自此逐渐进入司马氏权力核心。荀顗成为司马氏腹心更早,备见顗传。阮籍迭任司马懿从事中郎、司马师从事中郎、司马昭从事中郎,虽不热衷,司马氏终始亲爱不疑。

　　西晋建国后的国史编修成果,已知有著作郎陆机的《晋纪》(仅成《三祖纪》),佐郎束晳的十《志》,以及武、惠起居注若干种[1]。束《志》亡于永嘉之乱;诸起居注则可见东晋南朝典籍引及,说明部分流播到了江左[2];只有《晋纪》情况不太明朗,南朝文献从未征引,但《隋志》却有著录。考《晋书·束晳传》谓晳"转佐著作郎,撰晋书帝纪、十志……所著三魏人士传,七代通记,晋书纪、志,遇乱亡失"。当是束晳也参与了《晋纪》的编纂工作[3],而如前所述,《晋书》史料来源于江左,那么由此叙述看,陆《纪》可能并未过江。又《晋书·王隐传》载王隐过江后劝祖纳修史,云:"当今晋未有书,天下大乱,旧事荡灭。"[4]这也透露出同样的消息。《世说新语》刘注广引王隐、虞预、朱凤、邓粲、干宝、徐广、沈约诸晋史,却不及陆书,尤其陆《纪》纪三祖,而《世说》刘注即便涉及晋三祖事,如:

　　　　《魏书》曰:"文王讳昭,字子上,宣帝第二子也。"
　　　　朱凤《晋纪》曰:"文王讳昭,字子上,宣帝次子也。"[5]

亦不用晋史中最早而且成于北方的陆《纪》,恐是未见。刘孝标注《世说》是利用了典校梁皇家藏书的机缘[6],如果博见如他也没见过陆《纪》,那

---

　　① 《隋志》著录陆机《晋纪》四卷,李轨《晋泰始起居注》二十卷,《晋咸宁起居注》十卷,《晋泰康起居注》二十一卷,又《晋元康起居注》一卷,不著撰人。又梁有永平、元康、永宁起居注六卷,惠帝起居注二卷,永嘉、建兴起居注十三卷,亡。(第958、964页)又《史通·本纪》:"而陆机《晋书》,列纪三祖,直序其事,竟不编年。年既不编,何纪之有?"又《古今正史》:"晋史,京洛时,著作郎陆机始撰三祖纪,佐著作郎束晳又撰十志。"(《通释》第24、324页)
　　② 诸起居注的征引情况,可参章宗源《隋书经籍志考证》,中华书局,2021年,第145页。
　　③ 《晋书》卷五一《束晳传》,第1432页。参与编撰的可能还有华峤,见同书卷四四《华峤传》,第1265页。
　　④ 《晋书》卷八二《王隐传》,第2142页。
　　⑤ 《世说新语笺疏》,第21、92页。
　　⑥ 《梁书》卷五〇《刘峻传》:"天监初,召入西省,与学士贺踪典校秘书。"(第702页)又阮孝绪《七录序》:"有梁之初,缺亡甚众,爰命秘书监任昉躬加部集,又于文德殿内别藏众书,使学士刘孝标等重加校进。"《广弘明集》卷三 T52,no.2013,p.109a13-15.又可参《世说新语·文学》康僧渊初过江条,《笺疏》第275页。

么这份国史恐怕自始至终也没在江左出现过。

王隐劝祖纳修史,是在建兴年间(313—316),这个建议通过祖纳传递给司马睿,不过当时司马睿初到建康,立足未稳,根本无暇理会。[①] 但是到了建武元年(317)十一月,就在司马睿为登基作繁忙准备的非常时刻,江左突然设立了史官。[②] 修史,确切地说是修创业到建国一段历史,由此被提上日程:

> 王导上疏曰:"夫帝王之迹,莫不必书,著为令典,垂之无穷。宣皇帝廓定四海,武皇帝受禅于魏,至德大勋,等踪上圣,而纪传不存于王府,德音未被乎管弦。陛下圣明,当中兴之盛,宜建立国史,撰集帝纪,上敷祖宗之烈,下纪佐命之勋,务以实录,为后代之准,厌率土之望,悦人神之心,斯诚雍熙之至美,王者之弘基也。"[③]

这一年晋愍帝被俘,但人尚在;南阳王司马保控据秦州,也有一定号召力。[④] 王导的修史动议,当与此局势有关。晋史在兹,意味着晋统不绝而在兹,这是在新帝登基前夜,建康要向天下州县和各地割据释放的信息。

西晋修国史时,曾对晋书断限问题进行过反复讨论,最终议定以泰

---

① 见《晋书》卷八二《王隐传》,第 2143 页。

② 《晋书》卷六《元帝纪》:"(建武元年十一月)丁卯……置史官,立太学。"(第 149 页)又《建康实录》卷五:"(建武元年)冬十一月……初置史官,立太学,以干宝、王隐领国史。"(中华书局,1986 年,第 127 页。)

③ 《晋书》卷八二《干宝传》,第 2149—2150 页。

④ 永嘉六年(312),司马保"全有秦州之地,自号大司马,承制置百官。陇右氐羌并从之,凉州刺史张寔遣使贡献"。愍帝以保为右丞相、大都督陕西诸军事,而以司马睿为左丞相、大都督陕东诸军事,冀二人勤王。和司马睿未发一兵相比,司马保至少曾派胡崧救援长安,愍帝被俘后,张寔仍欲联合司马保救之。段匹磾也在司马保、司马睿之间摇摆,见卢谌《理刘琨表》。到大兴二年(319),保亦自称晋王,置百官,改元建康。诸事散见《晋书》卷三七《司马保传》,第 1098 页;卷五《孝愍帝纪》,第 126 页;卷八六《张寔传》,第 2229 页;卷六二《刘琨传》,第 1688 页。

始为断①。但对司马睿政权来说，"宣皇帝廓定四海"与"武皇帝受禅于魏"一样重要，因为司马睿只是司马懿子琅琊王司马伷之孙，不追溯到司马懿，他就失去了法统。就今存东晋诸家晋史佚文看，王隐、干宝、朱凤、虞预、孙盛五史都可以确定是从司马懿写起，也就是涉及了创业史。然而五人里只有王隐是成年过江，孙盛过江时仅十岁，干宝、朱凤和虞预则是土生土长的南人，且五人里除孙盛外，都没有太好的门第。② 所以不要说时代更久远的创业史，即便是撰写西晋史，他们能受惠于亲历亲见的信息和社交网络的信息都有限。而理论上应该为史官提供档案的官方，力量也不乐观，陆机《晋纪》既没有接收到，西晋秘府的 29315 卷藏书到元帝朝只搜集得 3014 卷③，王隐所谓"天下大乱，旧事荡灭"，毫不夸张。

对东晋而言，文献的困窘处境也许是终其一代的。王敦之乱和苏峻之乱中，建康宫省都受到了焚坏，保有大量档案的中书省曾被殃及④，地处宫禁之外的皇家藏书和著述局所在地秘书省，恐怕更难一毫不损，这都让史官的工作雪上加霜。局势始终不甚安定，也导致东晋政府难以持续保证对国史编纂的关注度。他们既未像西晋一样进行过国史断限或其他大纲问题的讨论，也没有留下分工责修规划的记载，前后任史职者如王隐、干宝、朱凤、虞预、邓粲、孙盛等人各自写有一种晋史，诸史并不

---

① 见《晋书》卷四〇《贾谧传》，第 1174 页。

② 干宝，新蔡人，父祖两世仕吴，宝故生长建康，见《晋书》卷八二《干宝传》，第 2150 页。朱凤，晋陵人，生平见《晋书》卷五二《华谭传》，第 1454 页。虞预，会稽人，生平见《晋书》卷八二本传，第 2143 页。孙盛，太原人，生平见《晋书》卷八二本传，第 2147 页。

③ 阮孝绪《七录序》，《广弘明集》卷三，T52，no.2013，p.110a7‑12.

④ 《晋书》卷九八《王敦传》："既入石头，拥兵不朝，放肆兵士劫掠内外。官省奔散，惟有侍中二人侍帝。"（第 2559 页）这次事件平息后，王导曾去查点清理中书省散乱焚馀的档案，事见《建康实录》卷五注引《晋中兴书》"王导校料中书故事"条，第 141 页；《晋书》卷六九《周顗传》，第 1853 页。又《晋书》卷一〇〇《苏峻传》："率众因风放火，台省及诸营寺署一时荡尽。遂陷宫城，纵兵大掠，侵逼六宫，穷凶极暴，残酷无道。"（第 2629 页）

前后递接，又无统一体例①，其间还爆出史官相互剽窃的丑闻②，可见国史修撰工作虽然一开始看上去很积极，后续的组织却相当不力。《初学记》引虞预《请秘府纸表》云："秘府中有布纸三万余枚，不任写御书，而无所给。愚欲请四百枚，付著作吏，书写起居注。"③则似乎著作局连常规的物资调配都没有。总之，司马氏虽然从掌权以来就对修史格外留意，中朝的积累却横遭永嘉书厄，而东晋的国史编纂又是在一个弱文献、弱干预的环境下进行的。最后"晋氏一代，自始至终，竟无一家之史"的结局，既与文献不足有关，亦与国家干预有限有关。

弱文献、弱干预下的创业史

对江左史官而言，创业史时代已远，陆《纪》可能又无缘得见，这段历史显然将是撰写难点。在处理创业史的史官中，王隐的优势相对突出，因为其父王铨对本朝史有特别爱好，"每私录晋事及功臣行状"，王隐遂能"受父遗业，西都旧事多所谙究"。④ 但王隐的史料既多来自"私录"，而私录的提供者王铨不过是历阳令，远离洛阳官场，又兼门第寒微，从未进入世族累世交往通婚形成的网络⑤，这样的条件，和当年王沈作为历史亲与者而修魏史、陆机据秘书而修晋史相比，还是差距极大。换言之，王隐修史，已经不可能完全依据一手资料，听闻甚至辗转听闻而来的信息，应该占有相当比例。

王隐的情况如此，条件不如王隐者，则更受制于文献环境。如虞预撰晋史，干脆剽窃王隐：

> 时著作郎虞预私撰晋书，而生长东南，不知中朝事，数访于隐，

---

① 其中王隐、朱凤、虞预三家《晋书》为纪传体，干宝《晋纪》、孙盛《晋阳秋》为编年体。

② 虞预剽窃王隐事，见后文。

③ 《初学记》卷二一，第 518 页。

④ 见《晋书》卷八二《王隐传》，第 2142 页。

⑤ 《晋书》卷八二《王隐传》，第 2142 页。

并借隐所著书窃写之，所闻渐广。①

而成为唐修《晋书》蓝本的臧荣绪《晋书》，其西晋史部分亦多依托于王隐。② 在王隐之后的诸家晋史中，辗转听闻而来的中朝往事，只会更多，不会更少。

由于材料亡佚，今日已不可能对诸家晋史作精确的史源追踪，但是一般来说，有丰富档案支撑的史书多具备准确的时间线、数据、履历表和文书，而依据回忆、传闻、访谈等形成的记述，则多体现出情节化的特征，并且在内容取向上有对秘闻的偏好、在叙述方式上有对细节性和戏剧性的追求，后一种趋向，在见存诸家晋史佚文中颇可见到。如叙司马懿诈杀牛金：

> 宣帝既灭公孙渊，还，作榼两口，二种酒，持着马上。先饮佳酒，塞口，而开毒酒与牛金。金饮而死。（王隐《晋书》）③
>
> 初，《玄石图》有牛继马后，故宣帝深忌牛氏。遂为二榼共一口以贮酒，帝先饮佳者，以毒者酖其将牛金。而恭王妃夏氏通小吏牛钦而生元帝，亦有符云。（孙盛《晋阳秋》，此事亦见沈约《晋书》）④

叙山涛识破司马懿诈曹爽：

> （山涛）为河内从事，与石鉴共传宿，涛夜起蹋鉴曰："今何等时而眠也！知太傅卧何意？"鉴曰："宰相三日不朝，与尺一令归第，君何虑焉？"涛曰："咄！石生，无事马蹄间也。"投传而去。果有曹爽

---

① 《晋书》卷八二《王隐传》，第2143页。
② 参聂溦萌《晋唐间的晋史编纂——由唐修〈晋书〉的回溯》，《中华文史论丛》2016年第2期。
③ 《太平御览》卷七六一，第3380页。
④ 《太平御览》卷九八，第469页。《史通·采撰》，《通释》第107页。

事,遂隐身不交世务。(虞预《晋书》)①

叙司马懿之死:

凌到项,见贾逵祠在水侧,凌呼曰:"贾梁道,王凌固忠于魏之社稷者,唯尔有神,知之。"其年八月,太傅有疾,梦凌、逵为疠,甚恶之,遂薨。(干宝《晋纪》)②

叙诸葛诞部下拒降:

(诞部下)数百人拱手为列,每斩一人,辄降之,竟不变,至尽,时人比之田横。(干宝《晋纪》)③

叙曹髦事件的善后:

高贵乡公之杀,司马文王召朝臣谋其故,太常陈泰不至,使其舅荀顗召之,告以可不。泰曰:"世之论者,以泰方于舅,今舅不如泰也。"子弟内外咸共逼之,垂涕而入。文王待之曲室,谓曰:"玄伯,卿何以处我?"对曰:"可诛贾充以谢天下。"文王曰:"为吾更思其次。"泰曰:"惟有进于此,不知其次!"文王乃止。(干宝《晋纪》)④

《史通》抨击唐修《晋书》"其所采亦多是短部小书,省功易阅者,若《语林》《世说》《搜神记》《幽明录》之类是也"⑤。好用小说家事,已经成了新《晋书》的一个标签。但《史通》也说过"王隐、何法盛之徒所撰《晋

---

① 《世说新语·政事》"山公以器重朝望"条刘注引,见《笺疏》第197—198页。
② 《三国志》卷二八《王凌传》裴注引,第760页。
③ 《三国志》卷二八《诸葛诞传》裴注引,第773页。
④ 《世说新语·方正》刘注引,见《笺疏》第341—342页。
⑤ 《史通·杂说上》,《通释》第427页。

史》，乃专访州闾细事，委巷琐言，聚而编之，目为鬼神传录，其事非要，其言不经"①。而裴松之亦云："惟（郭）颁撰《魏晋世语》，蹇乏全无宫商，最为鄙劣，以时有异事，故颇行于世。干宝、孙盛等多采其言以为晋书，其中虚错如此者，往往而有之。"②所以这种现象与其说是唐修《晋书》的特色，不如说是东晋以来诸家晋书传递给唐修《晋书》的特色。而且被唐修《晋书》采用的小说杂书，其内容也可能本就取自诸家晋书，这从刘孝标援诸家晋史注《世说》的条目中就可以看出。因此，晋史的佚事化现象不能从编纂者的个人偏尚上寻求原因，而只能从文献环境角度去理解。在弱文献环境下，佚事将不可避免地进入历史书写。

如前所述，东晋以下的史官修撰晋史，不仅面对着一个弱文献的环境，还面对着一个弱干预的环境。干预，既体现在资料供给、物质支持上，也体现在意识形态把控上。官方支持下的国史修撰，是以建构全新的历史记忆为目标的，就创业史而言，在前引王导请修中朝史的上书中，这个目标记忆被明确规定为"宣皇帝廓定四海，武皇帝受禅于魏，至德大勋，等踪上圣"，但王导的另一个故事，提示我们创业史叙述还有一种可能性：

　　　王导、温峤俱见明帝，帝问温前世所以得天下之由。温未答。顷，王曰："温峤年少未谙，臣为陛下陈之。"王乃具叙宣王创业之始，诛夷名族，宠树同己。及文王之末，高贵乡公事。明帝闻之，覆面着床曰："若如公言，祚安得长！"③

而前引诸家晋书中的司马懿诈杀牛金、王凌贾逵作祟、诸葛诞部下拒降、陈泰主杀贾充几件事，都说明另一种可能性已经成了现实。除创业史之外，谢灵运还指出晋武帝失政"并见前书"，所谓前书，即东晋所出

---

① 《史通·书事》，《通释》第 214 页。
② 《三国志》卷四《三少帝纪》，第 133 页。
③ 《世说新语·尤悔》，《笺疏》第 1054 页。

诸晋史。① 至于孙盛乃记载夏侯太妃与小吏牛钦私通而生司马睿的传闻,亦见前引。这说明东晋人修国史的无所避忌,既不是某位史家如此,也不是处理到某个时间段如此,而是普遍如此。所以王隐指王沈《魏书》"多为时讳"②,诚可见"为时讳"的要求在王隐的时代并不高。阎步克曾指出两晋人对本朝创立无多崇仰之感③,严格地说,这种印象是东晋人笔下的西晋史传达出来的。

佚事型史料批判

涌入晋史的佚事,其实是一个庞杂的信息源,其最初的作者、讲述者或者传播者,有的可以追踪,有的则完全无法追踪。后一种佚事,因其创作意图不能确定,真实性常受到质疑。比如下面这两条关于创业史的材料:

> 侍中石苞朝出,(华)表问:"国家何如?"苞曰:"武帝更生也。"表闻,汗出沾背。(王隐《晋书》)④
>
> 罢朝,景王私曰:"上何如主也?"钟会对曰:"才同陈思,武类太祖。"景王曰:"若如卿言,社稷之福也。"(孙盛《魏氏春秋》)⑤

其内容都是一人向另一人打听新即位的曹髦人物如何,只不过问答

---

① 谢灵运《晋书·武帝纪论》:"今五等罔刑,并田王制,凡诸礼律,未能是正,而采择嫔媛,不拘华门者,昔武王伐纣,归倾宫之女,不以助纣为虐,而世祖平皓,纳吴妓五千,是同皓之弊。妇人之封,六国乱政。如追赠外曾祖母,违古之道,凡此非事,并见前书,诚有玷于徽猷,史氏所不敢蔽也。"(《太平御览》卷九六,第459页。)
② 《太平御览》卷二三三引王隐《晋书》,第1106页。
③ 阎步克《西晋"清议"呼吁之简析及推论》,载阎步克《乐师与史官:传统政治文化与政治制度论集》,生活·读书·新知三联书店,2001年,第243页。
④ 《太平御览》卷三八七引,第1788页。
⑤ 《三国志》卷四《三少帝纪》,第132页。

双方不同而已。这显然是一事二出，不能同真。而且，这两条记载与《三国志》裴注引《世语》中关于魏明帝的记述雷同：

> 帝与朝士素不接，即位之后，群下想闻风采。居数日，独见侍中刘晔，语尽日。众人侧听，晔既出，问"何如"？晔曰："秦始皇、汉孝武之俦，才具微不及耳。"①

因为不知道三则材料各自的成型背景，所以也很难为之分辨，但遗貌取神地看，两则曹髦材料要传达的讯息其实是一样的，即曹髦对于司马氏集团而言是个颇难对付的对手。所以如果不执着于事实层面的真伪，而把这种材料看作对社会记忆的承载，那么两则材料都是有效的。

当文献环境不佳时，社会记忆并不会消亡，它们于是以佚事的形态进入历史书写，填补档案型史料缺位留下的空白。而相比于官方口径、官方俯视视角的档案型史料，承载社会记忆的佚事视角多元，众声喧哗，互不同类，也不同质。当它们被收编入史，而又没有得到很好的镕裁的时候，就会成为史传里自带装备的雇佣兵。东晋诸家晋史中固然每有不统一装备的雇佣兵，但同时，也没有哪一部晋史是完全脱离官方立场的，所以这种在叙事片段中突发的立场"不正确"，也不能轻易地认定是出自史家的主观意图。

实际上，佚事的另一个特征就是去意识形态化，这是它追求戏剧性的体性所导致的。也就是说，即便没有弱干预的背景，佚事史料本身也会冲淡历史叙述的正统色彩。兹举魏晋人皇甫谧《玄晏春秋》的一段佚文为例：

> 十二月乙丑夕，梦至京师，自庙出，见车骑甚众，以物呈庙，云："诛大将军曹爽。"瘟以告梁析。析曰："君欲曹人之梦乎？朝无公孙

---

① 《三国志》卷三《明帝纪》，第91—92页。

疆。"子曰:"爽无叔振之请,苟失天机,则离矣,何待于疆。"①

《玄晏春秋》有自传性质②,皇甫谧在这里叙述的也是他在高平陵政变期间的个人经历,但这段文字纯然是小说家笔法。《左传·哀公七年》载,有个曹国人做梦,梦到一群人站在国社墙外商量着要灭亡曹国,惊动了曹的先君叔振铎,叔振铎求他们等"公孙彊"出现再说。就像《左传》里所有的梦一样,曹人之梦最终应验,果然有个叫公孙彊的人做了曹大夫,他挑起曹和宋的争端,导致曹国覆灭。③ 曹爽姓曹,所以皇甫谧通过一个和曹人之梦同样情节的梦暗示曹爽的结局。

高平陵事变发生时,皇甫谧并不在洛阳,所有经过只能是听闻而来。但是他不说听闻,却要故弄玄虚,设作梦幻,附以隐语廋词。政治权谋、上层内幕话题被搭配上合适的幽诡气氛,阅读吸引力很强,却看不出"正确"的政治立场,甚至连不正确的立场也没有,尽管涉及的话题已经足够敏感。一方面,如果这种淡化了意识形态的佚事成为史料,进入史籍,那也一样会改变史籍的"气味"。

但另一方面,史籍也有自身的结构框架和叙事框架,当佚事被嵌入其中,佚事的"气味"也可能发生改变。我们以夏侯湛的《辛宪英传》为例,辛宪英(191—269)是辛毗之女、羊琇之母、羊祜之婶,当她去世时,从外孙夏侯湛为她撰写了传记。这位女性经历汉魏晋三代,身牵辛、羊、夏侯三族,是创业史和几个家族史的见证人。《辛宪英传》的佚文主体见于《三国志·辛毗传》裴注,所写内容有三件事:

1. 曹丕因被立为魏王世子欣喜若狂,辛宪英怪曹丕动止不合体,预言曹魏不能长久。

---

① 《太平御览》卷四〇〇,第 1849 页。

② 皇甫谧自号玄晏先生,见《晋书》卷五一谧本传,第 1409 页。《玄晏春秋》,《隋书》《旧唐书》入杂传类,《新唐书》入杂传记类,殆同。辑佚见熊明《汉魏六朝杂传集》卷九,中华书局,2017 年,第 1173—1184 页。

③ 《十三经注疏·春秋左传正义》卷五八,中华书局,2009 年,第 4699 页。

2. 辛宪英之弟辛敞为曹爽部下,高平陵事起,辛敞在洛阳城内,闻变欲夺门出城,犹疑未定,问计于其姊,宪英认为曹爽咎由自取,但宜出城以全大义,司马懿必不会牵连无辜。敞遂出城,后果如姊言。

3. 司马昭用钟会伐蜀,宪英知会必反,而子羊琇受命随军,宪英以但致节于国勉之。会果反,琇谨从母诲,没有受到牵连。①

从这些内容看,辛宪英与其说是一位传主,不如说是辛羊二家的发言人。她有超越时代的正确的政治立场和从不失灵的政治预测能力,遂使辛氏本曹魏旧臣、辛敞斩关赴爽、羊琇随钟会入蜀等历史问题,都一一澄清。这篇明显带有政治洗白功能的传记,在唐修《晋书》中被收入了《列女传》,传末复云"其明鉴俭约如此"②,在新的文本体系中,佚事的性质被彻底改变了。

与《辛宪英传》类似,钟会也曾为其母张昌蒲作传,借母之口辩白自己在高平陵事发时随曹爽在城外的情况。③《张昌蒲传》和《辛宪英传》也是一种创业史书写,它们是在司马氏掌权后十数年清洗下存活下来的家族的新发明,通过因身处内闱、少与人接触而比较容易打造言辞的女性传主,编织新的家族史,从而以历史叙事的方式,表明自己已经在新的权力格局和亲缘网络中找到了合适的位置。因此,《张昌蒲传》和《辛宪英传》在当时恐怕也不是个案。余嘉锡曾指出《世说新语》贤媛一门中所列女性多是以才智著称④,如果我们对读魏晋以下的其他女性传记,比如皇甫谧的《列女传》或者《晋书·列女传》中非出《世说》的篇目,可知才女书写并不是女性传记的主流⑤,因此《世说·贤媛》的文献源,很可能正是《辛宪英传》一类性质独特的杂传,尤其此门收正始下至西晋事凡

---

① 《三国志》卷二五《辛毗传》裴注引,第700页。

② 《晋书》卷九六,第2509页。

③ 《三国志》卷二八《钟会传》裴注引,第784页。

④ 《世说新语笺疏》,第780页。

⑤ 皇甫谧《列女传》辑佚见《汉魏六朝杂传集》,第1357—1401页。

11 条,其中许允妻 3 条,李丰女 2 条,诸葛诞女 1 条,王经母 1 条,这 7 条全部与司马氏大清洗有关。

无论《贤媛》的史源为何,遭司马氏大清洗而覆灭的家族,确实在《世说》中呈现着男为名士、女为贤媛的奇特面貌;而《世说》中人物品鉴的清言,亦未始不是曾经政治恐怖下急切洗白的话术。总之,每进入一个新的文本结构,佚事就可能呈现新的观感,作为雇佣兵,它的装备既不同于官军,也不同于散兵游勇。

结语

相对于中古时期产生的其他书籍,史书有两个特别之处:一是卷帙庞大,二是修撰必须有档案支持。卷帙庞大,意味着修撰所需的人力物资都要更多,所以修史者往往需要纵向或横向的物质支持,虞预求秘府弃纸,王隐倚庾亮纸笔,并是其例①。修史又不能向壁虚构,晋史的编纂实践尤其说明,能够看到多少材料是成败的关键。如前所述,史籍特别是大卷帙王朝史的这种特性,就宿命地决定了它难以全然摆脱官方干系。司马氏创业史的编纂情况,正可看出官方支撑的变化带给历史编纂的影响。

权力与历史书写之间的关系,在近年的中古史研究中得到了充分关注。不过,我们因此更关注的是政治环境对历史书写的影响,以及强干预背景下历史书写的面貌。本文希望强调的是,历史书写既难以脱离政治环境,更受文献环境的制约;既会被国家的强干预左右,也会因弱干预而变形。

弱文献和弱干预环境给历史书写留下了缝隙,而这个缝隙由佚事填充。佚事具有多元的口径、复杂的视角、戏剧的情节、灵活的形态。相比于官方档案,佚事是社会记忆更好的载体,它可以播在人口,非必借纸笔

---

① 《晋书》卷八二《王隐传》:"贫无资用,书遂不就,乃依征西将军庾亮于武昌。亮供其纸笔,书乃得成,诣阙上之。"(第 2143 页)

流传，因而具有强大的传播能力；它会在传播中衍生出诸多变体，因此还具有自我繁殖能力，而这更加强了其传播能力。社会记忆不一定会因为佚事的讹变而失落，相反，它可能安然附着于多个变体上，加速流播。对于创业史而言，正是佚事让我们意外看到了"宣王创业之始，诛夷名族，宠树同己。及文王之末，高贵乡公事"的社会记忆，因此可以说，在某种程度上，佚事可以抵抗糟糕的文献环境，利用弱干预的时机，把社会记忆输送给后人。

第五章
蜡以覆车：范晔《后汉志》考

公元445年，建康城的街道上奔驰着一辆牛车。车顶上张大布，上面斑斑驳驳写满了范晔的《后汉志》。这是史学史上一个相当诡异的场景，这个场景记录在李贤《后汉书注》中：

> 范晔所撰十志，一皆托俨。搜撰垂毕，遇晔败，悉蜡以覆车。宋文帝令丹阳尹徐湛之就俨寻求，已不复得，一代以为恨。其志今阙。（《后汉书·献穆曹皇后纪》章怀注引沈约《谢俨传》，又见《册府元龟·国史部》范晔条）①

那施蜡以覆于车上之物，就是车幰。玄应《一切经音义》卷二二引《仓颉篇》云："布帛张车上为幰也。"②幰可防晒，施蜡则兼为防雨。这样一辆车跑起来，幰随风鼓动有声，就像潘岳《藉田赋》说的："微风生于轻幰兮，纤埃起于朱轮。"如果不是奇特地出现《后汉志》的纹饰，倒也是个诗意的画面③。

---

① 《后汉书》卷一〇下，第457—458页。《册府元龟》卷五五五，第6671页。

② 徐时仪校注《一切经音义三种校本合刊》（修订版），上海古籍出版社，2012年，第454页。

③ 孙机《汉代物质文化资料图说》，中华书局，2020年，第125页。幰车的具体样式，可参北魏司马金龙墓出土通幰牛车漆画屏风（图5-1，现藏大同市博物馆）；南京雨花台华为工地出土南朝偏幰牛车画像砖（现藏南京六朝博物馆）。

图5-1　北魏智家堡北魏棺板画上的通幰牛车

图5-2　北魏司马金龙墓出土漆画屏风上的通幰牛车

《后汉志》辨疑

众所周知,范晔《后汉书》无志,所以后人将司马彪《续汉书》八志补入范书,相辅以行。但是所谓无志,是范晔未写还是未完成,若未完成,是当时毁掉还是后来亡佚,这些问题从古至今都有争议。引发争议的核心文献就是上引李贤注提到的《谢俨传》,而首先发现问题的是洪迈。他认为《谢俨传》与《宋书·范晔传》的记载不合。《范晔传》云:

> 晔狱中与诸甥侄书以自序曰:……欲遍作诸志,《前汉》所有者悉令备。虽事不必多,且使见文得尽。又欲因事就卷内发论,以正一代得失,意复未果。①

《谢俨传》说"搜撰垂毕",那就是《后汉志》将近完工;可《范晔传》说"意复未果",那就是《后汉志》从未动工。洪迈还发现,《宋书》根本没有《谢俨传》,这让《谢俨传》的陈述变得十分可疑。② 洪迈的质疑导致后来很多学者对《谢俨传》所记载的内容持审慎态度③,也有进而质疑《谢俨传》文献本身之真实性者④。《谢俨传》情形如何,下文再进一步讨论,但从《狱中与诸甥侄书》看,范晔有作志计划而未能实现,这是没问题的。到萧梁时代刘昭注范史,因已无志可注,遂取司马彪《续汉书》八志注补之,昭有序云:

> 范晔《后汉》,良诚跨众氏,序或未周,志遂全阙。……况晔思杂风尘,心桡成毁,弗克员就,岂以兹乎? ……故《序例》所论,备精与夺,及语八《志》,颇褒其美。虽出拔前群,归相沿也。又寻本书,当作《礼乐志》;其《天文》《五行》《百官》《车服》为名则同;此外诸篇,不著纪传,《律历》《郡国》,必依往式。(刘昭《后汉书注补志序》)⑤

---

① 《宋书》卷六九,第1829—1831页。

② [宋]洪迈,《容斋四笔》卷一,中华书局,2005年,第641页。

③ 如李慈铭谓"章怀谓托谢俨搜撰之言,恐都未确"。(《越缦堂读书记》卷三,中华书局,2006年,第188页。)金毓黻谓"其事之有无不可知"。(《中国史学史》,第73页。)

④ 见谭绪缵《范晔不敢作志辨》,《中国历史文献研究集刊》第4集,湖南人民出版社,1984年,第173—177页。刘汉忠《说范晔〈后汉书〉之志》,《文献》,1997年第4期。

⑤ 中华本《后汉书》第十二册后附。

这里有一条极重要的信息,即"又寻本书,当作《礼乐志》;其《天文》《五行》《百官》《车服》为名则同",也就是刘昭从《后汉书》纪传中找到了范史五志的线索。他依据的文献应当是:

> 其职僚品秩,事在《百官志》。(《后汉书》卷一〇下《献穆曹皇后纪》)
> 乃与公卿共议定南北郊冠冕车服制度,及光武庙登歌八佾舞数,语在《礼乐》《舆服》志。(《后汉书》卷四二《东平宪王苍传》)
> 邕悉心以对,事在《五行》《天文》志。(《后汉书》卷六〇下《蔡邕传》)①

可见范志虽然"弗克员(圆)就",但也绝不止于空想,倘志的工作没有基本成型,纪传部分是没有办法凭空先给出互见提示的。当然,即便志的工作已"搜撰垂毕",也不能算"员就",何况在范晔原计划中,志还有"因事就卷内发论,以正一代得失"的重要环节,照范晔对论的重视和自负看②,这部分内容他恐怕是要亲自操刀至少是亲自统稿的,既身陷囹圄,事成泡影,岂不正是"意复未果"。所以以"搜撰垂毕"和"意复未果"间有范晔语境和谢俨语境的差别,有积极词汇和消极词汇的差别,有结果描述和过程描述的差别,但是并没有必然的逻辑矛盾处。《狱中与诸甥侄书》《谢俨传》《后汉书注补志序》三份文献,倒是可以相互印证的。反过来说,如果没有《谢俨传》,我们反而不好轻信刘昭找到的范志内证是可靠的:范史是抄撮众家而成,李贤注就曾指出其中的前史痕迹③,要排除刘昭列出的五志内证并不是范晔忘记删掉的前史文字,最好的证据一是有《谢俨传》"搜撰垂毕"说与之相呼应,二是《谢俨传》恰是《皇后纪》"其职僚品秩,事在《百官志》"一句下的注文,也就是说致力于找出范晔

---

① 《后汉书》,第457、1433、1998页。

② 范晔《狱中与诸甥侄书》:"吾杂传论,皆有精意深旨,既有裁味,故约其词句。至于《循吏》以下及《六夷》诸序论,笔势纵放,实天下之奇作。其中合者,往往不减《过秦篇》。尝共比方班氏所作,非但不愧之而已。"(《宋书》第1830—1831页。)

③ 参周一良《略论南北朝史学之异同》,《魏晋南北朝史论集续编》,北京大学出版社,1991年,第91页。

抄前史痕迹的李贤,他也将"事在《百官志》"作范晔本文看待。

谢俨其人,则于史可征,《南齐书·刘休传》:

> 友人陈郡谢俨同丞相义宣反,休坐匿之,被系尚方七年。孝武崩,乃得出。①

又《宋书·王景文传》载王彧《求解扬州表》:

> 比十七日晚,得征南参军事谢俨口信,云臣使人略夺其婢。臣遣李武之问俨元由,答云:"使人谬误。"(事又见《册府元龟·台省部七》王景文条)②

又《后汉书·班固传赞》"二班怀文,裁成帝坟"句章怀注引沈约《宋书》:

> 初,谢俨作此赞,云:"裁成典坟",以示范晔,晔改为"帝坟"。③

综合李贤所引本传,谢俨先卷入范晔、刘义康案(445);再卷入刘义宣之叛(454);泰始七年(据《王景文传》推得,471)又是刘休佑参军。此人长随亲王、屡转生机,但刘休佑这年二月即被杀,就不知后事如何了。值得注意的是,《后汉书·班固传赞》注引的《宋书》内容,也不见于今本《宋书》及《南史》,它只能同出那神秘的《谢俨传》;而且章怀两引此传的内容还是关联的,都是在讲修《后汉书》的事。我们现在知道谢俨对《后汉书》的参与并不限于十志,知道了范、谢合作传赞的工作流程,这两点,又可以和《史通》相印证:

---

① 《南齐书》卷三四,第612页。
② 《宋书》卷八五,第2181页。《册府元龟》卷四六三,第5516页。
③ 《后汉书》卷四〇下,第1387页。

> 至宋宣城太守范晔，乃广集学徒，穷览旧籍，删烦补略，作《后汉书》，凡十纪、十志、八十列传，合为百篇。会晔以罪被收，其十志亦未成而死。①

刘知幾"乃广集学徒"的说法不见其他史料，说明他有一个我们见不到的信息源，也可能还是《谢俨传》。不过单凭据章怀两引，也可以看出谢俨的史学是其本传的主题之一。尤当留意者，十志不传，社会舆论"一代以为恨"，这评价是出现在《谢俨传》而不是《范晔传》中的，人所共惜的，正是谢俨的史才。这里还有一个信息很重要，即范晔作《后汉书》，是在他宣城太守任上组织的团队作业，这种小史局式的工作方式，和前代修史者常据京师、执秘书、独立或踵继完成的方式是非常不同的。

《宋书》亡佚了一篇《谢俨传》，对于南北朝诸史来说，这种情况不算罕见。② 可进而言之者，今本《宋书》中文学家和史学家的传记还有值得注意的细节，如谢庄与王景文合传、谢瞻与孔琳之合传，合传传主间毫无关系或相似点；而这两篇合传的"史臣曰"只写给了其中一位传主。文学家中，除了与不相干人合传的外，还有的被用所谓"带叙法"放入了他人传记③，如鲍照、谢惠连和汤惠休。而《谢灵运传》的"史臣曰"，并不针对谢灵运个人，而写成了一篇文学传论。今本《宋书》没有《文学传》，而以上种种迹象表明，《宋书》曾是有《文学传》计划的。"丢失"的《谢俨传》，应该也在《文学传》里。《宋书》中的法学、经济学史料也有相似特征，《宋书》无《刑法志》《食货志》，而并非没有相关内容，只是"随流派别，附之纪传"④而已，甚至《沈昙庆传》《孔琳之传》后的"史臣曰"其实就是《食货志

---

① 《史通·古今正史》，《通释》第 318 页。

② 就《宋书》而言，嘉祐初刻本即已非全帙，详见余嘉锡《四库提要辨证》卷三，中华书局，2007 年，第 149 页。

③ 见《廿二史札记校证》"宋齐书带叙法"条，第 184 页。

④ 《宋书》卷一一《律历志序》，第 204 页。

序》。故郝懿行仅将《宋书》传记拆解,就完成了《补宋书食货志》《补宋书刑法志》。① 可见与《文学传》一样,沈约很可能也曾有《刑法志》《食货志》计划,而且宋书的《天文志》共四卷,每卷字数都不多,从体量上说分两卷足矣,这也可见《宋书》的体例在定稿中做了最终调整,这样做的目的是追求 100 卷、8 个志的整体结构完美。这样,本属于《文学传》的内容也和《刑法志》《食货志》一样,删削或散入各处了。

实际上,哪怕章怀注只引及《谢俨传》一次,后人通常的反应也应该是去辑佚,而不是疑伪。只有上下文不通,我们才考虑衍字;只有难于解释,我们才想抛弃一个文献。

给《后汉志》带来第二个争议的文献,是《南齐书·檀超传》的一条记载:

> 建元二年(480),初置史官,以超与骠骑记室江淹掌史职,上表立条例……立十志,《律历》《礼乐》《天文》《五行》《郊祀》《刑法》《艺文》依班固,《朝会》《舆服》依蔡邕、司马彪,《州郡》依徐爰。《百官》依范晔,合《州郡》。班固五星载《天文》,日蚀载《五行》;改日蚀入《天文志》。②

这里面出现的"《百官》依范晔",洪颐煊认为即是指《后汉书·百官志》③,王利器也据此判断范志在齐尚存④。这个推测其实是不太可能的:一来江淹就是刘昭表兄,《梁书》说刘昭"既长,勤学善属文,外兄江淹早相称赏"⑤。如果刘昭看到的范史是"志遂全阙",江淹能看到范志的可能性也不大。二来沈约《宋书》八志前有一篇总序检讨书志源流,只字

----

① 见《二十五史补编》第三册。

② 《南齐书》卷五二,第 891 页。

③ 见[清]洪颐煊《读书丛预防》卷二二"范书十志"条,《续修四库全书》第 1157 册,上海古籍出版社,2002 年,第 753 页。

④ 王利器《〈后汉书〉发微》,《传统文化与现代化》,1997 年第 5 期。

⑤ 《梁书》卷四九《文学传上》,第 692 页。

未及《后汉志》,说明沈约也从没见过范志①;同样的,萧子显《南齐书》诸志各有小序溯源,也不曾提到范志,而萧子显在作《南齐书》前,还曾"采众家《后汉》,考正同异,为一家之书"②,他对各种后汉史是非常熟悉的。三来若"《百官》依范晔"所指是《百官志》,那么将《百官志》与《州郡志》相"合",又怎么可能操作呢?

其实细读檀表就能发现,《百官》和其他诸志并不在一个逻辑层面上,檀、江拟出的十志,是《律历》《礼乐》《天文》《五行》《郊祀》《刑法》《艺文》《朝会》《舆服》《州郡》,而《百官》位列第十一号文献,作者的意思本就不是要立一个《百官志》,"《百官》依范晔"只是对《州郡志》作的一个补充说明,就像下文又对《天文》《五行》作补充说明一样。这里的《百官》是一个要打入并且可以打入、充益《州郡志》的内容,所以我以为它就是范晔的《百官阶次》。

范晔有《百官阶次》一卷,《隋书·经籍志》及两《唐志》史部职官类均有著录③。萧子显《南齐书·百官志序》评骘各类职官书,恰有"蔚宗选簿梗概,钦明阶次详悉"④一句,"蔚宗选簿"即范晔《百官阶次》,"钦明阶次"指荀钦明的同名著作《百官阶次》三卷,它也见录于上述《隋》《唐》三志,次序接在范晔《百官阶次》后。檀、江规划的十志并没有《百官》,但后来萧子显的《南齐书》设立此志,之前檀、江方案中拟以充益《州郡志》的《百官阶次》,又成为萧子显写作《百官志》参考的一个前代文献。

为什么檀、江试图以《百官阶次》的内容充益《州郡志》? 按《隋书·经籍志》史部职官类序:

> 今《汉书·百官表》列众职之事,记在位之次,盖亦古之制也。

---

① 《宋书》卷一一《律历志上·序》,第 204 页。按据沈约《上宋书表》,齐永明六年(488)沈史纪传完成奏上,但尚未有志。苏晋仁认为沈约完成八志已在梁天监间,说见《论沈约〈宋书〉八志》,收《周绍良先生欣开九秩庆寿文集》,中华书局,1997 年,第 31—32 页。

② 《梁书》卷三五《萧子显传》,第 511 页。

③ 《隋书》卷三三,第 968 页。《旧唐书》卷四六,第 2000 页。《新唐书》卷五八,第 1476 页。

④ 《南齐书》卷一六《百官志》,第 311 页。

> 汉末,王隆、应劭等,以《百官表》不具,乃作《汉官解诂》《汉官仪》等书。是后相因,正史表志,无复百僚在官之名矣。搢绅之徒,或取官曹名品之书,撰而录之,别行于世。宋、齐已后,其书益繁。①

这是讲职官书和百官志的区别。二者性质有类似处,但选簿作为实际工作手册,记录了任官者的情况,不似书志多记制度。② 比较班固《汉书》、司马彪《续汉书》、沈约《宋书》、萧子显《南齐书》中的四篇地志,会发现一个重大不同:前两种基本不谈职官;沈、萧志多涉州治沿革,故每录前后刺史,沈志且是以太守、县令之职官而非地名立目的。从檀、江表看,徐爰《州郡志》应该还是老传统,而将职官书信息补入地志,应该正是从檀、江始有并且落实在江淹《齐志》中的新思路③,沈、萧二地志,也是顺应着这个新变。

《后汉志》篇目考

前引《狱中与诸甥侄书》云:"欲遍作诸志,《前汉》所有者悉令备。"可见《后汉志》至少涵盖了《汉书》十志的项目。而前引刘昭《后汉书注补志序》意在解释他为什么以马志补范史:首先是因为范晔本人对《续汉志》的评价很高;其次是刘昭从《后汉书》纪传中找到了范晔五志的具体名称,其中《礼乐》一如司马彪之《续汉书·礼仪志》,另四志更与《续汉志》完全重名,可证范马间有"相沿"关系。刘昭由此还做了一个推测,即范晔也必依司马彪的"往式"设立《律历》《郡国》二志。但《续汉志》还立了一个《祭祀志》,此前班志也有相应的《郊祀》,刘昭却不说"《前汉》所有者

---

① 《隋书》卷三三,第969页。

② 关于这一点,可详参中村圭尔《六朝官僚制的叙述》,原载《东洋学报》91卷第2号,2009年。中译本见《魏晋南北朝隋唐史资料》第二十六辑,武汉大学文科学报编辑部,2010年。

③ 据《南齐书·檀超传》,檀、江表立十《志》,经王俭议,改《朝会》为《食货》。超卒官,江淹撰成之。(第892页)又《梁书·江淹传》谓淹有《齐史》十志行于世(第251页)。《隋书·经籍志》:"梁有江淹《齐史》十三卷,亡。"(第956页)《史通·古今正史》:"《齐史》,江淹始受诏著述,以为史之所难,无出于志,故先著十志,以见其才。"(《通释》第329页)

悉令备"并且必依司马彪"往式"的范书当有此志。

表 5－1　三志比较表

史志	志目											
汉志	礼乐	无	天文	五行	无	律历	地理	郊祀	刑法	食货	沟洫	艺文
续汉志	礼乐	舆服	天文	五行	百官	律历	郡国	祭祀	无	无	无	无
后汉志	礼乐	舆服	天文	五行	百官	律历	郡国	疑无	有	有	疑无	有
	卷四二《东平宪王苍传》：乃与公卿共议定南北郊冠冕车服制度,及光武庙登歌八佾舞数,语在《礼乐》《舆服》志。		卷六○下《蔡邕传》：邕悉心以对,事在《五行》《天文》志。		卷一○下《皇后纪》：其职僚品秩,事在《百官志》。							

原因就在范志只有十篇。现在有了超出班志的《舆服》《百官》,就已经是十二篇了,十二篇里,最可能被范晔并省的是《沟洫志》和《郊(祭)祀志》。因为就目前能见到的文献看,《沟洫志》自《汉书》后即罢设,基本被地理志兼并;《郊(祭)祀志》可以单设,但也可以并入《礼乐》,像沈约《宋书》就做并入处理。刘昭不说范晔有《祭祀志》,当是考虑到了这种合并的可能。这样,《后汉书》十志应该是礼乐、舆服、天文、五行、百官、律历、郡国、刑法、食货、艺文。

应该说,这基本是同时满足"《前汉》所有者悉令备"和"必依(司马彪)往式"的唯一方案了。其实只要有前一个条件限制,志的数目又确定是十个,这份清单能改动的空间就极小。

史之精义,无过乎志。范晔十志虽亡,现在名目既已排出,我们仍然可以就此讨论一些问题。

首先是《艺文志》问题。在范史之前,谢沈《后汉书》、袁山松《后汉书》也都为经籍设志,刘昭《后汉书注补志序》:

　　沈、松因循,尤解功创,时改见句,非更搜求,加艺文以矫前弃,流书品采自近录。初平、永嘉图籍焚丧,尘消湮灭,焉识其限,借南晋之新虚，为东汉之故实，是以学者亦无取焉。①

　　这里面提到的沈、松即谢沈、袁山松。"加艺文以矫前弃"，可见《汉书》以下，沈、松以上的诸家纪传体后汉史都无《艺文志》②。在袁山松之后问世的后汉史，就是范晔《后汉书》了。范史依然设立《艺文志》，这也就是司马彪《续汉志》明明没有《艺文志》，刘昭序还要专门去讨论《艺文志》的原因：刘昭已推知范史有此一志，但司马彪不设，谢沈、袁山松设而不善，刘昭无计更取它书以注补范史，只能付诸阙如，所以才要更为说明。

　　《汉书》以下，除了谢沈《后汉书》、袁山松《后汉书》、范晔《后汉书》、

---

　　①　刘昭序中"艺文""书品"皆志名，说见《史通通释》后附彭仲铎《史通增释》，上海古籍出版社，2022 年，第 707 页。艺文为《艺文志》之省无疑，因为除刘昭序外，袁山松《后汉书》之《艺文志》又见《广弘明集》卷三阮孝绪《七录序》："固乃因《七略》之辞，为《汉书·艺文志》。其后有著述者，袁山松亦录在其书。"又同卷阮孝绪《古今书最》著录有"袁山松《后汉·艺文志》"书。(T52，p.0109，a01；p.0110，a05.)"书品"之名不见他史，而南北朝人又有随文改字以求语俪音谐的习惯，如魏收《前上十志启》："《河沟》往时之切，《释老》当今之重，《艺文》前志可寻，《官氏》魏代之急。去彼取此，敢率愚心。"(《魏书》卷一〇四，第 2331 页。)即以"河沟"代"沟洫"。故"书品"是否志之本名，抑或"艺文志"之别名，只能存疑。又彭氏据《梁书·王僧孺传》引任昉赠僧孺诗："……百行之首，立人斯著。子之有之，谁毁谁誉。修名既立，老至何遽。谁执其执鞭，吾为子御。刘略班艺，虞志荀录。伊昔有怀，交相欣勖。下帷无倦，升高有属。嘉尔晨灯，惜余夜烛。"谓虞预《晋书》有《艺文志》，说亦当存疑。盖"刘略班艺，虞志荀录"所涉四人似有年代先后之序，而虞预晚于荀勖。所谓虞志，或是指挚虞《文章志》；其用虞不用挚，亦由齐梁诗特重音声耳。

　　②　这里有志已亡佚故刘昭不清楚其具体设目的情况，如蔡邕为《汉记》作的十意(《后汉书·蔡邕传》："前在东观，与卢植、韩说等撰补《后汉记》，会遭事流离，不及得成，因上书自陈，奏其所著《十意》，分别首目，连置章左。"章怀注："犹《前书》十志也。《邕别传》曰：'……有《律历意》第一、《礼意》第二、《乐意》第三、《郊祀意》第四、《天文意》第五、《车服意》第六。'")和华峤《汉后书》的十典(《晋书》卷四四《华峤传》："所撰书十典未成而终，秘书监何劭峤奏中子彻为佐著作郎，使踵成之，未竟而卒。后监缪征又奏峤少子畅为佐著作郎，克成十典……永嘉丧乱，经籍遗没，峤书存者三十徐卷。"刘昭《后汉书注补志序》则称其十典"于是俱绝"。)，所以笼统地说谢沈、袁山松前的后汉史无《艺文志》是不准确的，只能说刘昭面对的现状已是如此。

江淹《齐书》设有《艺文志》外①，还有不少我们但知有志而未详其细目的史籍，内中当然也可能有艺文志，可惜刘昭序的讨论范围仅限于后汉史，无法提供更多线索。中古纪传史多立八志（如司马彪《续汉书》、沈约《宋书》、萧子显《南齐书》）或十志（如蔡邕《十意》、华峤《汉后书》、束晳《十志》、范晔《后汉书》、魏收《魏书》、江淹《齐史》、唐修《五代史志》）②，这是为了数合《史》《汉》之旧，而十志者设《艺文志》的可能性当更大。

　　其次是南北书志立目差异问题。过去认为南北史学在是否设立《食货志》《刑法志》上呈现出很大不同，北方史家编写的《魏书》《隋书》和新《晋书》都有此二志，而南方只知道江淹《齐史》二志齐备，何法盛《晋中兴书》、臧荣绪《晋书》各有《刑法志》而已。③　不过现在我们又知道了范晔《后汉书》也兼设《食货》《刑法》，此二志上的南北差异就没有那么明显了。④《后汉志》不仅增加了南方史学中《食货》《刑法》的权重，更让南方《艺文志》多得一票，北方史学在《隋志》即《五代史志》之前，现知只有宋孝王的《关东风俗传》设立了《坟籍志》⑤，南北《艺文》差异之大超过了《刑法》《食货》。情况虽如此，亦未可说《五代史志》设立《经籍志》是遵循了某种南方史学传统，毕竟判断南北差异的材料仍嫌不足；或者说，判定南北史学是否有差异、史学是否有南北差异、史书间的差异究竟是一种个体性差异还是地域性差异，我们目前掌握的材料仍嫌不足。

　　最后是书志的因革问题。按《史通·书志》：

---

　　① 据《南齐书·檀超传》，檀、江表经王俭议，最终省《朝会》而立《食货》，因《朝会》"前史不书……此乃伯喈一家之言"。

　　② 诸史详情《史通·古今正史》并浦起龙通释，以及章宗源《隋书经籍志考证》，第9—45页。

　　③ 相关研究见胡宝国《汉唐间史学的发展》（修订本），北京大学出版社，2014年，第176—177页。另汤球认为王隐《晋书》也有《刑法记》（见《九家旧晋书辑本》，《丛书集成初编》本，第239—241页。），但王隐属于南方史学抑或北方史学，实可无可无不可。

　　④ 此外，《宋书》虽不立《刑法志》《食货志》，却不是没有相关内容，只是将其"随流派别，附之纪传"而已（《宋书·律历志序》），已见前文。

　　⑤ 《史通·书志》，《通释》第56页。

若乃《五行》《艺文》，班补子长之阙，《百官》《舆服》，谢拾孟坚之遗。王隐后来，加以《瑞异》。魏收晚近，弘以《释老》。斯则自我作故，出乎胸臆，求诸历代，不过一二者焉。[1]

可以看到，班固之后，书志立目的总体变革并不大。其实从范晔的"《前汉》所有者悉令备"，王俭以"前史不书"为由要求《齐书》罢《朝会志》而立《食货》来看，书志遵从传统、力图涵盖旧题的意识是很强的。虽然在这个大背景下，各家也自有取舍调整，偶尔也有《释老志》那样标新立异的篇目，但总乎沿多于革，更多的书志只是"或名非而物是，或小异而大同"[2]。书志更明显的变化，主要还是在体量上。章学诚就多次谈过魏晋以下书志失《史》《汉》纲举目张之义，内容繁琐，卷帙膨胀。[3] 要之，汉唐书志未必有明显南北差异，在立目上，大家都在贴近《史》《汉》传统，尤其是班固的传统。所以后来郑樵对班固的攻击特别猛烈，多少也与他对书志独有心得，而看不惯强势的班固有关。[4]

结语

自秦始皇以来，想毁书，最简单快捷的办法都是烧。南北朝纸逐渐成为主要书写载体，烧起来更加高效。前秦史官记苟太后幸李威事，苻坚怒而焚其本。[5] 北魏陈奇因为学术争论得罪学阀游雅，雅乃"取奇所

---

① 《史通·书志》，《通释》第 52 页。

② 《史通·书志》，《通释》第 52 页。

③ 如《亳州志掌故例议上》云："然迁、固书志，采其纲领，讨论大凡，使诵习者可以推验一朝梗概，得与纪传互相发明，足矣。……自沈、范以降，讨论之旨渐微，器数之加渐广。至欧阳《新唐》之志，以十三名目，成书至五十卷，官府簿书，泉货注记，分门别类，惟恐不详。"类似的议论又见于《永清县志六书例议》《答甄秀才论修志第二书》《修志十议》等。分见[清]章学诚著，叶瑛校注，《文史通义校注》卷七、卷八，中华书局，2004 年，第 811、746、825、847 页。

④ 参郑樵《通志总序》，《通志二十略》，第 5 页。

⑤ 《史通·古今正史》，《通释》第 333 页。

注《论语》《孝经》焚于坑内"①。梁武帝时，吴均表请撰齐史，乞给起居
注、群臣行状，武帝说："齐氏故事，布在流俗，闻见既多，可自搜访也。"实
是婉转拒绝了吴均的项目，不幸吴均未能领会，仍撰成《齐春秋》三十卷，
"帝恶其实，诏燔之"。②

　　与竹木、纸不同，帛贵重异常，所以也长期作为实物货币使用。故刘
向校中秘书，皆先书竹，改易刊定，方以上素。③ 汉末张芝"凡家之衣帛，
必书而后练之"④。帛书既贵重，就不容易遭遇恶意焚毁，而往往能得到
再利用。《汉书》载刘歆叹扬雄《太玄经》将为后人"用覆酱瓿也"，则刘歆
所见《太玄》当是帛书⑤，覆酱瓿也是废物利用的一个思路。又《后汉
书·儒林传》：

　　　　及董卓移都之际，吏民扰乱，自辟雍、东观、兰台、石室、宣明、鸿
　　都诸藏典策文章，竞共剖散，其缣帛图书，大则连为帷盖，小乃制为
　　縢囊。⑥

　　"大则连为帷盖"，即将帛书连缀做成车帷车盖。至于车幰，用帛量
可能更在帷盖上，晋武帝之叔司马肜自诩清廉，理由就是他"以衣补
幰"⑦，身居高位的太宰梁王尚且在幰上做姿态，也可见此物之不菲。所
以，有批量待销毁的帛书，改做成幰，像谢俨那样，是符合当时生活实
际的。

---

①　《魏书》卷七二《儒林传》，第 1847 页。

②　《史通·古今正史》，《通释》第 329 页。

③　《宋尤袤刻本文选》卷二九张协《杂诗十首》李善注引《风俗通》，第 8 册，第 57 页。

④　《三国志》卷二一《杜挚传》裴注引《文章叙录》，第 621 页。

⑤　《汉书》卷八七下《扬雄传》，第 3585 页。可兹比对的是，《齐民要术》记载的作酢法，醋
缸就要"绵幕瓮口"。［北魏］贾思勰著，石声汉校释《齐民要术今释》卷八，中华书局，2009 年，第
762 页。

⑥　《后汉书》卷七九，第 2548 页。

⑦　《晋书》卷三八《梁王肜传》，第 1128 页。

　　因此,"蜡以覆车"事也透露出了《后汉志》的物质载体信息,这部分志只能是书于帛上的,这也再一次说明谢俨负责的部分已经定稿,正如刘向定本始上素一样。

　　刘向定本始上素,说明在简牍作为常规载体的时代,帛往往用来书写高端或定本书籍,如汉顺帝时干吉于曲阳泉水上所得神书即《太平经》,"百七十卷,皆缥白素、朱介、青首、朱目"①。帛书的这种功能,并没有因为纸的逐渐流行改变,换言之,纸取代的是简,而不是帛。崔瑗送给葛元甫《许子》十卷,解释说"贫不及素,但以纸耳"②。曹丕曾把他的《典论》和诗赋作品赠送给孙权和张昭,孙权得到的是帛书本,张昭得到的是纸本。③北魏萧宝夤奏论考功之法,欲使官员年终考核"经奏之后,考功曹别书于黄纸、油帛。一通则本曹尚书与令、仆印署,留于门下;一通则以侍中、黄门印署,掌在尚书"④。唐裴行俭擅草书,高宗给绢素百卷,让他在上面草书一部《文选》。⑤这都可见相对于纸,帛仍然代表着定本、高端本,是文本的终极形态和文献的终极载体,因此也往往是"唯一"的一本。

　　谢俨将帛书本《后汉志》"蜡以覆车",又别无复本传世,自此范志的实情就是"其志今阙""志遂全阙"。纠缠这旋灭之文完成与否,其实没有太大意义。所值得深究者,一是《后汉志》的具体篇目是什么,这是牵扯学术史的大问题;二是范晔和谢俨的合作方式是什么,这是涉及史学编纂的大问题;三是"蜡以覆车"具体指什么,这是牵扯文献史的大问题。这三个问题,全赖章怀注保留的两处《谢俨传》才得以疏解一二。然而,我们不知道《谢俨传》的作者在写到《后汉志》被"蜡以覆车"时,头脑中有没有闪过《后汉书》中描绘的那个"大则连为帷盖,小乃制为縢囊"的惨烈场景;或者范晔写作《儒林传》之时,能否逆料自己期待甚高的十志也将成为车舆配件。历史开的玩笑,其残酷总超乎人的想象。

---

① 《后汉书》卷三〇下《襄楷传》,第 1084 页。

② 《北堂书钞》卷一〇四,第 397 页。又见《宋本艺文类聚》卷三一,第 867 页。

③ 《三国志》卷二《文帝纪》裴注引胡冲《吴历》,第 89 页。

④ 《魏书》卷五九《萧宝夤传》,第 1320 页。

⑤ 《旧唐书》卷八四,第 2802 页。

第六章
隋炀帝的遗产:《隋书·经籍志》的形成
与早期史志的统计问题

纪传史的志书部分历来是历史研究的重要依据,对于宋代以前的书籍史而言,由于公私实藏目录严重亡佚,能够窥见具体书名和卷帙的文献主要是史志目录,而且自《汉书·艺文志》起,正史经籍志都会为所著录的书籍按大小类进行总部、卷的统计,因此学界也就普遍依托以上数据去勾勒当时书籍世界或者学术发展的基本面貌。但在这个过程中,有一个不应被忽视的问题,就是史志提供的数据本身是否准确。早期史志著录的每种具体书籍的卷帙,由于缺乏充足的参考比照对象,很难全面复核正误;不过史志给出的统计数据理论上应基于其所著录的书籍卷帙,因此准确率是可以检验的。就《汉志》而言,颜师古已经发现"其每略所条家及篇数,有与总凡不同者,转写脱误,年代久远,无以详知"[①]。就《隋志》而言,姚振宗发现它给出的大小类统计都有错误[②];岑仲勉指出《隋志》给出的四部各自的部、卷数,相加之和并不等于《隋志》给出的四部总部、卷数[③];张晚霞核查了《隋志》实际著录书数,得出"四部及附录

① 《汉书》卷三〇《艺文志》颜师古注,第 1702—1703 页。
② [清]姚振宗《隋书经籍志考证》卷一:"按颜监注《汉书·艺文志》曰:'其每略所条家及篇数,有与总凡不同者,转写脱误,年代久远,无以详知。'《汉志》如是,本志亦如是也。然其所载部居,则条分缕析,有数可稽,尚不难于厘订,今附注如右。其卷数则脱误弥甚,无从核实,置不复论焉。"《二十五史补编》第四册,中华书局,1995 年,第 5073 页。
③ 岑仲勉《隋书求是》:"今以志文四类总数相加,无一相符,可见今本数目字必多错误。"中华书局,2004 年,第 77 页。

之小序、类序合计、今本实际著录数目三者之间极少有完全相符者，而且这些数目也都与总序的数字互不符合"①的结论。就两《唐志》而言，清人沈炳震对《旧唐书·经籍志》给出的部帙统计做了逐一订正，等于全面暴露了《旧唐志》的数据问题②；此后刘毓崧校勘《旧唐书》，也指出《经籍志》"总数、散数，多不相符"③。清人又有《新唐书艺文志注》，对《新唐志》开元已著录部分的统计错误进行了修正。④宋怀仁将核查范围进一步扩大，又发现《宋史·艺文志》的统计也不准确。⑤这种统计项和统计结果不吻合的情况，直到《明史·艺文志》才基本告以终结。

从《汉志》到《宋志》，在如此漫长的时间中，史家们不可能一直算不准，文献也不会都碰到大面积"转写脱误"。那么，是什么导致早期正史经籍志总是不能对自己的著录项做出准确的统计？本文将以《隋志》为例，尝试对这个问题做出初步解答。

从东都书库到《隋书·经籍志》

大业元年（605），刚刚登基的杨广开始了他至尊生涯的第一个大业：修建东都洛阳城。作为城市规划的一环，皇家书库也在蓝图之中。新书库设在洛阳宫殿区，由三处"分库"构成。第一处是修文殿，有藏书三万七千馀卷，这些书籍是在西京多达三十七万卷的文帝朝藏书中剔复遴选、抄写装潢而得的新本，它们被称为"正御本"，因为后期还制作了50份副本分送两京宫省官府收藏。第二处是观文殿，殿前24书室，每室置

---

① 张晚霞《〈隋书·经籍志〉著录情况的统计研究——〈隋书·经籍志〉研究之二》，《淮北煤炭师范学院学报》（哲学社会科学版），2004年第5期。

② ［清］沈炳震撰，丁小鹤补正《唐书合钞》卷七二—七五，书目文献出版社，1992年，第492—516页。

③ ［清］罗士琳等《旧唐书校勘记》卷二八，《二十五史三编》第六分册，岳麓书社，1994年，第492页。

④ 见［清］佚名《新唐书艺文志注》，《二十五史艺文经籍志考补萃编》第十八卷，清华大学出版社，2012年。

⑤ 宋怀仁《正史艺文志数字多误》，《古籍整理研究学刊》，1985年第2期。

12 书厨,存放炀帝组织学士修撰的"新书"三十一部、一万七千馀卷;殿后起妙楷台、宝迹台,分藏历代法书名画。第三处在内道场,专藏佛道经。观文殿装饰豪华,设备先进;诸地藏书并副本用料贵重,抄写精严。① 正如大业时期的其他工程一样,东都图书事业展现着炀帝不计成本的行事风格。

从某种意义上说,东都是炀帝区别于其父的自我呈现处,而与隋西京秘阁宫省相比,另起炉灶的东都藏书也的确更带有炀帝个人色彩,或

---

① 关于隋炀帝的东都藏书,《隋书·经籍志序》有一段简单的介绍,但有删减史料过甚以致信息混淆的嫌疑,详见后文。除《隋志序》外,另有两处同源材料涉及炀帝藏书。一是《通鉴·隋纪六》:"帝好读书著述,自为扬州总管,置王府学士至百人,常令修撰,以至为帝,前后近二十载,修撰未尝暂停;自经术、文章、兵、农、地理、医、卜、释、道乃至蒲博、鹰狗,皆为新书,无不精洽,共成三十一部,万七千馀卷。初,西京嘉则殿有书三十七万卷,帝命秘书监柳顾言等诠次,除其复重猥杂,得正御本三万七千馀卷,纳于东都修文殿。又写五十副本,简为三品,分置西京、东都宫省官府,其正书皆装翦华净,宝轴锦褾。于观文殿前为书室十四间,窗户床褥厨幔,咸极珍丽,每三间开方户,垂锦幔,上有二飞仙,户外地中施机发。帝幸书室,有宫人执香炉,前行践机,则飞仙下,收幔而上,户扉及厨扉皆自启,帝出,则垂闭复故。"[中华书局,1956年,第 5694 页。此条内容亦见《玉海》卷一八引《北史》,而今本《北史》无其文。考《玉海》前条正出《北史》,本条当是实出《通鉴》,承上而误为《北史》。《玉海艺文校证》(修订本),第 851页。]二是杜宝《大业杂记》:"(脱文)制成新书凡三十一部,总一万七千馀卷,入观文殿宝厨。初,欲迁都洛阳,移京师嘉则殿书三十七万卷,大业元年,敕柳顾言等入嘉则殿简次(脱文)。"又"令造观文殿,前两厢为书堂,各十二间,堂前通为阁道,承殿。每一间十二宝厨,前后方五香重床,亦装以金玉,春夏铺九曲象簟,秋设凤纹绫花褥,冬则加绵装须弥毡,帝幸书堂,或观书。其十二间内,南北通为闪电牖,零笼相望,雕刻之工,穷奇极之妙;金铺玉题,绮井华榱,辉映溢目。每三间开一方户,户垂锦幔,上有二飞仙,当户地口施机,舆驾将至,则有宫人擎香炉,在舆前行,去户一丈,脚践机发,仙人乃下阁,捧幔而升,阁扇即开,书厨亦启,若自然,皆一机之力,舆驾出,垂闭复常,诸房入户,式样如一。其所撰之书,属辞比事,修贯有序,文略理畅,互相明发,及抄写真正,文字之间无点窜之误,装翦华净,可谓冠绝古今,旷世之名宝,自汉已来讫乎梁,文人才子诸所撰著无能及者。其新书之名,多是帝自制,每进一书,必加赏赐"。(《大业杂记辑校》,第 241 页。)杜宝炀帝朝为学士,亲与观文殿新书制作,其文字虽有铺张,不为无据。又《大业杂记》为编年体,上引片段虽然前后已不完整,但可以确知其系年位置在大业十年四月后、十一年六月前,因此《通鉴》大业十一年正月条也可能就出自《大业杂记》。总之,综合这两种文献,可补《隋志序》之疏。

者说南方色彩。早借平陈之役，杨广搜罗到大量南方典籍和艺术品①，其中陈后主旧藏八百馀卷古画，可能就是观文殿藏艺术品的来源之一②；所收南朝佛经在扬州整理为《宝台正藏》，当年在扬州为炀帝看护这套藏经的沙门智果，后来成为内道场佛经目录的编纂者③。观文殿宝厨新书，也是炀帝做扬州总管后(590)组织学士陆续修撰的。除了借力于南方的典籍人物外，东都书库的建设也借鉴了南朝经验。昔日梁武帝聚书文德殿，校雠所得亦称正御本④，这批书侯景之乱后被送往江陵，梁元帝命人整理，再次将其区分为正御、副御、重杂三本⑤，修文殿书的制作程序，正延续了这个传统。在编目上，梁陈的习惯是禁中藏书别制目录，不与秘阁书目混淆，故梁有《文德殿四部目录》，陈有《寿安殿四部目录》《德教殿四部目录》《承香殿五经史记目录》。《隋书·经籍志》史部簿录类次第著录有《开皇四年四部目录》《开皇八年四部书目录》《香厨四部目录》《隋大业正御书目录》《法书目录》，前两种为文帝朝官簿，后三者疑

---

① 《续高僧传》卷三〇《周鄜州大像寺释僧明传》："至隋开皇十年，炀帝作镇江海，广搜英异，文艺书记，并委雠括。"(第1203页)《旧唐书》卷六三《裴矩传》："及陈平，晋王广令矩与高颎收陈图籍，归之秘府。"(第2406页)

② 《历代名画记译注》卷一："陈天嘉中，陈主肆意搜求，所得不少。及隋平陈，命元帅记室参军裴矩、高颎收之，得八百馀卷。"(第27页)

③ 杨广借平陈之役大收南朝经卷，并于扬州装补、写新，共得29173部，903580卷，他将其中的精华部分留为自藏，称"宝台正藏"，馀则分送全国寺院。杨广离开扬州后，负责守护宝台正藏者，可考先后有沙门智果和慧觉，这二人后来都被召至洛阳(慧觉于途中病故)，以上诸事件分见杨广《宝台经藏愿文》，收《广弘明集》卷二，T52, p. 257b24 - c6.[唐]法琳《辩正论》卷三，T52, no. 2110, p. 509c8 - 11.《续高僧传》卷三一《隋东都慧日道场释智果传》，第1256页；卷一二《隋江都慧日道场释慧觉传》，第405页。

④ [梁]阮孝绪《七录序》："有梁之初，缺亡甚众，爰命秘书监任昉躬加部集。又于文德殿内别藏众书，使学士刘孝标等重加校进。"阮孝绪《古今书最》有《梁天监四年文德正御四部及术数书目录》，小注曰："秘书丞姚钧撰。《秘阁四部书》少于《文德书》，故不录其数也。"《广弘明集》卷三，T52, no.2013, p. 109a13 - 18；p. 110a21 - 23.

⑤ 《隋志序》："元帝克平侯景，收文德之书及公私经籍，归于江陵。"(第907页)[北齐]颜之推《观我生赋》自注："王司徒表送秘阁旧事八万卷，乃诏比校，部分为正御、副御、重杂三本。"见《北齐书》卷四五《颜之推传》，第622页。

即炀帝观文殿书厨、妙楷台和修文殿书目①。此外,东都内道场所藏佛经有沙门智果经录,道经有《道书总目》四卷,禁中藏书也做到了处处有录。② 不过,与梁陈小有不同的是,大业时期两京秘阁都没有编制新目,可能是因为西京秘阁自有文帝旧目,而炀帝朝秘阁新入藏的书籍也只有正御本的副本。图书事业发展到隋炀帝这里,服务于皇帝私人的趋势更强了(表6-1)。

表6-1　隋炀帝东都大内藏书

藏地		藏书	卷帙	目录
修文殿		正御本	37000	隋大业正御书目录
观文殿	书室	宝厨新书	17000	香厨四部目录
	妙楷台	法书	?	法书目录
	宝迹台	名画	?	?
内道场		佛经	?	众经录
		道经	?	道经录

---

① 《隋书》卷三三《经籍志二》,第991页。《旧唐书·经籍志》著录的隋代官簿,仅有牛弘《隋开皇四年目录》四卷和王劭《隋开皇二十年书目》四卷两种,《新唐志》同。姚振宗认为王劭目就是《隋志》中的《香厨四部目录》,似无依据。从前注引《大业杂论》的记述看,观文殿的书厨极为奢丽,"前后方五香重床,亦装以金玉,春夏铺九曲象簟,秋设凤纹绫花褥,冬则加绵装须弥毡"。以"香厨"名目,是说得通的。而且,王劭终文帝朝官止著作郎,阶位、执掌皆不当领衔官簿,两唐《志》之王劭目殊可疑。

② 《隋书》卷三五《经籍志四》:"大业时,又令沙门智果于东都内道场撰诸经目。"(第1099页)《通志二十略·艺文略》著录《隋朝道书总目》四卷,分为"经戒三百一部,九百八卷;饵服四十六部,一百六十七卷;房中十三部,三十八卷;符箓十七部,百三卷"。各类部卷与《隋志》道经目录完全吻合。[中华书局,1995年,第1612页;陈国符《道藏源流考》(新修订版),中华书局,2014年,第94页。]又,姚振宗认为《隋志》子部杂家类著录的《宝台四法藏目录》100卷和《玄门宝海》120卷(《隋志》均有小注曰"大业中撰")分别是炀帝时期的佛道目录,这种可能性应该不大,因为目录的卷帙不会如此之多。"宝台四法藏目录"很可能是"宝台四法藏并目录"之讹,而《玄门宝海》从书名看不会是一部目录。

东都图书建设工作一直持续到大业十一年①，第二年，炀帝南走江都，带上了宫中大部分收藏，中道船翻，损失惨重。少量幸存的卷轴，递经宇文化及、窦建德之手，最终为李世民缴获；而炀帝留在洛阳未带走的藏品，随着东都易主，先归王世充，复归于李世民。② 唐武德五年（622），窦、王无缘久据的隋代官藏，作为李世民洛阳大捷的战利品，全部装船运往长安，行经砥柱，又遭倾覆。《隋书·经籍志序》云：

> 大唐武德五年，克平伪郑，尽收其图书及古迹焉。命司农少卿宋遵贵载之以船，沂河西上，将致京师。行经底柱，多被漂没，其所存者，十不一二。其目录亦为所渐濡，时有残缺。今考见存，分为四部，合条为一万四千四百六十六部，有八万九千六百六十六卷。其旧录所取，文义浅俗、无益教理者，并删去之。其旧录所遗，辞义可采，有所弘益者，咸附入之。③

最终，抵达长安的书籍经清点还剩下（《隋志序》称之为"见存"，相对"漂没"者而言）正副本合计 89666 卷④，随书而来的目录（《隋志序》称之为"旧录"，相对《隋志》本录而言）也浸水残缺，唐人便依据此残录残卷，

---

① 《通鉴·隋纪》大业十一年条："春，正月，增秘书省官百二十员，并以学士补之。"（第5694 页）又据《隋书·百官志》，本年增员包括校书郎增 40 人，新设专司抄写御书的楷书郎 20 人等，这是御书写副要冲刺完工的信号。（《隋书》卷二八《百官志下》，第 796 页。）

② 《法书要录校理》卷四："大业末，炀帝幸江都，秘府图书，多将从行，中道船没，大半沦弃，其间得存，所馀无几。弑逆之后，并归宇文化及，至辽城，为窦建德所破，并皆亡失。留东都者，后人王世充。世平，始归天府。"（第 205—206 页）又《历代名画记译注》卷一："炀帝东幸扬州，尽将随驾，中道船覆，大半沦弃。炀帝崩，并归宇文化及。化及至聊城，为窦建德所取。留东都者，为王世充所取。圣唐武德五年，克平僭逆，擒二伪主，两都秘藏之迹，维扬扈从之珍，归我国家焉。乃命司农少卿宋遵贵载之以船，溯河西上，将致京师。行经砥柱，忽遭漂没，所存十亡一二。"（第 27 页）

③ 《隋书》卷三二《经籍志序》，第 908 页。

④ 《旧唐书·经籍志》："国家平王世充，收其图籍，沂河西上，多有沉没，存者重复八万卷。"（第 2082 页）据此可知这八万馀卷书是包含副本的。

更做调整,以为《经籍志》。

如果没有砥柱的意外,编纂《隋志》只要抄合隋旧录即可,如姚振宗所说,"修志唯书目是从"①,抄旧录,正是史志目录制作的一般流程,对《隋志》的编纂者而言,他们最奉为典型的《汉书·艺文志》就是这么做的。但是因为发生了砥柱意外,旧录残损,《隋志》不得不增加了以砥柱馀书补目的环节;又因为"文义"和"教理"的要求,《隋志》再增加了增删的环节。这样,《隋志》的制作流程就复杂化了。历经多个工作程序,很可能正是导致《隋志》统计数据混乱的主要原因。

《隋志》制作的三个步骤

《隋志序》提供了一段南北书籍一归于隋东都的书籍史,却始终不谈唐人接收隋西京藏书的信息。如前所述,隋东都书库是炀帝另起炉灶新建的,它并未影响西京旧有的官藏;而且在炀帝时期,西京还入藏了修文殿"正御本"的副本。李渊起兵,先于大业十三年(617)占据长安,五年之后才由李世民率军夺下洛阳,因此隋西京藏书应该早于东京藏书为唐人接收。②《隋志序》只写砥柱书厄,却对接收西京官书无一字交代,当然也可以理解。一方面,《五代史志》的任务是展现五代书籍情况,炀帝的图书事业的确可以视为五代书史的最终成就;另一方面,将隋炀帝装帧豪奢的藏品沉没黄河作为前朝书史之终结,也是一种高明的叙事手段。当然对贞观史臣来说,可能还有一个很重要的考量,就是平王世充取洛阳、缴获炀帝宝藏是今上而不是他父亲的伟业,此处正宜给予突出。当然,更重要的原因是,在这样的书史叙述之后,史臣把工作量控制在仅处理东都来目就非常合理,或者说这段书史正是为下文抄入隋目张本。

因此,尽管在编修《隋志》时,唐秘书省手中有隋两京藏书,甚至可能

---

① 《隋书经籍志考证》,第 5902 页。

② 寇克让《〈隋书·经籍志〉成书考》已指出这一点,《文史》(总第 90 辑),中华书局,2010年,第 82 页。

还有唐初新征集的图书，史臣并不会耗费时力去对所有书籍进行互校并重新统一编目。在《隋志》中也能找到照抄旧目的证据，比如道、佛经目序，都明言抄自前录，而且佛经的杂经类还有小注云："《杂经目》残缺甚，见数如此。"也就是编目者即便明知旧录残缺，也只是有多少抄多少，并不会广为搜求合类书籍补充入目。① 再如《隋志》著录"《史记音义》十二卷，宋中散大夫徐野民撰"，徐野民即徐广，这里避炀帝讳，显然是照抄大业目录②。又前人指出《隋书》列传部分记载的传主著作，很多不见于《隋志》；见于《唐志》即唐人还能看到的五代书籍，也有很多不见于《隋志》③，这也都说明《隋志》没有在砥柱旧录和砥柱馀书外，再广泛调查其他存世书籍或者相关著录文献，其序文自述的成目依据是可信的。

这样，我们就将《隋志》目录的制作分为抄合砥柱旧录、补充砥柱馀书、审查调整三个步骤，并分别予以考察。

1. 抄合砥柱旧录

炀帝留下的旧录，有《隋大业正御书目录》、《香厨四部目录》、智果《经录》、《道书总目》等几种。如前所述，《隋志》的佛道经部分是直接抄智果《经录》和《道书总目》的；四部部分，则理应是糅合《香厨四部目录》与《隋大业正御书目录》。不过，和智果《经录》的情况一样，砥柱书厄后，《正御目》可能也非全帙，因为此目在《隋志》著录为 9 卷，而中古时期成熟的四部书目体量通常就是 4 卷或者 4 的倍数卷。4 卷者即经史子集各一卷；4 的倍数卷则是有提要的目录，如殷淳《四部书大目》（又名《四

---

① 《隋志》序道经云："大业中，道士以术进者甚众。其所以讲经，由以《老子》为本，次讲《庄子》及《灵宝》《升玄》之属。其余众经，或言传之神人，篇卷非一。……今考其经目之数，附之于此。"又序佛经云："大业时，又令沙门智果，于东都内道场，撰诸目录，分别条贯……凡十一种。今举其大数，列于此篇。"（第 1094、1099 页）《道经目》四卷，《通志二十略·艺文略》有著录，已见前注。

② 《隋书》卷三三，第 958 页。

③ ［清］钱大昕《廿二史考异》卷三四，上海古籍出版社，2014 年，第 555—560 页。余嘉锡《古书通例》卷一《诸史经籍志皆有不著录之书》，第 194 页。

部书目序录》)达到了 40 卷①。《正御目》9 卷的体量,看上去更像是一个提要目录的残本。②《香厨四部目录》在《隋志》著录为 4 卷,不过也仅能说明 4 轴俱在,各卷是否有损亦未可知。总之,《隋志序》所谓"其目录亦为所渐濡,时有残缺",当是概指东都诸藏目而言。

《正御目》的提要,也有渊源,隋文帝统治后期问世的官簿《七林》就是提要目录③,炀帝正御书选出自文帝藏书,因此《正御目》保有提要是合情理的。又《香厨四部目录》四卷,对应的观文殿书只有 31 种,平均一卷仅著录 8 种书,如仅备书题,难以成卷,猜测也是提要目录。这就可以解释《隋志》的编纂者是如何完成第三个流程,即"其旧录所取,文义浅俗、无益教理者,并删去之"的。《隋志》编目者不可能去通读万馀卷书籍来逐一进行内容审查,他们能做到这一点,正是因为手中有诸书提要。

另值得一提的是《隋志》中的"梁有"部分。《隋志》所著录书目之下,时有小注云"梁有某书,今亡"或"残缺,梁有若干卷"。一般认为这是对点梁阮孝绪《七录》的痕迹。④ 这里想进一步推测的是,首先将"梁有"信息标注进目的可能并不是《隋志》,而是前代官簿,《隋志》只是机械照抄,遂将旧簿小注一并抄入而不更做处理而已。隋文帝时,秘书监牛弘上表请开献书之路,称其时官书"合一万五千馀卷,部帙之间,仍有残缺。比梁之旧目,止有其半"⑤。也就是点对梁目的工作在当时已经完成,并必然已经注在当时的官簿里了。考《七录》佛道以外书 37983 卷,也与牛弘说的官书一万五千馀卷"止有其半"对得上⑥。文帝朝官簿中的这些小注,很可能通过《正御目》的转录,最终进入了《隋志》。实际上,援引他目

---

① 《南史》卷二七《殷淳传》,第 740 页;《新唐书》卷五八《艺文志二》,第 1498 页。

② 作为一个比较,时间在《隋大业正御书目录》之前的《开皇四年四部目录》,对应藏书三万馀卷,卷止 4 卷;之后的《隋书·经籍志》,对应藏书 38067 卷,通计亡书超过 5 万卷,著录量比《隋大业正御书目录》更大,也只有 4 卷而已。

③ 《隋书》卷五八《许善心传》,第 1427 页。

④ 张固也《〈隋书·经籍志〉之"梁有"新考》,《古典目录学研究》,第 75—88 页。

⑤ 《隋书》卷四十九《牛弘传》,第 1299 页。

⑥ 《广弘明集》卷三,T52, no. 2103, p. 110a29 - b1.

以标注阙书,只对实藏目录有意义,因为这些信息可以备日后访书之用。对史志目录而言,如果要抄合众录,通做正文处理即可,不必细字小注、每书"梁有",反而增加了工作量。而且,《隋志》如果有兼合南北众录的意图,也不应该只点对梁录,却对"陈有"不置一顾,毕竟《隋志》著录了《陈秘阁图书法书目录》《陈天嘉六年寿安殿四部目录》《陈德教殿四部目录》《陈承香殿五经史记目录》四种陈目,四目所收书总不至于全包括在《七录》里。隋秘阁始终没有做过点对陈录的工作,《隋志》也就没有"陈有"的信息,即便其手中有陈代目录。这仍能体现史志编纂照抄资料的特性。

武德年间在砥柱不幸沉河的究竟有哪些书,今日已无可得知,但杜宝《大业杂记》有一段材料值得注意:

> 武德四年,东都平后,观文殿宝厨新书八千许卷将载还京师。上官魏梦见炀帝,大叱云:"何因辄将我书向京师!"于时太府卿宋遵贵监运,东都调度,乃于陕州下书,著大船中,欲载往京师,于河值风覆没,一卷无遗。上官魏又梦见帝,喜云:"我已得书。"帝平存之日,爱惜书史,虽积如山丘,然一字不许外出。及崩亡之后,神道犹怀爱惜。按宝厨新书者,并大业所秘之书也。①

杜宝炀帝朝为学士,亲与宝厨新书制作,入唐后为著作郎,著编年体大业史《大业杂记》,以"贞观修史,未尽实录,故为此书,以弥缝阙漏"②。此人熟悉大业到唐初一段书史,立场则比较怀旧,这条文字虽然设鬼神为说,具体的信息还是有价值的。按杜宝的说法,宝厨新书损失惨重,其书本一万七千馀卷,大约炀帝南下带走亡失了一部分,唐军缴获到八千许卷,最终仍全部沉河。

中古时期的书籍卷帙通常不大,多数不超过 20 卷,宝厨新书仅 31 部就达到一万七千馀卷,平均每部书 550 卷上下,说明它们是集体编撰

---

① 《大业杂记辑校》,第 253—254 页。
② 关于杜宝的生平,见辛德勇《大业杂记辑校前言》,第 172—175 页。

的模块式大书。^①炀帝组织修书,在卷帙上确有特别追求,如前面提到的《区宇图志》,初本 250 卷,炀帝尤嫌其少,打回重修,最后追加到 600 卷。^②敕撰《四海类聚方》2600 卷,这是已知中古时期最大的一部书^③;《香城甘露》500 卷,很可能是中古最大的一部佛教类书^④。宝厨新书书名多是炀帝亲拟,应该比较考究^⑤,主题涵盖"经术、文章、兵、农、地理、医、卜、释、道乃至蒲博、鹰狗",可能不少事类书。按照卷帙、题名、主题的线索排查,如《四海类聚方》《区宇图志》《香城甘露》《玄门宝海》《长洲玉镜》等,很可能都是宝厨新书。不过,由于模块化书籍可以拆解,像《文章总集》这样的巨帙,书名已经如同一个二级目录,当然也完全可以按分卷著录入别集类,因此宝厨新书在《隋志》中未必都能保留原始的结构状态。

2. 补充砥柱馀书清单

砥柱书厄后,唐秘阁清点东都来书有正副本合计 89666 卷,在清点的过程中,应该也就生成了一个接收清单。到了贞观编修《五代史志》的时候,史臣将当年的接收清单与东都旧录对照,即能完成对旧录的增补。对今人而言,悬想此流程虽然简单,但《隋志》中究竟哪些书是据砥柱馀书增补入目的,却颇难推断。一个可以尝试的线索是,旧录著录本朝新书,理应是全帙,那么如果一部隋人著作经历砥柱书厄变为残本,不幸又不见于残录,则该书最终被著录进《隋志》的就应该是残本的卷帙。按照这个线索,如《区宇图志》600 卷,《隋志》著录为 129 卷;《灵台秘苑》120 卷,

①　关于中古时期的书籍卷帙以及模块式大书,参本书前章。

②　《隋书》卷七七《崔赜传》,已见前注。《大业杂记》云初本 800 卷,成本 1200 卷,与《崔赜传》不同。(第 231 页)

③　《隋志》著录《四海类聚方》2600 卷,不著撰人,《旧唐志》有《四海类聚单方》16 卷,题炀帝撰,《新唐志》同,此盖是《四海类聚方》中的单方单行本。

④　[唐]释道世《法苑珠林》著录《香城甘露》五百卷,后隋敕慧日道场沙门释智果并有司共撰。周叔迦、苏晋仁校注,《法苑珠林校注》卷一〇〇,中华书局,2003 年,第 2882 页。

⑤　《大业杂记辑校》,第 241 页。

《隋志》著录为 115 卷;《诸葛颖集》20 卷,《隋志》著录为 14 卷①,凡这类残本,应该都是砥柱馀书。

3. 审查调整

如《隋志序》所云,唐代史臣要求本志中著录的书籍在"文义"和"教理"上过关。史志呈现前代书史,本无须为古人的"文义"和"教理"负责,但作为王朝史的一部分,史志需要为内容的政治正确负责,这应该才是唐秘阁在抄合旧录、增补馀书之外,还要更费心力对书目进行审查、调整的主要原因。

因此,在《隋志》中基本看不到与炀帝伟业相关的著作,如柳䛒《晋王北伐记》②,王劭《皇隋灵感志》,宇文恺《东都图记》《明堂图议》,诸葛颖《洛阳古今记》之类,而这些书籍必然会在《正御目》里。不过,《隋志》除了径删外,有时也会仅微调书名以避嫌,比如诸葛颖的《銮驾北巡记》和《幸江都道里记》,在《隋志》中被改为了《北伐记》和《巡抚扬州记》。③

实际上,大业时期的秘阁官员为炀帝编辑《正御目》,同样会考虑到政治正确问题。比如北齐皇家组织编纂的大型类书《修文殿御览》,此书曾名《玄洲苑御览》《圣寿堂御览》,最终定名为《修文殿御览》④。《隋志》

① 《隋书》卷七七《崔赜传》:"受诏与诸儒撰《区宇图志》二百五十卷,奏之。帝不善之,更令虞世基、许善心衍为六百卷。"(第 1757 页)庾季才《灵台秘苑》,《隋书》本传及《天文志》并作 120 卷。《诸葛颖集》20 卷,见《隋书》卷七六颖传,第 1734 页。

② 《隋书》卷五八《柳䛒传》,第 1424 页;卷六九《王劭传》,第 1608 页;卷六八《宇文恺传》,第 1594 页;卷七六《诸葛颖传》,第 1734 页。

③ 《隋书》卷七六《诸葛颖传》,第 1734 页。《隋书》卷三三《经籍志二》,第 986 页。

④ 《北齐书》卷八《后主纪》,中华书局,1972 年,第 105—106 页。又《御览》卷六〇一引《三国典略》:"齐主如晋阳,尚书右仆射祖珽等上言:'……前者,修文殿令臣等讨寻旧典,撰录斯书,谨馨庸短,登即编次,放天地之数,为五十五部,象乾坤之策,成三百六十卷。昔汉世诸儒,集论经传,奏之白虎阁,因名《白虎通》;窃缘斯义,仍曰《修文殿御览》。今缮写已毕,并目上呈,伏愿天鉴,赐垂裁览。'齐主令付史阁。初,齐武成令宋士素录古来帝王言行要事三卷,名为《御览》,置于齐主巾箱。阳休之创意,取《芳林遍略》加《十六国春秋》《六经拾遗录》《魏史》,第书以士素所撰之名,称为《玄洲苑御览》,后改为《圣寿堂御览》;至是,珽等又改《修文殿》上之。"

著录此书,却作《圣寿堂御览》,这应该是因为炀帝新建的东都宫殿中也有修文殿,为了避免歧义,隋《正御目》使用《圣寿堂御览》之名著录了这套书,而《隋志》只是沿袭《正御目》而已①。又如杨勇为太子时,所近学士如刘臻者有集十卷,明克让有《孝经义疏》《古今帝代记》《文类》《续名僧记》并《集》二十卷,诸书并不见于《隋志》,盖是旧录本无②。总之,目录中变异书名、径删其书都不是《隋志》的新创,这种行为也未必始自隋人,很可能还有更早的源头。

唐人修五朝史,一个特色是"朝廷贵臣,必父祖有传"③,唐长孺更曾举《周书·萧詧传》为例,指出萧詧无伟绩而得佳传,就是因为他是唐宰相萧瑀之祖。④ 五朝史纪传如此,志也难免有同样的倾向。仍以萧詧为例,虽然兰陵萧氏代有文华,但昭明五子,唯瑀祖詧在《隋志》有集,萧詧八子,唯瑀父岿有集。由此推之,《隋志》以"旧录所遗,辞义可采,有所弘益"名义增添入本目的,很可能就是和当朝帝王贵戚有关的著作,比如李昺《靖恭堂颂》、令狐德棻《令狐氏家传》之类⑤。

史志编目,抄合旧录是编撰者首先会想到的常规操作,至于补充砥柱馀书和审查调整,很可能是在工作进行中,逐渐考虑到并追加的流程,也就是说以上三个步骤,未必是《隋志》编纂者在编目前就一次性规划好的。这意味着《隋志》的大小类统计工作,也未必是在三个流程全部完工后才展开的,很可能史臣抄合旧录并分好部类后,就已经做了统计,后续随着增删书目,再微调统计数据。之所以这样猜测,是因为类似的情况在后世史志编目中可以看到。

---

① 胡道静认为《隋志》著录的《圣寿堂御览》是《修文殿御览》初稿,但《隋志》著录的《圣寿堂御览》也是 360 卷,与祖珽上书提到的成书卷帙吻合,胡说恐非。《中国古代的类书》,上海人民出版社,2020 年,第 86 页。

② 《北史》卷七〇《刘行本传》:"有沛国刘臻、平原明克让、河南陆爽等并以文学为太子所亲。"(中华书局,1974 年,第 2440 页。)刘臻、明克让著述分见《北史》卷八三《刘臻传》,第 2809 页;《隋书》卷五八《明克让传》,第 1416 页。

③ 《史通·曲笔》,《史通通释》,第 185 页。

④ 《周书·出版说明》,第 3 页。

⑤ 《隋志》著录《令狐氏家传》一卷,不题撰人,第 978 页。《旧唐志》题令狐德棻撰,第 2013 页。

《隋志》统计错误分析

《隋志》著录的四部书籍分置于 4 大类、40 小类下,统计包括小类部卷数、大类部卷数、所有书部卷数三个层级。然而,小类中实际著录书籍的部卷数相加,并不等于《隋志》为小类给出的总部卷数;《隋志》给出的小类部卷数相加,并不等于《隋志》给出的大类部卷数;大类部卷数相加,也不等于《隋志》给出的所有书部卷数。换言之,如果问《隋志》到底有多少四部典籍,那么会有四个答案,见表 6-2①。

表 6-2 《隋志》四部书总量的四个答案

数据来源	见存书		通计亡书	
	部	卷	部	卷
《隋志》自统计的总书数	3127	36708	4191	49467
将《隋志》给出的"大类统计"累加	2851	31694		
将《隋志》给出的"小类统计"累加	3138	35989		
《隋志》实际著录总书数	3237	38067	4861	55796

这里面最接近的两组数据,即"《隋志》自统计的总书数"和"将《隋志》给出的'小类统计'累加"之间,也有 700 多卷的差异,这在中古书籍史中不是个小数字。而今日重新点检《隋志》著录,所得通计亡书 55796 卷,与《隋志》自己给出的统计相比,差异竟达到 600 多部、6000 多卷。然而同时值得注意的是,上表中任何一组部卷数据相除,所得单部书平均体量都在 11.4—11.8 卷之间,非常稳定。这说明这些数据至少在大的数位上,不会有"转写脱误"问题。

因此,以上数据差异不能理解为统计错误,而只能理解为统计对象

---

① 表中仅列四部书目数据,佛道经不计入。又,《隋志》所做的通计亡书统计,大类层面子部未给出数据,小类层面若干小类未给出数据,故表中未做累计。

或统计时间点不同。对《隋志》而言,这就意味着成目有一个比较复杂的调整过程,导致统计数据的同步没有跟上。《明史·艺文志》可以为以上猜测提供一个参考实例。此志系利用黄虞稷《千顷堂书目》调整删改而成,在漫长的修订过程中,产生了若干阶段性版本并留存至今,因此可以窥见其动态变化。[①]《千顷堂书目》本身无大小类部卷统计,统计项首见于王鸿绪稿[②],而以王稿为蓝本最终形成的殿本《明史·艺文志》,统计数据则照抄王稿,但殿本在著录书目上又做了微调,这就导致了数据的不匹配。这一点中华书局整理本《明史》校勘记已经指出,如《明志》在史部杂史类给出的统计是 217 部,2244 卷,校记云:

> 按本类录自《明史稿》志七五《艺文志》,删去李文凤《月山丛谈》四卷、焦竑《玉堂丛语》八卷,但此总部数及卷数照抄《明史稿》而未减,应减去二部十二卷。[③]

不过,因为从王稿到殿本书目调整幅度非常之小,《明志》的小类统计误差不大。《明志》无大类统计和四类总计,但即使有,也只是将小类统计错误携带进上一级统计数据而已,误差也不会太大。

《明志》之前的正史经籍志,所著录书籍的源头在官方实藏,性质与《明志》有所不同,但它们同样也是在旧录的基础上修订而成的。这些正史经籍志相较《明志》统计误差更大、各层次统计误差不等,正是其杂参多种旧目,或在旧目基础上做了更多改动的反映。

---

① 关于《明史·艺文志》的形成过程,可参张云《从〈千顷堂书目〉到〈明史·艺文志〉》,山东大学博士学位论文,2017 年。

② 参[清]黄虞稷《千顷堂书目》,上海古籍出版社,2001 年。黄虞稷《明史艺文志》,《二十五史艺文经籍志考补萃编续刊》第十四卷,清华大学出版社,2020 年。[清]万斯同《明史艺文志》,《二十五史艺文经籍志考补萃编》第二十四卷,清华大学出版社,2014 年。[清]尤侗《明史艺文志》,[清]王鸿绪《明史艺文志稿》,并收《二十五史艺文经籍志考补萃编续刊》第十五卷,清华大学出版社,2020 年。

③ 《明史》卷九七《艺文志二》校勘记,中华书局,1974 年,第 2421—2422 页。

根据这个原理,今日也可以根据《隋志》小类统计的错误率,来观测它在编目过程中,在哪些部类上做了更多的增删调整。下表(表 6-3)是对《隋志》见存书统计情况的分析,考虑到可能的文字讹误和计数误差,表中只将错误率在 10% 以上的部类重点标出。

表 6-3 《隋志》小类统计错误率分析

隋志目录		实际著录见存书		隋志统计出的见存书		见存书统计错误率/%	
一级	二级	部	卷	部	卷	部	卷
经	易	70	550	69	551	1	0
经	书	32	247	32	247	0	0
经	诗	40	452	39	442	3	2
经	礼	138	1643	136	1622	1	1
经	乐	44	157	42	142	5	**10**
经	春秋	104	1644	97	983	7	**40**
经	孝经	20	52	18	63	**10**	**−21**
经	论语	74	782	73	781	1	0
经	谶纬	13	92	13	92	0	0
经	小学	111	536	108	447	3	**17**
史	正史	67	3149	67	3083	0	2
史	古史	34	674	34	666	0	1
史	杂史	71	984	72	917	−1	7
史	霸史	27	335	27	335	0	0
史	起居注	42	1233	44	1189	−5	4
史	旧事	25	405	25	404	0	0
史	职官	27	336	27	336	0	0
史	仪注	59	2090	59	2029	0	3
史	刑法	35	742	35	712	0	4
史	杂传	207	1281	217	1286	−5	0

续　表

隋志目录		实际著录见存书		隋志统计出的见存书		见存书统计错误率/％	
一级	二级	部	卷	部	卷	部	卷
史	地理	138	1427	139	1432	−1	0
史	谱系	41	360	41	360	0	0
史	簿录	29	210	30	214	−3	−2
子	儒家	44	385	62	530	−41	−38
子	道家	56	420	78	525	−39	−25
子	法家	6	73	6	72	0	1
子	名家	4	7	4	7	0	0
子	墨家	3	18	3	17	0	6
子	纵横家	2	6	2	6	0	0
子	杂家	106	3599	97	2720	8	**24**
子	农家	5	19	5	19	0	0
子	小说家	25	139	25	155	0	**−12**
子	兵家	129	527	133	512	−3	3
子	天文	97	667	97	675	0	−1
子	历数	108	265	100	263	7	1
子	五行	340	1407	272	1022	**20**	**27**
子	医方	253	4340	256	4510	−1	−4
集	楚辞	10	31	10	30	0	3
集	别集	453	4724	437	4381	4	7
集	总集	148	2059	107	2213	**28**	−7

　　错误率正值,意味着在统计工作后,书单又做了增补,反之,负值即统计后又做了删减。可以看到(仅计错误率10％以上者)部卷俱增的有乐、春秋、小学、杂家、五行5类;部增而卷减的,有孝经和总集2类;以上7类都是在统计后增添了书目。部卷俱减的有簿录、儒家、道家3类,没

有部减卷增的情况。

当然,除了补充砥柱馀书、因内容正确增删书目外,部类调整以及对书籍应属部类的改判,也会造成统计数据紊乱。总之,这种所谓的错误,其实是捕捉早期经籍志动态编纂过程的重要史料。

结论

制作一部五代书志,如果追求完美的话,贞观史臣可以做的工作还有很多。长安的隋代旧藏,两京秘阁官省残存的隋书副本,贞观秘阁新藏,唐初仍存的五代公私目录,甚至当时的官民私人藏书,都可以调查整理,补入本志。如果我们假定史臣真做了这些工作,但又在《经籍志序》里一字不提、自匿其功,再进而推断《序》不能反映史臣的工作,是既将史志工程理想化,又陷入了循环论证,并且也不符合官员的行为逻辑。《隋志》统计数据的"错误",已经说明在这份未做平的账目背后,是一种绝非完美主义的工作态度。

《隋书·经籍志》无疑是中古时期最重要的一份目录文献,但它同时也是一篇史志。将《隋书·经籍志》置诸目录学史观看,与将其置诸《食货》《刑法》《百官》等其他主题志书间观看,观感往往是不同的。在后一种视角下,《隋书·经籍志》符合一般王朝史史志的基本特征:无论志序还是正文,其材料均依托前人留下的文献,史臣仅做二次整合工作而已;所整合的材料并不求全,整合方式也时显机械;但格外强调政治正确。

由于史志是不同时间点文献的杂抄,它们往往只能描述若干时间点,而非一个长时间段的历史状况①,就像《隋书·经籍志》呈现的,其实就是炀帝藏书大概而已,只不过《经籍志序》通过制造一条五代书籍精华悉归炀帝的线性书史,实现了以炀帝藏书为《五代史志》亦不突兀的观

---

① 如胡阿祥指出的:"正史地理志所载政区,都是某个特定年代的情况,明确这一点,是我们利用正史地理志资料的前提。"(《中国行政区划通史·三国两晋南北朝卷绪言》,复旦大学出版社,2017年,第11页。)实际上,不仅地理志,几乎所有主题的史志都有这个特征。

感。《隋志》著录谶纬类书仅 13 种 92 卷,通计亡书却达到了 45 部 264 卷,是所有类目中"隋梁差"最大的一种。炀帝时期谶纬书少,是因为"炀帝即位,乃发使四出,搜天下书籍与谶纬相涉者,皆焚之,为吏所纠者至死。自是无复其学,秘府之内,亦多散亡"。于是《隋志》也就据以"今录其见存"①,作为"五代史志",完全无法描述五代谶纬学状况。

在杂抄的过程中,史臣更时有删改不当,以致文义歧误。比如对炀帝的东都藏书,《隋志》描述为"炀帝即位,秘阁之书,限写五十副本,分为三品:上品红琉璃轴,中品绀琉璃轴,下品漆轴。于东都观文殿东西厢构屋以贮之"②,混同了几个藏书地点。又《隋志》孝经类小序云:"至隋,秘书监王劭于京师访得《孔传》,送至河间刘炫。"③此事盖出刘炫自述"开皇十四年,书学博士王孝逸于京市买得,以示著作郎王劭,劭遣送见示"④。《隋志》略去王孝逸,并改书王劭大业后的职官,凭空造成一种国家图书系统最高负责人亲自入市访书的观感。与此处理类似,《新唐书·艺文志序》云:"王世充平,得隋旧书八千馀卷,太府卿宋遵贵监运东都,浮舟泝河,西致京师,经砥柱舟覆,尽亡其书。"⑤得书仅八千、尽沉于河,与《隋志》《旧唐志》给出的信息完全不同,盖因《新唐志》此处全抄《大业杂记》观文殿宝厨新书沉水事,但是略去了宝厨新书这个重要信息,表述就变成了所有东都来书亡佚。

以上这些情况,都可以说明史志出现统计错误并不意外。正如中古地理志的"乱""错""简""散"一样⑥,一方面机械抄合,一方面又为镕裁文字而轻改,加上多级工序流程,最终导致了经籍志数据的失控。而就《五代史志》而言,集体作业这种组织方式更加大了统合一齐的难度,兼

---

① 《隋书》卷三二《经籍志一》,第 941 页。

② 《隋书·经籍志序》,已见前注。

③ 《隋书》卷三二,第 935 页。

④ 刘炫《孝经述议》卷一,见程苏东《京都大学藏刘炫〈孝经议〉残卷录文校补》,《中国典籍与文化论丛》第十七辑,凤凰出版社,2015 年,第 20 页。

⑤ 《新唐书》,第 1422 页。

⑥ 《中国行政区划通史·三国两晋南北朝卷绪言》,第 7 页。

以史志目录没有查对实藏的功能，统计数据缺乏复核的必要，对不上的账目也就一直保留了下来。

在中古时期，我们无法看到如诸家《明史稿》那样的阶段性草稿，因此也难于把握史志编纂的工作流程。在这种文献条件下，史志中的错误统计数据就有了特别的史料价值，分析这些数据，是将静态的史志目录还原成为动态过程的一个渠道。

第七章
入地上天：中古史料注与广义合本子注说

　　热衷于为史书做注，是中古史学的特色之一。在《隋书·经籍志》史部 13 个二级类目中，正史、杂史、霸史、起居注、职官、刑法、杂传、地理 8 类都出现了史注。史注的繁兴本身说明了历史类著作读者群的增加，同时它事实上又发明了一种新的历史类著作，并可能吸引新的读者。因此，什么样的史注才是好的，也必然引起当时人的关注和思考。正是在这个背景下，《史通》设立了专章来讨论史注问题。不过，在这篇文章中最引人注目的内容，恐怕是刘知幾连下"才短力微""吐果之核，弃药之滓""琐杂""鄙碎""无识""鸡肋"等恶语，猛烈抨击刘孝标、裴松之、杨衒之等注家以及他们的注释作品①。而更戏剧性的是，刘、裴、杨所代表的史注风格，本来在中古以后就逐渐式微，到清乾嘉时期乃稍有学者肯定其考据学旨趣，而在 20 世纪初，凭借一个新概念"合本子注"的抛出，这种史注又一跃成为传统史学中的明星。自此以后，即便是"合本子注"说偶获争议，借此说获得至高学术地位的中古史注却再也没有失去其地位，刘知幾的声音，已经淹没在众口交赞中了。

　　对同一批史注作品，陈寅恪和刘知幾的态度似有举之使上天、按之使入地之别。研究中古史料注，无法绕开这两种差异巨大的批评，而研究刘、陈的批评，又须仔细推敲他们的论证，但这洵非易事，因为刘知幾的评论非常简短，还有骈俪造成的信息冗馀和信息缺失；陈寅恪的观点则散见

---

① 《史通通释》，第 123 页。

于不同文章中,服务于不同的主题,并未系统展开。因此,本文的主要目的是梳理刘知幾和陈寅恪各自说了什么,尝试理解他们的思考角度,并在此基础上,对中古时期这种招致两极评价的史注类型进行一些新的探索。

刘知幾的史注分类体系和史料注

在《史通·补注》中,刘知幾将史注划分为四个类型,由于中古文献亡佚严重,刘知幾的分类和举例,也是今日了解当时史注总体情况的最重要材料。按《史通·补注》:

> A. 昔诗书既成,而毛孔立传。传之时义,以训诂为主,亦犹《春秋》之传,配经而行也。降及中古,始名传曰注。盖传者转也,转授于无穷;注者流也,流通而靡绝。惟此二名,其归一揆。如韩、戴、服、郑,钻仰六经;裴、李、应、晋,训解三史。开导后学,发明先义,古今传授,是曰儒宗。

> B. 既而史传小书,人物杂记,若挚虞之《三辅决录》,陈寿之《季汉辅臣》,周处之《阳羡风土》,常璩之《华阳·士女》,文言美辞列于章句,委曲叙事存于细书。此之注释,异夫儒士者矣。

> C. 次有好事之子,思广异闻,而才短力微,不能自达,庶凭骥尾,千里绝群,遂乃掇众史之异辞,补前书之所阙。若裴松之《三国志》,陆澄、刘昭《两汉书》,刘彤《晋纪》,刘孝标《世说》之类是也。

> D. 亦有躬为史臣,手自刊补,虽志存该博,而才阙伦叙,除烦则意有所吝,毕载则言有所妨,遂乃定彼榛楛,列为子注。若萧大圜《淮海乱离志》,杨衒之《洛阳伽蓝记》,宋孝王《关东风俗传》,王劭《齐志》之类是也。①

为行文方便,这里用 ABCD 标注刘知幾归纳出的四类史注。四类

---

① 《史通通释》卷五,第 121—123 页。

注其实又可以分为 AB 和 CD 两组。在第一组中，A 类是针对一般史籍的注释，其内容主要是解释史书中的疑难字句以及文中涉及的职官、地理、名物等术语。B 类是针对特殊史籍的注释。史籍的文体一般是散文，但在中古时期，也有一些在辞采、句长、叶韵等方面有特别的规制的史体，在写作这种史体时，为满足辞章学的要求，叙事就往往无法像散文那样清楚详尽，比如蔡邕的《太尉陈公赞》：

> 公在百里，有西产之惠。赐命方伯，分陕馀庆。馀庆伊何，兆民其观。少者是怀，老者是安。网纪文王，文王用平。东督京辇，京辇用清。乃登三事，三事攸宁。契稷之佐，具于尧庭。今则由古，於穆诞成。

人物赞一般是四言韵文，在这种格式约束下，《太尉陈公赞》尽管依稀呈现了陈公从地方到中央的仕宦经历，但给出的信息都比较模糊，所以这位陈公究竟是谁，后世读者已无从确知。[①] B 类注的发明，正是为了解决这种阅读困难。在刘知幾例举的 B 类注中，杨戏《季汉辅臣赞》和常璩《华阳国志·先贤士女赞》也是赞体，赵岐《三辅决录》和周处《阳羡风土记》则是近似赋的韵文，这四部作品因为有注，读者不至于只欣赏到了文采而不知具体写的何人何事。[②] 值得一提的是，以"文言美辞"书写人

---

① [汉]蔡邕撰，邓安生笺注《蔡邕集编年校注》，河北教育出版社，2002 年，第 299 页。

② 陈寿将杨戏《季汉辅臣赞》抄入《三国志·杨戏传》，并针对杨赞有而《三国志》未设传的人物补注信息，实际上使之成为《蜀书》列传的补充，见《三国志》卷四五，第 1079—1091 页。常璩《先贤士女赞》并注，见《华阳国志》卷一〇，赞前有常璩《总论》自述注解之用："用敢撰约其言，为之述赞，因自注解，甄其洪伐，寻其事义，略可以知其前言往行矣。"（《华阳国志校补图注》，第 521 页）赵岐《三辅决录》久亡，清人张澍重辑此书时，发现了它"多作韵语"的特征。章宗源进一步指出，《三辅决录》正文本类赋体，唐宋类书引挚虞注常脱去"注曰"，遂使正文的独特体性少为人知。见[清]张澍《三辅决录序》，[汉]赵岐撰，[晋]挚虞注《三辅决录》，《丛书集成初编》本，中华书局，1991 年。[清]章宗源《隋经籍志考证》，中华书局，2021 年，第 174—175 页。邓国光《挚虞研究》对这个问题有细致讨论，可参。（学衡出版社，1990 年，第 123 页）《阳羡风土记》的情况与《三辅决录》相似，严可均因辑佚发现"其正文协韵如古赋，而故实皆载于注，注即子隐自撰，征用者多取注而略正文，故今所辑注居十之九"（[清]严可均《风土记叙》，《严可均集》卷五，浙江古籍出版社，2013 年，第 167 页）。

物或物产,在汉唐间似乎颇为流行,这种文本对读者吸引力强,也易于记诵,在地方知识的制造和传播上可能曾起到过不小的作用,而它们也刺激了 B 类史注的繁荣。①

以上 AB 两类史注虽然施用范围有广狭之别,但它们的共同点是仅针对正文已有的内容而做,正文不涉及的内容,注文也不会去节外生枝,注文是服务并从属于正文的。这也正是第一组和第二组史注的差别,后者旨在补充正文未书的史事。补入的信息尽管一般也和正文已书史事有关联,但注文并不服务于正文,而是和正文一样直接服务于读者。简言之,这种注释名为史注,实为史补。

在第二组史注中,C 类注是为他书做注,D 类是自注。实际上,刘知幾给出的 B 类注代表中也包含他注和自注两种,前者即杨戏撰、陈寿注的《季汉辅臣赞》,赵岐撰、挚虞注的《三辅决录》,后者即周处撰并注的《阳羡风土记》和常璩撰并注的《华阳国志・先贤士女赞》。不过,应该是考虑到他注/自注对注文性质并无影响,在分析 B 类注时,刘知幾并不关心注家身份问题。然而在第二组注中,他注/自注却成了分类凭依,这是因为刘知幾对这组注持负面评价,而在他看来,不同身份注家的"罪因"是不同的,所以需要分别批判。刘知幾认为,C 类注的注家无力写出一部完整史著,所以只能为别人补充些琐碎异说,甚至补充的材料可能是原作者当初丢弃不用的;而 D 类注的注家,同时也是史撰作者,他们缺乏甄选史料的能力,下自注其实就是为了回避材料取舍的工作。

---

① 这类文献除刘知幾举出的《三辅决录》《阳羡风土记》《华阳国志・先贤士女赞》外,目前已知尚有佚名《凉州异物志》、陈祁畅《异物志》和吴丹阳太守万震的《南州异物志》三种,此承扬州大学历史学系徐成教授提示,特致谢忱。以上三种异物志都是四字韵语,并各有注。《凉州异物志》的情况可参张澍《凉州异物志序》、王晶波《〈凉州异物志〉佚文考辨》,并见《二酉堂丛书史地六种》,甘肃人民出版社,1992 年,第 119 页、第 181—186 页。《南州异物志》的情况可参[清]侯康《补三国艺文志》,《二十五史补编》本,第 3182—3183 页。陈祁畅《异物志》,《太平御览》卷九七二引其文曰:"槃子之树,枝叶四布。名同种异,味实甜酢。果而无核,里面如素,析酒止醒,更为遗略。"其"枝叶四布"下有注:"枝叶满苏如车盖也。""味实甜酢"下注:"与作纸谷同名而实大异也。"就此可略见其书面貌。(第 4311 页)此类作品在中古时期可能还有不少,但因为原书亡佚,类书引述又偏好选取信息更清晰的注文且每略书"注曰"(尤其当正文为作者自注时),导致正文注文混淆,遂使这种体制特殊的史籍难于被发现。

　　以上根据刘知幾的分类和举例，我们大致可以了解当时史注的发展情况，其中第二组史注的特点是更寻史料为注，为行文方便，下文就简称为史料注。尽管史料注遭到大力批判，但从它在刘知幾的分类体系中实际上占了一半比重，以及刘知幾例举出的大串书单看，这种史注在当时恰恰是非常流行的，而这种流行本身可能也刺激了刘知幾的情绪。从《史通》的史注分类体系中还可以看出的是，实际上只有史料注称得上中古时期具有时代代表性的史注，因为 A 类注是所有时代所有部类文献注释的最基础的类型，并非史籍乃至中古史籍所独有；而 B 类注的时代特色来自史书正文，并非注释本身。

“合本子注”的概念史

　　“合本子注”是指“带有子注的合本”，这个词的构词法比较奇特，有些像德语的复合名词。它最开始的版本只作“合本”，1933 年，陈寅恪发表《支愍度学说考》，文中探讨了六朝僧徒研究经典的两种方法，其中之一即为“合本”。中古时期，佛经大量涌入汉地，一经每有不同译本，而不同译本的完整度和翻译风格参差不一，互有短长。在这种背景下，佛经整理者们发明了一种新文献形态，他们选一个译本称“母本”，其他异译为“子本”，母子相随，以方便读者比照对观、求取最佳理解。这种新文献形态，陈寅恪就命名为“合本”①。在陈寅恪看来，合本不仅是一种文献

---

　　①　《支愍度学说考》：“中土佛典译出既多，往往同本而异译，于是有编纂‘合本’，以资对比者焉。”又“‘合本’之比较，乃以同本异译之经典相参校”。见陈寅恪《金明馆丛稿初编》，生活·读书·新知三联书店，2011 年，第 181、185 页。按“合本”在现存古代文献中仅一见，《开元释教录》卷一五著录昙无兰《十诵比丘戒本》一卷，注引《历代三宝记》：“太元六年，昙无兰合僧纯、昙摩持、竺僧舒三家本以为一卷。”智昇有按语云：“谨按群录，僧纯于拘夷国得《十诵尼戒》梵本将来，令昙摩持等译出。唯此僧纯与昙摩持同是一本。其竺僧舒，群录无名，不知合本从何而得，未详所以。”（［唐］智昇《开元释教录》，T55, no. 2154, p. 648b28 - c2.）但这里的“合本”指“昙无兰所合之竺僧舒本”，并非标识某一特殊的文献形式的术语。故汤用彤《汉魏两晋南北朝佛教史》讲到“吴支谦有《合微密持经》之作，至支愍度亦编合本”时附注云：“通常呼为会译，此依陈寅恪先生。”（中华书局，1983 年，第 151 页。）等于把“合本”这一概念归于陈氏首创，其说固是。但会译不等同于合本，说见后。

形态,也是一种基于此文献形态的研究方法,而且还是"与今日语言学者之比较研究法暗合","即今日历史语言学者之佛典比较研究方法,亦何以远过"的十分前沿的研究方法①。

陈寅恪没有明说"今日语言学者"包括哪些人,但吕澂很可能是其中之一。1924年,支那内学院创办的刊物《内学》第一辑中,刊载了吕澂的《大乘经之比较读法》:

> 比较读法者,不以一经读一经,而由诸类似处之比较以得一经于佛法次第上之真意义也。此种方法非始自今日有之,在昔学者校字句之讹正,会译文之异同,详教说之顺达,既已不一应用矣。然所造诣之境域,终不能外于章句注疏之学与门户立异之见,是盖未知尽比较方法之用并所以运用之也。②

在这篇文章种,吕澂倡导"同经异译之比较",并介绍了古人比勘异译经的几种方法:

> 古人比勘异译之方法,有合译,有会译。合译者,缀合各种零译之本以为一整部,如《合光明》《合宝积经》等。其间有重出而不同者,亦随时注出,如已佚之《合维摩诘经》等是也。会译者,分段并列异译,使读者自得其异同,如《楞枷会译》者是也。③

文中提到的支敏度《合维摩诘经》和圆珂《楞枷经会译》,正是后来陈文讨论的对象。④ 在《大乘经之比较读法》中,吕澂还亲自做了几则"同经异译之比较"的小样,这些小样的形制就是陈寅恪所说的"合本"。几年后,吕澂又与释印沧合编成一部完整的"合本"《观所缘释论会译》,登

① 《支愍度学说考》,《金明馆丛稿初编》,第185页。
② 吕澂《大乘经之比较读法》,《内学》影印本,中西书局,2014年,第24页。
③ 《内学》影印本,第36页。
④ 《支愍度学说考》,《金明馆丛稿初编》,第184—185页。

载在 1928 年发行的《内学》第四辑上。①

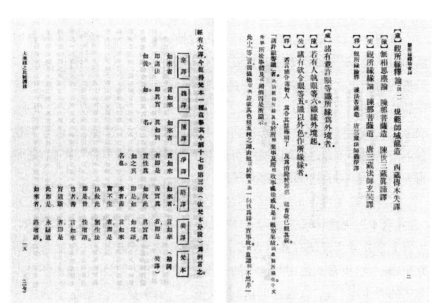

图 7-1　吕澂《大乘经之比较读法》《观所缘释论会译》书影

尽管吕澂的研究很可能启发了陈寅恪，但他们两人对内典合本的看法很不一样。在吕澂看来，"在昔学者"虽然也能"会译文之异同"，"然所造诣之境域，终不能外于章句注疏之学与门户立异之见，是盖未知尽比较方法之用并所以运用之也"。古人缺乏今人的"比较方法"，因此成就有限。陈寅恪却强调合本"即今日历史语言学者之佛典比较研究方法，亦何以远过"，甚至有针锋相对的味道。另外，吕澂按自己的标准定义了"合译"和"会译"两种合并异经的方式，这两个概念也没有被陈寅恪取用。陈寅恪所独创的"合本"，既包括吕说中"分段并列异译，使读者自得其异同"者，也包括一本为正文、他本"其间有重出而不同者，亦随时注出"者。这主要是因为对陈寅恪而言，子本是全本收录而与母本分段并列，还是仅被摘出与母本异处而注于母本下，并不重要，两种情况在他看

———————————

① 《内学》影印本，第 917—960 页。

来一样是比较研究。所以在《支愍度学说考》中,他干脆利用"子注"混一了"子本"和"注"。

所谓"子注",就是随文注。在中古时期,内外典籍的随文注释都习惯称为子注,刘知幾谈史注时也说"定彼榛楛,列为子注"。子注之子,当是指其附于正文、如子随母①,它的出现很可能是为与别本单行的注疏作品相区别。而当时母本、子本之得名,也是因二本的主从关系而来。故陈文以略显偷换概念的方式,将子本视同于子注。这样,无论子本在合本中是完整收录,还是仅摘取与母本相异者,是与母本分列排版,还是附为小注,子本扮演的角色都是子注。

"合本"是子母本形式的合本经,但这个词的缺陷是只能顾名思义到"合并众本",无法体现是以母子本形式合并的众本。而正如吕澂所列,历史上合并异译经还有其他方式。可能是考虑到了这一点,在后来的研究中,陈寅恪更喜欢使用"合本"的升级版"合本子注"来精准描述子母本形式的合本经。总之,通过创造"合本子注"一词,陈寅恪划定了这样一群文献:它们在内容上包举同经之异本,在形式上区别为子母本,在功能上"以资对比"。

虽然"合本""合本子注"是陈寅恪自创的概念,但表示合并异译经本的动词的"合",与"出""抄"一样,在中古时期都是常见的佛教文献编辑术语。东晋昙无兰有《大比丘二百六十戒三部合异》,《历代三宝纪》著录"太元六年六月二十日,于谢镇西寺合"。隋宝贵的《合部金光明经》,《历代三宝纪》著录"沙门宝贵合"。② 当然,"合"不一定都合成合本子注,比如《合部金光明经》(T16,no. 664),吕澂已经指出它是"缀合各种零译之本以为一整部",也就是每品都选择一个最好的译本,最后拼成一个"众家合译"的全本。不过,无论以何种方式"合",合好的经本在当时都被称为"合经",如《合部金光明经序》提到了三种合经:

---

① 《支愍度学说考》,《金明馆丛稿初编》,第 183 页。
② [隋]费长房《历代三宝纪》卷三,T49,no. 2034, p. 69b7; p. 48a19.

　　然贵睹昔晋朝沙门支敏度合两支、两竺、一白五家《首楞严》五本为一部，作八卷；又合一支、两竺三家《维摩》三本为一部，作五卷；今沙门僧就又合二谶、罗什、耶舍四家《大集》四本为一部，作六十卷，非止收涓添海，亦是聚芥培山。诸此合经，文义宛具，斯既先哲遗踪，贵遂依承以为规矩。①

　　宋代以后，合、合经的说法就很少了。宋人王日休曾利用多种异译本编成一部《佛说大阿弥陀佛经》，其处理方法是打碎诸本，做成"百衲译"。这种处理方法六朝也有（详见下文），但王日休题署"国学进士龙舒王日休校辑"，不称"合"。② 明清以降，合并诸异译经多用"会译"为题，如明人圆珂有《楞伽阿跋多罗宝经会译》，魏源有《无量寿经会译》，民国时期除了吕澂、释印沧的《观所缘释论会译》外，还有宗乘《佛说玉耶女经会译》、杨真《梵语系巴利语系〈转法轮经〉的比较研究及会译》等多种。③ 会译者会合众译，同样不限会的方式，像圆珂、吕澂的会译是合本子注，魏源、宗乘的则是百衲译本。所以吕澂对会译的定义与他人不同，远比会译在历史上的指称范围狭窄得多。陈寅恪没有用吕澂这种重新定义旧词的方式展开他的研究，而是干脆自造新词，确实避免了很多概念缠绕。

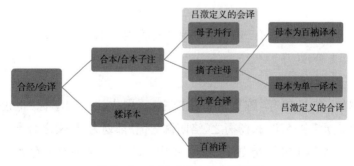

图 7-2　合经、会译、合本关系图

① T16, no. 664, p. 359b18-29.
② T12, no. 364, p. 327b16.
③ 分见《世界佛教居士林林刊》第 4 期，上海报恩佛社，1924 年，第 1—6 页；《佛学月刊》，1942 年第 2 卷第 2 期，第 1—9 页。

在《支愍度学说考》中,陈寅恪引刘知幾描述史料注的"定彼榛楛,列为子注"之语解释"子注",这时他恐怕已经联想到了被刘知幾指为"定彼榛楛,列为子注"的《洛阳伽蓝记》。1939 年,陈寅恪就将合本子注的考察范围从汉译佛经扩展到了这部有佛教色彩的史部著作:

> 郦意衔之习染佛法,其书制裁乃摹拟魏晋南北朝僧徒"合本子注"之体。……观今本《洛阳伽蓝记》杨氏纪惠生使西域一节,辄以宋云言语行事及《道荣传》所述参错成文,其间颇嫌重复,实则杨氏之纪此事,乃合《惠生行纪》《道荣传》及《宋云家传》三书为一本,即僧徒"合本"之体,支敏度所谓"合令相附"及"使事类相从"者也。(《读〈洛阳伽蓝记〉书后》)①

1940 年,陈寅恪又指出《梁律》曾有一个合本子注体的征求意见稿。当时梁武帝为制新律,要求律学专家先将前代法条合并,"载一家为本,用众家以附。丙丁具有,则去丁以存丙;若丙丁二事注释不同,则二家兼载",形成合本草案,以供臣工商讨删定。② 1942 年,陈寅恪将中古时期的另一部史料注裴松之《三国志注》与合本子注联系起来:

> 裴世期之注《三国志》,深受当时内典合本子注之薰习。(《陈述〈辽史补注〉序》)③

最终,在 1948 年,陈寅恪将裴松之《三国志注》、刘孝标《世说新书注》、郦道元《水经注》和杨衒之《洛阳伽蓝记》都划为"广义之合本子注",这实际上囊括了刘知幾史注分类体系中 C、D 类注的所有见存者:

---

① 陈寅恪《金明馆丛稿二编》,生活·读书·新知三联书店,2011 年,第 176—179 页。
② 陈寅恪《隋唐制度渊源略论稿》,生活·读书·新知三联书店,2011 年,第 113 页。
③ 《金明馆丛稿二编》,第 264 页。

寅恪昔年尝与徐君高阮论六朝人合本子注之书，因举《洛阳伽蓝记》为例证。……裴世期受诏采三国异同，以注陈《志》。其自言著述之旨，以为注记纷错，每多舛互。凡承祚所不载，而事宜存录者，则罔不毕取，以补其阙。又同说一事，而辞有乖杂，或出事本异，而疑不能判者，则并皆抄内，以备异闻。据此言之，裴氏《三国志注》实一广义之合本子注也。刘孝标《世说新书注》，经后人删略，非复原本。幸日本犹存残卷，得借以窥见刘注之旧，知其书亦广义之合本子注也。郦善长之注《水经》，其体制盖同裴、刘，而此书传世，久无善本。虽清儒校勘至勤，蔚成显学，惜合本子注之义，迄未能阐发。（《徐高阮〈重刊洛阳伽蓝记〉序》）①

寅恪尝谓裴松之《三国志注》、刘孝标《世说新书注》、郦道元《水经注》、杨衒之《洛阳伽蓝记》等，颇似当日佛典中之合本子注。（《杨树达〈论语疏证〉序》）②

"合本子注"说的形成过程大致如上。尽管在长达十几年的时间里，陈寅恪数次提出这个概念，尤其借助为他人作序推广其说，但始终未做专文论述，这也为后来的争论埋下了伏笔，毕竟"薰习"缥缈，"颇似"又难以量化，可以执其似处是之，也可以执其不似处非之。③ 然而，无论史料注的创意是否来自内典合本子注，陈说为史料注提供了一个全新的理解角度，是毋庸置疑的。这个新的角度，就是文献学的角度，因为"合本子注"描述的是文献形态和文献操作方法，它是一个纯粹的文献学概念。可以说，在陈寅恪看来，史料注是一场因新文献形式引发的史学革命。所以这又不仅是一个理解史料注和史学的新角度，对理解中古文献学，

---

① 陈寅恪《寒柳堂集》，生活·读书·新知三联书店，2011年，第161页。
② 《金明馆丛稿二编》，第263页。
③ 相关讨论见周一良《魏晋南北朝史学著作的几个问题》，《魏晋南北朝史论集续编》，第91页。逯耀东《裴松之与〈三国志注〉》，收逯耀东《魏晋史学的思想与社会基础》，中华书局，2006年，第241—242页。胡宝国《汉唐间史学的发展》（修订本），第72—73页。

也是一个新启发。但其遗憾就在于,内外典广狭义"合本子注"如何以怎样的文献形态取得了何等的比较研究成果,陈氏并未系统分析。本文的下两个小节,将尝试进行这些工作。

佛经的合本文献学

晋孝武帝太元六年(381),西域沙门昙无兰在建康庄严寺编辑了一部比丘戒合本,名《大比丘二百六十戒三部合异》。[①] 该合本已经亡佚,但序文保存于《出三藏记集》(下简称《祐录》)中。关于内典合本的制作,这篇序提供了非常重要的信息:

> 兰自染化,务以戒律为意。昔在于庐山中竺僧舒许得《戒》一部,持之自随,近二十年。每一寻省,恨文质重。会昙摩侍所出《戒》,规矩与同。然侍《戒》"众多施"有百一十事,尔为《戒》有二百六十也。释法师问侍,侍言:"我从持律许口受,一一记之,莫知其故也。"《尼戒》"众多施"亦尔,百有一十。
>
> 三十事中第二十一,二百五十者云:"长钵过十日,舍堕。"续言:"是比丘当持此钵与比丘僧。"二十二,二百六十者云:"钵破缀齐五,更未得新钵故者,当归众僧。"推其理旨,宜如二百五十者,在"长钵"后事与"破钵"并者为重长也。余以"长钵"后事注于"破钵"下,以子从母故也。
>
> ......
>
> 余因闲暇,为之三部合异,粗断起尽,以二百六十戒为本,二百五十者为子,以前出常行戒全句系之于事末。而亦有永乖不相似

---

① 《出三藏记集》卷一一《大比丘二百六十戒三部合异序》:"晋泰元六年,岁在辛巳,六月二十五日,比丘竺昙无兰在扬州丹阳郡建康县界谢镇西寺合此三戒,到七月十八日讫。故记之。"这段文字并非序文,而是后人在序卷后的题记,据《建康实录》,谢镇西寺原是谢尚宅第,永和四年谢尚舍宅造寺,名庄严寺,宋大明中始改谢镇西寺,陈太建五年又改兴严寺。([唐]许嵩《建康实录》卷八,中华书局,1986年,第225页。)据此题记,当是大明到太建五年间所书。

者,有以一为二者,有以三为一者,余复分合,令事相从。然此三戒,或能分句失旨,贤才聪叡,若有揽者,加思为定,恕余不逮。

昙无兰为合本选择的母本,是前秦建元十五年(379)昙摩侍在长安诵出的《十诵比丘戒本》①,当时道安组织翻译了该戒本,并为之作序,该序也保存在《祐录》中。昙无兰《序》对母本的介绍很多抄自道安《序》,但表述不如后者清晰,今将道安《序》一并抄下:

余昔在邺,少习其事,未及检戒,遂遇世乱,每以怏怏不尽于此。至岁在鹑火,自襄阳至关右,见外国道人昙摩侍讽阿毗昙,于律特善。遂令凉州沙门竺佛念写其梵文,道贤为译,慧常笔受。经夏渐冬,其文乃讫。

考前常行世戒,其谬多矣。或殊失旨,或粗举意。昔从武遂法潜得一部戒,其言烦直,意常恨之。而今侍《戒》规矩与同,犹如合符,出门应辙也。然后乃知淡乎无味,乃真道味也。而嫌其丁宁,文多反复。称即命慧常,令斥重去复。常乃避席谓:"大不宜尔。戒犹礼也,礼执而不诵,重先制也,慎举止也。戒乃迳广长舌相三达心制,八辈圣士珍之宝之,师师相付,一言乖本,有逐无赦。外国持律,其事实尔。此土尚书及与河洛,其文朴质,无敢措手,明祇先王之法言而慎神命也。何至佛戒,圣贤所贵,而可改之以从方言乎? 恐失四依不严之教也。与其巧便,宁守雅正。译胡为秦,东教之士犹或非之,愿不刊削以从饰也。"众咸称善。于是案胡文书,唯有言倒,时从顺耳。……又侍"尸叉罽赖尼"有百一十事,余嫌其多。侍曰:"我持律许口受,十事一记,无长也。"寻僧纯在丘慈国佛陀舌弥许得《比丘尼大戒》来,出之正与侍同,百有一十尔。乃知其审不多也。然则比丘戒不止二百五十,阿夷戒不止五百也。②

---

① 《十诵比丘戒本》的诵出时间,考见冯友兰《道安年历》,《汉魏两晋南北朝佛教史》,第140页。
② 《出三藏记集》,第412—413页。

　　综合两序,《大比丘二百六十戒三部合异》所合三译本的大致情况就比较清楚了。三本中译出时间最早的是常行戒,它在竺僧舒、昙摩侍本问世前已行于中土,其译者不详,从道安的评价看,常行戒的译文错误很多,质量较差。竺僧舒本晚于常行戒,其译者亦不详,昙无兰不太满意这个本子的译文风格,"恨其质重"。最晚出的译本是昙摩侍本,这个戒本的显著特点是有二百六十戒,而此前道安、昙无兰对比丘戒的认知都是二百五十戒。昙摩侍本多出的十条戒出在众学法部分①,旧有译本的众学法都是一百条戒,但昙摩侍本有一百一十条。对后出转多的昙摩侍本,道安有一个从怀疑到认可的转变过程。一开始,他因"嫌其多"质询昙摩侍,但同年底,新从龟兹而来的梵本《比丘尼大戒》被翻出②,其众学法还是一百一十条戒。尼戒与比丘戒都有众学法,内容大同小异,所以道安至此相信了昙摩侍本比丘戒的戒条数是正确的。至于昙摩侍本的翻译水平,昙无兰认为文风和"质重"的竺僧舒本差不多,道安的感觉也是"淡乎无味""嫌其丁宁,文多反复"。但另一方面,这个译本比较忠实于原文,准确性很高,道安也赞同它不为追求文饰而牺牲准确的翻译理念。

　　在《合异序》中,昙无兰称昙摩侍、竺僧舒本为"二百六十者""二百五十者",这很像版本学上用三卷本、两卷本指称一书的不同版本。而在评估过三个译本后,昙无兰选取了他认为精、足的昙摩侍本为母本,以竺僧舒本为子本,质量最差的常行戒则不再拆解为子注,全句系于事末,这也很像版本学的底本、通校本和参校本。在昙无兰之前,道安编有一部合本《道行集异注》,他在序中介绍,其母本是早出、节译、译文忠实原经者,

---

　　① 众学法即昙无兰《序》提到的"众多施",是有关日常生活的规仪。道安《序》中的"尸叉罽赖尼"是众学法的音译。

　　② 《出三藏记集》卷一一《关中近出尼二种坛文夏坐杂十二事并杂事共卷前中后三记》之卷后记:"秦建元十五年十一月五日,岁在鹑尾,比丘僧纯、昙充从丘慈高德沙门佛图舌弥许,得此授《大比丘尼戒仪》及《二岁戒仪》。从受坐至嘱授诸杂事,令昙摩侍出,佛图卑为译,慧常笔受。"(第418页)

140

子本是晚出、全译、译文更符合本土阅读习惯者。① 昙无兰另有一部合本经《三十七品经》，三十七品即修证的三十七种途径和方法，由于涉及三十七品的经典很多，而这些经典对三十七品的说法互有差异，昙无兰于是在诸经中"撮采事备、辞巧便者"为母本，"差次条贯伏其位，使经体不毁"，也就是做了一个百衲本母本，剩下的异说归为子注。这些不同的母本选择方案，在现代古籍整理的底本选择中都能看到。以足、精、早的原则选求母本，子本与母本的差异处以相当于校勘记的注文注处，版本说明备载于相当于整理前言的序记中，在这里，我们看到的是一种非常成熟的版本学。

昙无兰的比较研究还不止于版本学层面。在《大比丘二百六十戒三部合异序》中，他介绍了自己的另一个重要成果。昙无兰发现，在竺僧舒本中，"三十舍堕法"的第 21 条作②：

> 长钵过十日，舍堕。是比丘当持此钵与比丘僧。

按照后来的通用戒名，这条是戒"长钵戒"③。长钵即一钵以外多余的食钵，"长钵过十日，舍堕"，是说如果比丘持有多余的钵超过十日，就犯了舍堕。下一句"是比丘当持此钵与比丘僧"，意思是"犯舍堕的比丘要将这个钵交与僧众处理"。上句定罪，下句定罚，单读竺僧舒本，似乎没有什么问题。但是，在对比母本后，昙无兰发现昙摩侍本舍堕法的第 22 条作：

---

① 《道行经集异注》的母本是汉末支谶所译《道行经》《小品般若》，子注是西晋无罗叉所出《放光品》《大品般若》。《小品》是梵文八千颂《般若》的翻译，《大品》是梵文二万五千颂《般若》的翻译，两者属于前后不同期的《般若经》，并非道安理解的节译与全译的关系。但是在道安的时代，学者普遍误会《小品》是从《大品》抄出的，如支遁《大小品对比要抄序》云："尝闻先学共传云，佛去世后，从《大品》之中抄出《小品》。"（《出三藏记集》卷八，第 299 页）

② 僧人因贪婪而积蓄衣钵卧具等财物，则犯"舍堕"（音译为尼萨耆波夜提）。舍堕共有三十种，称为三十舍堕，即《合异序》所谓"三十事"。

③ 此戒本无戒名，为了行文方便，兹以后世通用戒名标识。

> 钵破缀齐五,更未得新钵故者,当归众僧。

这是"破钵戒",但文字脱倒太甚,不知是昙无兰所见如此,还是《祐录》传抄或《祐录》本身被传抄所致。参考后人更完整的戒条翻译,我们知道"破钵戒"是讲如果破钵还没有修补够五次就换了新钵,则犯舍堕,新钵要交给僧众处理。[①] 昙无兰察觉到的问题是,本条的"当归众僧"和竺僧舒本的"是比丘当持此钵与比丘僧"完全同义,它们应该对应着同一句梵文。由此昙无兰推断,竺僧舒本的"比丘当持此钵与比丘僧"并非长钵戒的文字,不应与上连读,而当属下归入破钵戒。基于此,他将竺僧舒本的"是比丘当持此钵与比丘僧"注在昙摩侍本的破钵戒下,"以子从母故也"。

昙无兰的这段分析非常精彩,而且他的判断也是正确的,这可以在后来鸠摩罗什译出的《十诵比丘波罗提木叉戒本》中得到验证。罗什本长钵戒作:

> 若比丘畜长钵,得至十日。若过畜,尼萨耆波夜提。

破钵戒作:

> 若比丘所用破钵不满五缀,更乞新钵为好故,尼萨耆波夜提。是比丘是钵,应诸比丘众中舍,是比丘众中最下钵应与。应如是教,汝比丘受是钵乃至破,是事法尔。[②]

罗什本可以证明,长钵戒就到舍堕(尼萨耆波夜提)为止,竺僧舒本

---

① 可参鸠摩罗什译《十诵比丘波罗提木叉戒本》破钵戒条:"若比丘所用破钵不满五缀,更乞新钵为好故,尼萨耆波夜提。是比丘是钵,应诸比丘众中舍,是比丘众中最下钵应与。应如是教,汝比丘受是钵乃至破,是事法尔。"(T23, no. 1436, p. 473c6 - 10.)又,据罗什本文义,昙摩侍本破钵戒可校正为"破钵未齐五缀,更得新钵[为好]故者,[舍堕。是钵]当归众僧"。

② T23, no. 1436, p. 473c6 - 10.

"是比丘当持此钵与比丘僧"确属破钵戒，它相当于罗什译本的"是比丘是钵，应诸比丘众中舍"。

表 7-1 长钵戒、破钵戒三本对照

三十事	昙摩侍本（二百六十者）	竺僧舒本（二百五十者）	鸠摩罗什本
NO.21（长钵戒）		长钵过十日，舍堕。	若比丘，畜长钵得至十日。若过畜，尼萨耆波夜提。
NO.22（破钵戒）	钵破未缀齐五，更得新钵故者，当归众僧。	是比丘当持此钵与比丘僧。	若比丘所用破钵不满五缀，更乞新钵为好故，尼萨耆波夜提。是比丘是钵，应诸比丘众中舍，是比丘众中最下钵应与。

昙无兰的这项成果基本属于校雠学范畴，他其实是通对底本、校本的对勘，发现了校本有脱文：竺僧舒本脱掉了破钵戒的定罪部分，导致破钵戒的定罚文字接上了长钵戒的定罪文字。

《大比丘二百六十戒三部合异序》不仅呈现了合本操作的步骤细节，它也说明陈寅恪初提合本概念时对"同本异译"的界定，应该稍微放宽。实际上，陈寅恪在《支愍度学说考》中例举的诸合本（见本章附考），其母子本间并不都是同本异译关系。像昙无兰《三十七品经》是合诸经中的三十七品的不同说法，与异译关系不大；又如比丘戒本，其实不同部派所传戒本在戒条数目、排序和文句上都会有差异，昙摩侍本戒条数都与一般戒本不同，这就不是翻译问题那么简单了。但也正因为这些复杂情况的存在，合本制作者往往能触碰到比纯文字层面的翻译更深层的文本内容问题。比如支遁曾用无罗叉所出《放光经》与支谶所出《道行般若经》制作合本，这两个译本前者是《大品经》，后者是《小品经》，当时人普遍认为《小品》出自《大品》，支遁通过制作合本，对比出两个本子说法差异太大，完全不是全本和节本的关系，有力质疑了流行的误解。[①] 支遁制作

---

① 《中国佛教源流略讲》，第 52 页。

合本的学术目的就是探求经义的歧说，"求同异之所寄"①。

因此，中古内典合本不仅是字句上的版本校勘学，还是内容上的版本校勘学。除了支遁的这部《大小品对比要抄》外，《三十七品经》也是内容校勘学的典型，昙无兰"以诸经之异者注于句末"，是为了"使事有异同者，得显于义"。② 在内容校勘学层面，合本制作者校的不是异文，而是异事，"注于句末"的"诸经之异者"，就是关于"事"的校勘记。

总之，"事"的差异，且非必是翻译造成的差异，是中古佛教学者制作合本的动因，所以合本正可以以"异"为题，比如《大比丘二百六十戒三部合异》及道安的《道行集异注》。③ 很多合本制作者的深层目的是研究诸本间的差异，而不只是辅助读者读懂经本而已。从这个角度说，陈寅恪将合本子注认定为一种研究方法，而不仅仅是文献形式，是非常精准的。同时，他将合本子注从内典扩展到史料注，也是可以理解的，因为注"诸经之异者"，就是刘知幾对史料注的描述："掇众史之异辞。"

史料的校勘学

支敏度在《合维摩诘经序》中介绍说，制作合本时要将子母本"分章断句，使事类相从"。④ 昙无兰《大比丘二百六十戒三部合异序》也说，子母本要"事相从"，"事类相对"。也就是说，为了校勘事，合本制作者先要把子母本文献中的"事"提取出来，再以事注事。所谓的事，可以理解为一个独立的内容单元。欧阳询云："《流别》《文选》，专取其文；《皇览》《遍略》，直书其事。"⑤从辞章的角度标定出的文本，就是文；从内容角度标定出的文本，就是事。比如在戒本中，每个戒条就是一事；类似地，在法

---

① ［东晋］支遁《大小品对比要抄序》，《出三藏记集》卷八，第 303 页。

② ［东晋］昙无兰《三十七品经序》，《出三藏记集》，第 371 页。

③ 道安《道行经序》，《出三藏记集》卷七，第 262 页。《历代三宝纪》卷八，T49，no. 2034，p. 76b2.

④ 《出三藏记集》卷八，第 310 页。

⑤ ［唐］欧阳询《艺文类聚序》，《宋本艺文类聚》，第 1—2 页。

典中，每个法条也是一事。

除了法条这种结构性文本外，叙事性文本也易于提取出事，而抒情议论性文本就难度更大。所以史书是最容易"出事"的。史书不仅可以"出事"，人们也乐于从史书中"找事"。胡宝国已经敏锐地指出，在南朝，事是活跃的知识载体。① 从文献史的角度也可以说，事带动了中古文献的再生产。它们不断地被从源文献发掘，又进入新文献，可以与文学结合成文时盛行的用典，也可以与其他事结合做成类书。从同主题史书中提取出事，再重新组合，就可以成为新的史书，比如裴子野"抄合后汉事四十馀卷"，张缅"抄后汉、晋书众家异同，为《后汉纪》四十卷，《晋抄》三十卷"。② 从性质上说，这相当于生成"百衲史"。如果将"异同"作为注文，则就是史料注了，如王规"集后汉众家异同，注《续汉书》二百卷"。刘昭注《续汉志》，也说"如有异同，今随事注之于本志也"。③

裴松之自陈，《三国志注》的注释内容包括"(1) 其寿所不载，事宜存录者，则罔不毕取以补其阙。(2) 或同说一事而辞有乖杂，或出事本异，疑不能判，并皆抄内以备异闻。(3) 若乃纰缪显然，言不附理，则随违矫正以惩其妄。(4) 其时事当否及寿之小失，颇以愚意有所论辩"④。宽泛地说，(1)(2)项都属于注"异同"。或者是载事的数量上有异同，则为补阙；或是事承载的信息有异同，则为考异。那么，如果将裴松之取用的所有《三国志》以外文献视为一个合集的话，这个合集就是他的校本，而《三国志》则是其底本。正注文之间，仍然形成一种以事为单位的对校关系。其校勘实例之补阙者，如将杨戏《季汉辅臣赞》作为注文抄入《三国志·杨戏传》，并针对杨赞有而《三国志》未设传的人物再补注传记，使之成为《蜀书》列传的补充，已见前注。考异者，则如：

① 胡宝国《知识至上的南朝学风》，收胡宝国《将无同》，中华书局，第 163—191 页。

② 《梁书》卷三〇《裴子野传》，第 444 页；卷三四《张缅传》，第 492 页；卷四一《王规传》，第 583 页。

③ 《后汉书》，第 3084 页。

④ 《三国志·上注表》，第 1471 页。

例1：

【正】孙策转斗千里，尽有江东，闻太祖与袁绍相持于官渡，将渡江北袭许。众闻皆惧，嘉料之曰："策新并江东，所诛皆英豪雄杰，能得人死力者也。然策轻而无备，虽有百万之众，无异于独行中原也。若刺客伏起，一人之敌耳。以吾观之，必死于匹夫之手。"策临江未济，果为许贡客所杀。

【注】《傅子》曰：太祖欲速征刘备，议者惧军出，袁绍击其后，进不得战而退失所据。语在《武纪》。太祖疑，以问嘉。嘉劝太祖曰："绍性迟而多疑，来必不速。备新起，众心未附，急击之必败。此存亡之机，不可失也。"太祖曰："善。"遂东征。备败奔绍，绍果不出。·臣松之案《武纪》，决计征备，量绍不出，皆出自太祖。此云用嘉计，则为不同。又本传称（自）嘉料孙策轻佻，必死于匹夫之手，诚为明于见事。然自非上智，无以知其死在何年也。今正以袭许年死，此盖事之偶合。①

例2：

【正】黄初元年十月，帝践阼。践阼之后，山阳公奉二女以嫔于魏，郭后、李、阴贵人并爱幸，后愈失意，有怨言。帝大怒，二年六月，遣使赐死，葬于邺。

【注】《魏书》曰：有司奏建长秋官，帝玺书迎后，诣行在所，后上表曰："妾闻先代之兴，所以飨国久长，垂祚后嗣，无不由后妃焉。故必审选其人，以兴内教。今践阼之初，诚宜登进贤淑，统理六宫。妾自省愚陋，不任粢盛之事，加以寝疾，敢守微志。"玺书三至而后三让，言甚恳切。时盛暑，帝欲须秋凉乃更迎后。会后疾遂笃，夏六月丁卯，崩于邺。帝哀痛咨嗟，策赠皇后玺绶。臣松之以为《春秋》之

---

① 《三国志》，第433—434页。

义，内大恶讳，小恶不书。文帝之不立甄氏，及加杀害，事有明审。《魏史》若以为大恶邪，则宜隐而不言，若谓为小恶邪，则不应假为之辞，而崇饰虚文乃至于是，异乎所闻于旧史。推此而言，其称卞、甄诸后言行之善，皆难以实论。陈氏删落，良有以也。①

例1是一则关于郭嘉的事。曹操担心大军在外会被其他势力偷袭后方，而郭嘉的分析让他摆脱了焦虑，这是正文和注文的事之同者；但曹军征的是谁，谁会偷袭曹操，《郭嘉传》和《傅子》的说法不同，这是事之异者。在例2中，甄后的死亡，是正文和注文的事之同者；甄后的死因，是事之异者。正注两说抄在一起，也就是以事校事，如昙无兰说的，"使事有异同者，得显于义"②。

从校勘学的角度说，在例1中，裴松之引《三国志》本书（《武帝纪》）校事，在例2中，他引他书（《魏书》）校事，分别相当于本校和他校。裴松之自陈的注释项目（3），其实就是理校。如：

例3：

【正】帝崩于嘉福殿，时年三十六。

【注】臣松之按：魏武以建安九年八月定邺，文帝始纳甄后，明帝应以十年生，计至此年正月，整三十四年耳。时改正朔，以故年十二月为今年正月，可强名三十五年，不得三十六也。③

本条属于裴松之说的"纰缪显然，言不附理"，尽管注文没有提供任何新文献，他还是根据自己的估算，"理校"了正文对明帝享年的记载。从这三例也可以看出，裴松之既会出"异同校"如《郭嘉传》，也会出"是非

---

① 《三国志》，第160页。
② ［东晋］昙无兰《三十七品经序》，《出三藏记集》，第371页。
③ 《三国志》，第115页。

校"如《文昭甄皇后传》。这套校事体系，其实比内典合本要更丰富。

在裴松之作为校本的"合集"中，有一部孙盛《魏阳秋异同》，此书在裴注中作《异同评》，又作《异同杂语》《异同记》。其文如：

> 孙盛《异同评》曰："按《吴志》，刘备先破公军，然后权攻合肥，而此记云权先攻合肥，后有赤壁之事。二者不同，《吴志》为是。"①

从这个片段看，孙盛所发掘的事之异同信息是放在自己的按语里的，而且"此"云的"此"说明，这条按语也是紧接着正文相关的地方而下，属于"事类相从"的布局。所以他的按语与正文，其实已经是正注文关系了。在内典合本子注的时间线上，目前已知最早的注家是支敏度，他与孙盛基本是同时代人。或者说内典合本子注和"广义合本子注"，几乎是同时开始的。

结语

目前可知的中古内典合本子注，有支敏度《合首楞严经》《合维摩诘经》、谢敷《合首楞严经》《安般守意经注》、支遁《大小品对比要抄》、道安《合放光光赞略解》《道行经集异》、昙无兰《大比丘二百六十戒三部合异》《三十七品经》共计 5 家 9 种。这些作品基本都成于东晋。② 内典合本忽兴却又忽灭，正如陈寅恪指出的，主要是因为鸠摩罗什出世，精译本、全译本次第译出，合本就失去价值了。③ 所以，尽管陈氏特别强调合本子注的学术性，而本文也证明了陈氏之言不虚，但总体上说，这种文献的工

---

① 《三国志》卷一《武帝纪》裴注引，第 31—32 页。

② 谢敷《安般守意经序》："冥宗已远，义训小殊，乃采集英彦，戢而载焉。虽粗闻大要，未悟者众。于是复率愚思，推检诸数，寻求明证，遂相继续，撰为注义。并抄撮《大安般》《修行》诸经事相应者，引而合之，或以隐显相从，差简搜寻之烦。"《出三藏记集》卷六，第 247 页。其他诸本考见本文后附《内典合本文献杂考》。

③ 《支愍度学说考·附论》，《金明馆丛稿初编》，第 186 页。

具性还是高于学术性，一旦人们不再需要这个工具，它也就被迅速抛弃。更能说明问题的是，虽然这些合本迅速亡佚，但合本所合之子母本，很多都保存至今，这和史料注的情况正好相反。

当然，合本经的序记，为我们展现了中古版本校雠所达到的惊人高度。从中国的学术传统看，这是一种版本校雠学，而从西方的学术传统看，它的确近似陈寅恪所说的语言学（philology，今多译为语文学）：

> "文本语文学"留下了一个在西方学术界至今不衰的学术传统，即制作文本的"精（合）校本"（criticaledition）。一个"精（合）校本"旨在提供一种可靠的、重构的原始文本，要求作者将同一文本的所有存世稿本收集起来，进行比较研究，并在其用作底本的那个文本的脚注中将各种稿本中出现的五花八门的差异之处一一标注出来，使读者能对整个稿本的面貌和流传情况有通盘的了解，从而对各种稿本间出现的歧异之处的正误做出自己的判断和理解。[1]

史料注的出现与内典合本几乎同时，空间上虽然南北都有，但从刘知幾给出的书单看，还是主要产于南方。和内典合本不同，史料注基本不涉足版本学领域，但它在内容校雠学上有较多的探索。现代校勘学提出的本校、他校、理校、异同校、是非校，在史料注中都有痕迹。史料注以"事"为单位展开，一条注文就相当于一事的校勘记。"事"是中古文献史上的活跃角色，前章探讨的文本模块，实际上就是重复出现的事。事成为文献生成的重要素材，充分体现了中古文献的开放性。

史料注也会引发对史料的源文献的探究，即裴注的第（4）种类型"其时事当否及寿之小失，颇以愚意有所论辩"。其例如前文所抄例2，裴松之以《魏史》对甄后死因的书写不实，推论"其称卞、甄诸后言行之善，皆难以实论"。对《魏史》的可靠性给予全面质疑。这有些近似于今日学界所说的史料批判。当然，史料注的最大成就还是发掘同异并将其呈现出

---

① 沈卫荣《回归语文学》，上海古籍出版社，2019年，第8页。

来。实际上,当正同异呈现在那里的时候,比较研究就不得不展开了,即便裴松之不下场做按语,这个研究也等于开放给了读者。

　　评估史料注,有一个不应忽视的视角,就是读者的视角。史料注产生并流行,是因为读者的阅读需要。像裴松之《三国志注》,即是应宋文帝要求做的。为什么宋文帝要一部带注的《三国志》而不是一部新修的三国史,裴松之《上三国志注表》也说得很清楚:"缋事以众色成文,蜜蜂以兼采为味",众色兼采不是当时常规史书框架能承载的,但注可以比较方便地实现这一目的。因此所有陈寿未写的,无论是有意不取还是无意漏落,裴松之注"并皆抄内,以备异闻"。① 裴氏当然可以对异闻给出自己的意见,但会附上理据和论证,等于仍将最终决定权交与读者。从阅读体验说,读《三国志》与读裴注《三国志》相比,后者能让读者有更强的参与感。

　　读者对书籍不仅在内容上有要求,在设计上也会有要求。手抄本卷子装书籍体积重大,翻阅不便,如果想多书对读,更为难办,故谢敷作《合首楞严经》,是因为三种译本"批寻三部,劳而难兼",制成合本子注,则可"令学者即得其对"。而制作《安般守意经》合本是求"差简搜寻之烦"。② 支敏度《合维摩诘经序》也说,其本可"令寻之者瞻上视下,读彼案此,足以释乖迁之劳,易则易知矣"③。功能很像类书的"秘牒一开,则万卷皆废"④。总之,内外典合本子注,与同盛行于中古时期的及集注、类书一样,都是通过一种结构革命,实现一书在手、众本在握的功能。

　　刘知幾对史料注的看法极为负面,很大程度上是因为他站在了史家本位立场。刘知幾"三为史臣,再入东观"⑤,这种经历让他不自主地进入撰史者角色,他知道"掇众史之异辞"的工作难度和自为一家之言的难度是不可同日而语的,所以讽刺前者是"才短力微,不能自达,庶凭骥尾,

---

① 《三国志》,第 1471 页。

② 《出三藏记集》卷七《合首楞严经记》,第 270 页;卷六《安般守意经序》,第 247 页。

③ 《合维摩诘经序》,《出三藏记集》卷八,第 310—311 页。

④ [唐]元稹《夏阳县令陆翰妻河南元氏墓志铭》,中华书局,2010 年,第 702 页。

⑤ 《史通通释》,第 269 页。

千里绝群"。他也知道史撰不是史料汇编，所以最繁琐困难的工作就是对材料进行排比、考证、取舍、缀合。而"遂乃定彼榛楛，列为子注"就回避了这些困难，所以在他看来是"才阙伦叙"之辈所为。而对他来说，最糟糕的是史撰者经过前期考证简择最后决定弃之不用的问题史料，所谓"吐果之核，弃药之滓"，又被注家捡了回来注上，这更是一种对史家的辜负和冒犯。

所以，刘知幾视史料注为史料甄选能力欠缺的反映。从《史通》的上下文看，刘知幾这里要求的甄选能力只是技术层面的，而非意识形态层面的。那么实际上，只要承认古典历史编纂形态，就很难否认这种能力的必要。宋代曾有利用裴注来重修一部《三国志》的提议①，叶适不以为然，理由仍是"注之所载，皆寿书之弃馀也"②。尽管随着时间的推移，中古史料亡佚越来越严重，史料注保存更多历史信息的客观效果开始体现出来，像四库馆臣批评裴松之《三国志注》"嗜奇爱博，颇伤芜杂"。同时也肯定其"网罗繁富，凡六朝旧籍今所不传者，尚一一见其厓略"③。但繁富的观感本质上还是六朝旧籍亡佚造成的。不过，也就是在同一时期，在考据学盛行的背景下，学者在裴注中发现了史料考据趣味，这是史料注评价向好的关节点。④ 其中最可注意的是四库馆臣在为司马光《资治通鉴考异》所做提要中的一段话：

---

① ［宋］朱弁《曲洧旧闻》卷五："东坡尝谓刘壮舆曰：'《三国志注》中好事甚多，道原欲修之而不果，君不可辞也。'"中华书局，2002年，第151页。

② ［宋］叶适《习学记言序目》卷二八，中华书局，1977年，第405页。

③ 《钦定四库全书总目》（整理本）卷四五，中华书局，1997年，第623页。

④ 如［清］钱大昭《三国志辨疑序》："注史与注经不同，注经以明理为宗，理寓于训诂，训诂明而理自见。注史以达事为主，事不明，训诂虽精无益也。尝怪服虔、应劭之于《汉书》，裴骃、徐广之于《史记》，其时去古未远，稗官载记碑刻尚多，不能会而通之，考异质疑，而徒戋戋于训诂，岂若世期之博引载籍，增广异闻，是是非非，使天下后世读者昭然共见乎。"《丛书集成初编》本，中华书局，1985年，第1页。后来李慈铭也说，"裴松之注博采异闻，而多所折衷，在诸史注中为最善，注家亦绝少此体。"［清］李慈铭著，张桂丽辑校《越缦堂读书记全编》，上海古籍出版社，2021年，第179页。

> 昔陈寿作《三国志》，裴松之注之，详引诸书错互之文，折衷以归一是，其例最善，而修史之家，未有自撰一书，明所以去取之故者。有之，实自光始。其后李焘《续通鉴长编》、李心传《建炎以来系年要录》，皆沿其义，虽散附各条之下，为例小殊，而考订得失则一也。[①]

而如果对读陈寅恪《陈述〈辽史补注〉序》，后者几乎是前者的翻版：

> 裴世期之注《三国志》，深受当时内典合本子注之薰习。……赵宋史家著述，如《续资治通鉴长编》《三朝北盟会编》《建炎以来系年要录》，最能得昔人合本子注之遗意。诚乙部之杰作，岂庸妄子之书，矜诩笔削，自比夏五郭公断烂朝报者所可企及乎？……傥非其书（按，指《建炎以来系年要录》）喜聚异同，取材详备，曷足以臻是耶？[②]

但尽管相似，陈寅恪还是要比乾嘉考据学家对史料注的定位更高。这很容易让我们想到他对内典合本的定位也比吕澂更高。民初以来，刘知幾倾心的古典历史编纂遭到严重质疑，中国古典历史编纂中究竟有无"史学"，成为横亘几代学人心头的问题。[③] 陈氏学术有德国东方学的比

---

① 《钦定四库全书总目》（整理本）卷四七，第 650 页。
② 陈寅恪《陈述〈辽史补注〉序》，《金明馆丛稿二编》，第 264 页。
③ 关于民国初年思想界围绕传统史学的论争，参王汎森《晚清的政治概念与"新史学"》，《中国近代思想与学术的系谱》（增订版），上海三联书店，2018 年，第 217 页。值得一提的是，西方学界普遍认为传统中国有历史记录而无史学研究，这可以以黑格尔的"中国人的历史只是把握到了完全确定的事实本身，而没有对那些事实作出任何判断和推理。"（王志宏译，《黑格尔著作集·历史哲学讲演录》，上海人民出版社，2024 年，第 131—132 页。）为代表。陈寅恪留德多年，1933 年，他在《与刘叔雅论国文试题书》中还戏称自己"平生不解黑智儿（一译'黑格尔'）之哲学"（《金明馆丛稿二编》，第 255 页。）以其学术兴趣而言，黑格尔对中国尤其对中国历史、历史学的论断，陈氏恐怕不会没有了解。因此，他在中国传统历史编纂中寻找比较语言学的痕迹，很可能也与这种外部质疑带来的焦虑有关。

较历史语言学背景①,他在中国古典历史编纂中找到比较语言学的影子,既是学术训练带来的敏感所致,也是对时代问题的回应。在重新评估史料注的基础上,他将四库馆臣给出的从"详引诸书错互之文,折衷以归一是"到"明所以去取之故"的史考文献发展史,幻化成一条从中古"广义合本子注"到"赵宋史学"再到"今日语言学者之比较研究法"的史学发展脉络。在这条脉络的终点,旧史学并没有死亡,而是合汇于新史学。从这个意义上说,"合本子注"确实是陈寅恪个人学术背景和时代背景相激荡的产物。

附　内典合本文献杂考

1.《合微密持经》晚出

在《支愍度学说考》中,陈寅恪根据下简称《祐录》保留的诸经序记,确定了 7 种合本子注经:

> 支谦《合微密持经》
> 支敏度《合首楞严经》《合维摩诘经》
> 支遁《大小品对比要抄》
> 道安《合放光光赞略解》
> 昙无兰《大比丘二百六十戒三部合异》《三十七品经》

诸作者中吴支谦时代最早,《合微密持经》因此被举为最早的合本子注,今人也多沿其说。按《合微密持经序》,此合本母本是《阿难陀目佉尼呵离陀邻尼经》,子本有二,分别是《无量门微密持经》《总持经》。②《阿

---

① 陈怀宇《在西方发现陈寅恪:中国近代人文学的东方学与西学背景》,北京师范大学出版社,2013 年,第 287—317 页。

② 《出三藏记集》卷七《合微密持经记》,第 279 页。

难陀目佉尼呵离陀邻尼经》今存(T19，no. 1015)，译者是北魏佛驮扇多，但序文指的也可能是刘宋时期求那跋陀罗的译本《阿难陀目佉尼呵离陀经》(T19，no. 1013)，因为佛驮扇多与僧祐虽然同时但年辈稍晚；《无量门微密持经》今存(T19，no. 1011)，译者就是支谦；《总持经》今存(T03，no. 154/卷三)，译者是西晋竺法护。所以《合微密持经》的制作者肯定不是支谦，其时代至少要晚于求那跋陀罗。在上列 7 合本中，《合微密持经》其实是最晚出的一部。

2. 支敏度、谢敷各有《合首楞严经》

《合首楞严经》，陈寅恪根据《祐录》卷一〇《合首楞严经记》判断其作者是支敏度，恐非。此序题下有"支敏度"，又有小注"三经谢敷合注，共四卷"①。因知合本作者是谢敷。据该记，合本所合三本，支谦本为母，竺法护本为子，竺叔兰本系之。支敏度另有《合首楞严经》，《祐录》卷二著录《合首楞严经》八卷，"合支谶、支谦、竺法护、竺叔兰所出《首楞严》四本合为一部，或为五卷"。又云"其《合首楞严》，传云亦愍度所集，既阙注目，未详信否"②。这里信息已经混乱起来，出现了支敏度《合首楞严经》八卷五卷两说。实际上，支敏度本是八卷五家，前引《合部金光明经序》云"然贵睹昔晋朝沙门支敏度合两支、两竺、一白五家《首楞严》五本为一部，作八卷"。《长房录》著录有"《合首楞严经》五本八卷，合两支两竺一白五本为一部，见《支敏度录》"③。这条信息出自支敏度自撰经录，更可为证。总之，支敏度和谢敷都有《合首楞严经》，但体量不同，《祐录》所载《合首楞严经记》是谢敷本的经记，题下支敏度三字，恐是后人因混淆两种同名文献而妄加。

3."合注"

"三经谢敷合注"之署，亦可玩味。《合首楞严经记》备言合本操作方

---

① 《出三藏记集》卷七《合首楞严经记》，第 270 页。
② 《出三藏记集》卷二《新集撰出经律论录》，第 45 页。
③ 《历代三宝纪》卷六，T49，no. 2034，p. 66c6。

式"披寻三部，劳而难兼，欲令学者即得其对，今以越所定者为母，护所出为子，兰所译者系之，其所无者辄于其位记而别之。或有文义皆同，或有义同而文有小小增减，不足重书者，亦混以为同。虽无益于大趣，分部章句，差见可耳"。除了子本应该是以注文形式出现外，并没有在三经之外更添加其他注文的信息。因此"三经谢敷合注"的"合注"，并不是合且注，而就是相当于"制作合本子注"。

第八章
消失的碑林:《桥玄庙碑》与东汉乡里石刻景观

　　东汉人的茔域碑刻主要包含两种类型,即坟丘前的墓碑和墓所祠堂前的庙碑。[①] 在东汉著名碑刻作家蔡邕的文集中,可以见到他为胡广写作的碑文4篇、杨赐4篇、桥玄2篇,都分别包含了上述两种碑类。[②] 蔡集中也有一个比较反常的例子,桓帝时的名臣朱穆,遗言要求不崇坟、不封墓、不墓祭[③],他的祠堂因此没有建在墓旁,而是建在了邑中,其子在墓前树碑,而在庙前铸鼎,请蔡邕撰写了碑铭和鼎铭,朱穆因此拥有墓碑和庙鼎的组合。不过,蔡邕鼎铭长达489字,备述朱穆一生行迹[④],这完全是碑文的作法,所以《文心雕龙》指为"朱穆之《鼎》,全成碑文"[⑤]。铸鼎和庙祭一样,都是朱氏的复礼实践,但蔡邕仍以碑体为鼎铭,没有贯彻丧家复古之意,更说明祠庙立碑已是常态。在朱穆的祠堂里,祠庙鼎不过是一种异形的碑。

---

　　① 东汉人在墓所设祠堂墓祭,可参杨宽《关于古代陵寝制度若干问题的探讨》第四部分"'古不墓祭'问题的讨论",收杨宽《中国古代陵寝制度史研究》,上海人民出版社,2016年,第102—106页。

　　② 诸碑见《蔡邕集编年校注》。

　　③ 见蔡邕《坟前石碑》,《蔡邕集编年校注》,第92页。

　　④ 见蔡邕《鼎铭》,《蔡邕集编年校注》,第87—88页。承程少轩教授提示,迄今为止出土青铜器中铭文最长的是《毛公鼎》,计合文共500字,但像《毛公鼎》这样铭文体量的器物是非常少见的。

　　⑤ 《文心雕龙·铭箴》,范文澜《文心雕龙注》,第194页。

在刘勰看来，长于碑文的蔡邕把朱穆鼎铭写成碑体，是"溺所长也"①。这样的推测稍嫌武断，因为蔡邕还有三篇鼎铭，都没有采用碑文的写法。这三篇铭，在蔡集中被称为《东鼎铭》、《中鼎铭》和《西鼎铭》，都是写给桥玄的。除了鼎铭，蔡邕还为桥玄写了《黄钺铭》、墓碑（《太尉桥公碑》）和庙碑（《故太尉桥公庙碑》），这使得桥玄成了现在已知的拥有纪念性碑铭种类最丰富的汉代人。

在早期的蔡集版本中，《故太尉桥公庙碑》《东鼎铭》《中鼎铭》《西鼎铭》《黄钺铭》5份文献是前后接续的。② 而且，它们的内容也相互关联，《故太尉桥公庙碑》中说："文德铭于三鼎，武功勒于钲钺。"③而《东鼎铭》《中鼎铭》《西鼎铭》分别收录了桥玄三次拜三公的诏书，也就是所谓文德；《黄钺铭》记桥玄作为度辽将军应对高句丽入叛事，也就是所谓武功。④ 但是到了明代，张溥编《汉魏六朝百三家集》，采取依类录文的体例，鼎钺铭和碑文被分别排入铭文和碑文两个文类中。对这种做法，清代校勘家卢文弨颇不以为然，他认为《东鼎铭》《中鼎铭》《西鼎铭》《黄钺铭》在旧本是"附"在《故太尉桥公庙碑》后的，故此不可割裂。⑤ 的确，无论从排序还是内容看，它们都是一组文献，而且这种关系不仅存在于集本，正如《黄钺铭》所云："是用镂石假象，作兹钲钺军鼓，陈之东阶，以昭公文武之勋焉。"⑥庙碑、三鼎、石钺以及没有铭文的石鼓，它们作为实物，在桥玄庙前的空间里也同样构成了有意义的组合。

访问桥玄庙

桥玄（110—184）字公祖，梁国睢阳（今河南商丘）人。和东汉很多高

---

① 《文心雕龙注》，第 194 页。

② 见［清］卢文弨《钟山札记》卷一"蔡中郎集"条，中华书局，2010 年，第 31 页。

③ 《蔡邕集编年校注》，第 315 页。

④ 《蔡邕集编年校注》，第 326—331 页。

⑤ 《钟山札记》，第 31 页。

⑥ 《蔡邕集编年校注》，第 330 页。

级官僚一样,桥玄一生走了举孝廉、除郎中、出历地方再入朝的上升路径。他的仕宦经历中有两个比较特殊的节点:一是桓帝永兴元年(153),车师后部王阿罗多入叛,桥玄拜凉州刺史,前往镇御[①];二是桓帝末年鲜卑、南匈奴及高句丽嗣子伯入叛,桥玄拜度辽将军,假黄钺,再往靖边。灵帝建宁三年(170)以后,桥玄连拜司空、司徒、太尉。光和七年卒,年七十五。[②]

桥玄晚年地位崇高,无疑会拥有高等级墓葬。又由于与曹操的特殊因缘,曹操、曹丕都曾向桥玄庙致祭[③],桥玄的墓园在曹魏时期也应该受到了较好的保护。但过了两个多世纪,到郦道元的时代,桥玄庙的建筑已经残破,刻有蔡邕撰铭的石钺也不知所踪。《水经注·睢水》详细描述了桥玄庙此时的状况:

> (睢阳)城北五六里,便得汉太尉桥玄墓,冢东有庙,即曹氏孟德亲酹处。……冢列数碑:
>
> (A)一是汉朝群儒,英才哲士,感桥氏德行之美,乃共刊石立碑,以示后世。
>
> (B)一碑是故吏司徒博陵崔烈、廷尉河南吴整等,以为至德在己,扬之由人,苟不曒述,夫何考焉?乃共勒嘉石,昭明芳烈。
>
> (C1)一碑是陇西枹罕北次陌砀守长骘为、左尉汉阳獂道赵冯孝高,以桥公尝牧凉州,感三纲之义,慕将顺之节,以为公之勋美,宜宣旧邦,乃树碑颂,以昭令德。光和七年,主记掾李友字仲僚作碑文;
>
> (C2)碑阴有《右鼎文》,建宁三年拜司空。又有《中鼎文》,建宁四年拜司徒。又有《左鼎文》,光和元年拜太尉。鼎铭文曰:故臣门

① 蔡邕《太尉桥公碑》,《蔡邕集编年校注》第365页。按,此事《后汉书·桥玄传》未载。
② 蔡邕《黄钺铭》,《蔡邕集编年校注》第331页;《后汉书》卷五一《桥玄传》,第1695页。
③ 《三国志·魏书·武帝纪》:"(建安)七年春正月,公军谯……遂至浚仪,治睢阳渠,遣使以太牢祀桥玄。"(第22页)《三国志·魏书·文帝纪》:"(黄初六年)十二月,行自谯过梁,遣使以太牢祀故汉太尉桥玄。"(第85页)

人,相与述公之行,咨度体则,文德铭于三鼎,武功勒于征钺,书于碑阴,以昭光懿。又有《钺文》称,是用镂石假象,作兹征钺军鼓,陈之于东阶,亦以昭公之文武之勋焉。(按熊会贞谓此段有衍倒,当校正为"碑阴是故臣门人相与述公之行,咨度体则,文德铭于三鼎,武功勒于征钺,书于碑阴,以昭光懿。有《右鼎文》,建宁三年拜司空,又有《中鼎文》,建宁四年拜司徒,又有《左鼎文》,光和元年拜太尉。又有《钺文》称,是用镂石假象,作兹征钺军鼓,陈之于东阶,亦以昭公之文武之勋焉"。可从。)

　　庙南列二石柱,柱东有二石羊,羊北有二石虎,庙前东北有(按,《注疏》此处理校增"二"字。)石驼,驼西北有二石马,皆高大,亦不甚彫毁。惟庙颓构,粗传遗墉,石鼓仍存,钺今不知所在。①

"庙南列二石柱,柱东有二石羊,羊北有二石虎,庙前东北有石驼,驼西北有二石马。"属于典型的无固定视点、移步换景式的书写,故行文顺序即郦道元的访问顺序,而这条线路共经过三块碑,为讨论方便,文中标注为 ABC(C 碑阳为 C1,阴为 C2)(图 8 - 1)。程章灿师已指出,A 撰者不详,BC 即蔡邕集中的《太尉桥公碑》和《故太尉桥公庙碑》。② 既然 ABC 出现的顺序是访问顺序,而 B 是墓碑,C 是庙碑,那么进入视线的第一块碑 A,虽然全文不存,也可以判断是墓碑。

这样看来,桥玄只有一块庙碑即 C。不过,C 与蔡邕《故太尉桥公庙碑》相合的只有 C2 部分,至于 C1 则一字不见于蔡文,而且,《水经注》也明确 C1 的作者是李友,不是蔡邕。从《水经注》的记述还能看出,C1 的主要内容当是桥玄在凉州牧任上镇抚羌胡的事迹,凉州故吏把这些"勋美"带到桥玄所安葬的故里睢阳,是所谓宣于"旧邦"。碑文的重点只是桥玄平生的一个片段,从这样的内容和立碑方身份,也可以推知 C1 不

───────────

① 杨守敬、熊会贞疏《水经注疏》卷二四,江苏古籍出版社,1989 年,第 2013—2016 页。
② 程章灿《礼物:汉代石刻与社会网络》,《中国学术》第 37 辑,商务印书馆,2016 年,第 149 页。

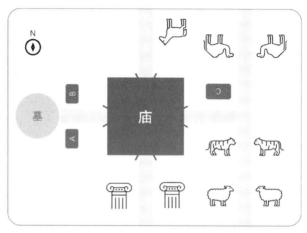

图 8-1　桥玄墓区示意图

足以独自承担庙碑的任务。

　　真正意义上的庙碑是碑阴 C2，也就是蔡邕的《故太尉桥公庙碑》。此文开篇云"光光列考"，后文又云"三孤、故臣、门人，相与述公言行，咨度礼制……"可知立碑人是桥玄之子。[①] 玄子没有自备石材，而是利用了 C1 的碑阴，也可能这块石材本是桥家的而临时让给了不期而至的凉州碑，也可能这种处理与碑文内容有关（详下）。总之，碑文和它的物质形态在这里发生了分离：我们可以说桥玄庙有一碑，也可以说有两碑。

倒置的祠庙碑

　　《故太尉桥公庙碑》是一方在各方面都有些倒置的碑：在物质形态上，它是"碑阴碑"，在内容上，它的行文顺序是先铭后传。铭传之间，夹着这样一段文字：

---

　　① 按《蔡邕集编年校注》将"三孤"解释成"周代少师、少傅、少保"，不确。后汉有少傅而无少师、少保，三孤应该就是指桥玄三子。桥玄有子羽，见《后汉书》本传；又有子载，见《水经注·汳水》。《故太尉桥公庙碑》提到桥玄"虽众子群孙，并在仕次，曾无顺媚一言之求"。既称众子，则不止羽、载，桥玄有三个儿子是可能的。

公讳玄,字公祖。少辟孝廉,辟司徒、大将军府。为侍御史。牧一州。典五郡。出将边营。入掌机密。历三卿。同三司。享年七十五。光和七年夏五月甲寅,以太中大夫薨于京师。朝廷所以吊赠,如前傅之仪。九月乙酉,葬于某所。三孤、故臣、门人,相与述公言行,咨度礼制:文德铭于三鼎,武功勒于钲钺。官簿第次,事之实录,书于碑阴。俾尔昆裔,永有仰于碑阴云。

由于无法接受铭传的颠倒,一些校勘者干脆将碑文顺序做了调整。[1] 而夹在铭、传之间的文字,尤其是"书于碑阴"这句,又让一些校勘者误认为下文的传才是碑阴[2]。换言之,如果把《故太尉桥公庙碑》的内容标注成:

> a(铭)
> b(公讳玄……永有仰于碑阴云)
> c(传)

则可以避免校勘者费解与误解的"合理"文序应该是 bca。

错乱不止于此,《水经注》所录的 C2,比集本的《故太尉桥公庙碑》多了三鼎文和黄钺文。郦道元肯定不会误将在鼎、钺上读到的铭文记成了庙碑文,因为他说过"钺今不知所在"。

既然如此,《黄钺铭》就只能是刻在碑上的。换言之,要么是铭文在器物和庙碑上各刻了一份,要么就是根本没有器物,三鼎钲钺石鼓并其铭文都是刻在碑上的,类似于画像石及榜题。如果是后一种情况,那么郦道元看到的石鼓很可能只是石像群中某个雕刻的残块,比如路线中本该有而少了的那只石驼。

在三鼎铭中,叙事时间线最晚的《西鼎铭》末句云:"于时侍从陛阶,

---

① 见《钟山札记》,第 31 页。

② 卢文弨即做此解读,见《钟山札记》,第 31 页。《蔡邕集编年校注》同。

与闻公之昌言者,莫不惕厉,如履薄冰。既乃碑表百代。"这句话似乎未完,可能后有脱文,但毕竟提到了"碑表百代",似是说该铭刻在碑上。《黄钺铭》则说:"是用镂石,作兹钲钺军鼓,陈之东阶,以昭公文武之勋焉。"镂、镂石,亦常指铭刻言,如"碑阴题宣城公李孝伯、尚书卢遐等从臣姓名,若新镂焉","听筲龙庭,镂石燕然","虽景钟良史,有功必书;刻板镂石,宜兼不朽"。① 而像、铭兼备的碑刻形态,可参《隶续》收录的《广汉属国造桥碑》(图8-2)。洪适云:

> 　　右《广汉属国造桥碑》。有二人坐于上,若宾主之容,盖辛、李二君也。中有一器。其后各有使令者一人。上有题字,已磨灭,所馀"府卿明府"四字。画像之下,横刻二君官氏,凡二十六字。其下有文十七行,行三十七字。②

《广汉属国造桥碑》的版面设计比较复杂,除了图像外,文字还有横刻、竖刻两种情况。这实际上是因为碑面板块较多,故用文字的横竖防止板块混淆。与此类似,如果加入鼎、钺图铭,C2 的内容包括:

图8-2　《隶续》卷五《广汉属国造桥碑》

　　　a(铭)
　　　b(公讳玄……永有仰于碑阴云)
　　　c(传)
　　　d(鼎钺图铭)

---

① 《水经注·河水》,见《水经注疏》卷三,第 236 页;《后汉书》卷二三《窦融传赞》,第 823 页;王僧孺《豫州墓志》,见《宋本艺文类聚》卷五〇,第 1367 页。

② [宋]洪适《隶续》卷五,中华书局,1986 年,第 327 页。

它的版面设计必定也是十分复杂的。尤其此碑不仅兼备图文，文字和图像的体量也相当大，甚至有可能会征用到碑侧。总之，abcd 应该是以独立板块的形式安排在碑面的。

宋人收集和著录石刻拓本，由于碑阳碑阴分纸拓取，有时会出现忘掉碑阴对应着哪块碑阳的问题。欧阳修《集古录跋尾》出现了好几张找不到碑阳的碑阴，如：

> 右汉碑阴题名，不知为何人碑。余家集录古文既多，或失其所得之自。

又《后汉杨君碑阴题名》：

> 杨氏墓在阌乡，有碑数片，皆汉世所立。余家《集录》得其四：震及沛相、繁阳、高阳令碑，并得碑阴题名，然得时参错，不知为何碑之阴也。[1]

兼具图、文的石刻，也会发生由于图文分别拓取而在流传中弄错图文关联信息的情况。比较著名的例子是《西狭颂》和《五瑞图》，赵明诚《金石录》误将前者当作碑阳，后者当作碑阴[2]，实则这是一面摩崖石刻，《西狭颂》与《五瑞图》是同一平面上的不同板块而已。回到 C2，如果拓片制作者分别拓取 4 个板块的内容，那么在流传的过程中，板块顺序同样很容易被弄错，进而导致最终进入蔡邕集的《故太尉桥公庙碑》文序错乱。

碑阴的自觉

尽管 C1 和 C2 只是共用一石的两篇独立碑文，蔡邕对自己创作的

---

① 《集古录跋尾》卷二《后汉碑阴题名》《后汉杨君碑阴题名》，《欧阳修全集》，《儒藏》精华编第二〇八册，第 1928、1941 页。

② 《金石录校证》卷一，第 10 页。

是一篇"碑阴文"仍有明确自觉:"书于碑阴。""俾尔昆裔,永有仰于碑阴云。"如果在动笔之前,作者已经知道碑文将被刻在碑阴,这会对创作有什么影响吗?或者说,"碑阴"意味着什么?事实上,C2可能是现知"碑阴"一词的最早出处,这是第一份"谈论"碑阴的文献。

碑刻最本质的功能是展示。简帛和纸张都只能实现一对一的展示,即一人持一卷而已,而碑刻使一对多的展示成为可能。同时,阅读简纸时人的姿态都是俯视的,但高大的碑石带来了仰观这种全然不同的阅读体验。通过仰观,石刻给人以强烈的视觉冲击力和镇压感,因此也适合去承载那些需要这种效果加持的文献,比如太尉桥玄一生的功业。但是,碑阴是参观者不能第一眼看到的那一面,是有可能被访问者、抄录者包括后来的拓工忽视掉的一面,它的展示性因此被削弱了。出于展示预期的降低,碑阴往往是没有碑额的。① 但是,桥玄庙中的C2是有额的碑阴:蔡集中《故太尉桥公庙碑》的文题就是C2的碑额,因为碑文中并没有任何信息表明这块碑是祠庙碑,文集编辑者无法制出这样的题目。碑额,以及"俾尔昆裔,永有仰于碑阴云",颇像作者的呼告,希望后世前来祭祀的桥氏子孙走到碑的这一面来。

就蔡邕显然在意的展示性而言,碑阴是有很大缺憾的;但相对于获得优先展示权的核心碑文,被放置在碑阴的内容反而可以更加多样化。除了最常见的门生故吏题名,汉碑碑阴还可以是碑阳的关联性文件(如《史晨后碑》)、谱牒(如《孙叔敖碑阴》)或者各种图像(如《柳敏碑阴》)(图8-3、

图8-3 《隶续》中柳敏碑阴的六玉图

① 反之如《祀三公山碑》因"其文正面未竟,转至背面,无碑阳碑阴之异",就无妨两面有额。参叶昌炽《语石》卷三,第161页。

8-4)。在 C2 上有碑文、鼎图三、钺图、鼎铭三、钺铭，这样丰富的内容是符合碑阴的多样化特征的。

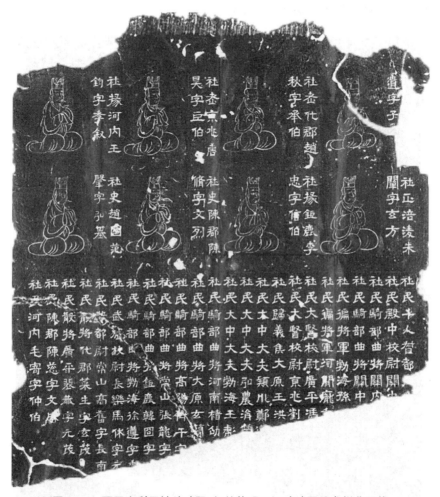

图8-4 西晋当利里社碑碑阴，仍然体现了汉碑碑阴的多样化风格

内容的多样化又使碑阴的排版往往比较灵活。常见的门生故吏题名一般采用分栏方式排版，这是对名簿类简牍排版方式的直接仿效（图8-5，图8-6）。分栏就是一种版面分割，特别是像《仓颉庙碑》《曹全碑》碑阴那种比较"灵动"的分栏，更能体现这种分割的意味。如果碑阴除题

名外还有其他内容,那么版面就会再分割,如《北海相景君碑阴》。如果文图混排,花样就会更多,如前述《广汉属国造桥碑》。总之,面对碑阴,作者和设计者似乎更勇于发挥个性。

图8-5 鲁峻碑阴 熹平二年(173) 原碑藏济宁市博物馆

图8-6 左:堂邑令刘君衣物名 青岛土山屯西汉墓出土
右:南郡免老簿 荆州纪南镇松柏1号墓出土

除了排版以外,碑文的具体内容可能也会受到"碑阴意识"的影响。桥玄曾弹劾太中大夫盖升,结果因为灵帝包庇,盖升反而迁升侍中。这是桥玄晚年遭遇的一次重大政治挫折,盖升拜侍中后,桥玄托病辞职反抗。[①] 但此事在蔡邕撰写的《太尉桥公碑》即 B 碑碑阳上,被处理得非常

---

① 《后汉书》卷五一《桥玄传》,第 1696 页。

不露痕迹：

> 后拜太尉。久病自替。复为少府、太中大夫。[①]

然而同出于蔡邕之手、刻在 C2 的事件版本就极尽详备，言语间还明显带有情绪：

> 时河间相盖升，以朝廷在藩国时邻近旧恩，历南阳太守、太中大夫。在郡受取数亿以上，创毒深刻。公表升贪放狼藉，不顾天纲，损辱国家，为上招怨，当肆市朝，以谢兆民。幸遇赎令，罪除恶在，可免升官，禁锢终身，没入财赂非法之物，以充帑藏，惩戒群下。连表上不纳，而升迁为侍中。公称病辞，徙拜光禄大夫。复拜太尉，如前逊位。复拜少府，病不就职。[②]

桥、盖矛盾激化后，蔡邕曾找机会劝灵帝黜免盖升、信用桥玄，结果谈话被宦官泄露，蔡邕自己也卷入冲突。[③] 桥玄碑的这个例子说明，即便作者是利害相关方，他在事件的书写方式上仍能体现出比较大的弹性，这既与作者对碑刻委托方意志的尊重有关，也与对展示空间、展示对象的考量有关。墓碑表现出的克制和庙碑表现出的激愤，使它们一个适合放在展示力强的碑阳、一个适合放在只期待"后昆"的碑阴。

为了抵抗碑阴在展示上的不利，C2 雕上了碑额，铭刻了对观众——"后昆"的寄语。但是，C2 预设的读者范围又非常有限，只有桥氏后昆。然而，它又是开放的，并不排斥其他观众，所以郦道元也看到了。实际上，看得到看不到，很多时候取决于访问者对碑刻相关信息的熟悉程度，桥氏后昆自不用说，郦道元的访碑也往往做了前期功课（参后文《张衡

---

① 《蔡邕集编年校注》，第 365 页。
② 《蔡邕集编年校注》，第 317 页。
③ 《后汉书》卷六〇《蔡邕传下》，第 1999 页。

碑》)，而普通访问者或者拓本收藏者，如编写《天下碑录》的宋人，就只见C1，不知道它的碑阴还有出于蔡邕之手的 C2[①]。在将被铭刻于碑阴的暗示下，作者蔡邕可能既有意识地抵制着碑阴的隐蔽性，又有意识地利用了碑阴的隐蔽性。

碑林景观

东汉人可以兼有墓碑和庙碑，墓碑和庙碑的数量并无一定之规。桥玄拥有 AB 两块墓碑，一是"群儒英才哲士"所立，一是位至司徒、廷尉的故吏所立。如程章灿师指出的，如果把碑视为立碑人送给墓主人的礼物，则每一块碑石都代表着墓主人的一层社会关系，多碑则呈现了他的社会关系网络。[②] 众多故吏集体为府主立碑是东汉常态，但位至三公四府大将军的故吏，往往选择单立一碑，而不参与普通故吏的众筹，桥玄碑如此，像司徒许诩为胡广所立碑，大将军何进为杨赐所立碑[③]，也都属于这种情况。总的来说，逝者的现任属下和故吏，高级故吏和普通故吏，在地方工作和中央工作时的故吏，以及工作圈之外的亲友，都有可能因与墓主关系的不同和自身地位的不同而分别树碑。想拥有多碑的荣耀，丰富的履历和腾达的下属是关键。

汉人归葬和聚族葬的习惯，使家族碑刻有可能在一定空间内形成聚集。离桥玄墓不远处，即是其子桥载的墓碑，再往城东方向，是其父桥仁的祠堂。[④] 除桥氏外，《水经注》中还能看到很多类似的东汉家族墓群，如汉扶乐县城外"悉诸袁旧墓，碑宇倾低，羊虎碎折"，这是中古名族陈郡袁氏的一个墓区，虽然时过境迁，建筑残破，尚存有国三老袁良、司徒袁滂、蜀郡太守袁腾、博平令袁光诸碑。[⑤] 东汉弘农杨氏自杨震以下四世

---

① 《隶释》卷二六引《天下碑录》，第 285 页。

② 《礼物：汉代石刻与社会网络》，第 146—162 页。

③ 蔡邕《胡公碑》《文烈侯杨公碑》，《蔡邕集编年校注》，第 160、361 页。

④ 《水经注·汳水》，《水经注疏》卷二三，第 1970—1971 页。

⑤ 《水经注·阴沟水》，《水经注疏》卷二三，第 1937 页。

三公,《集古录跋尾》谓"杨氏世葬闅乡,墓侧皆有碑",欧阳修得到了其中四碑的拓本[①],据此可以想象闅乡县杨氏家族墓园曾经的恢宏景象。一人多碑、累世聚葬,形成了东汉特有的乡里碑林景观。

家族碑刻在空间的聚集,也体现在其文本联系上。清人郭麐发现:"汉人碑文,其述先世,多不著其名。"[②]像"陈留太守之孙,光禄勋之子也"[③](《周憬碑》)这样只书职官的,最为常见。立碑意在垂示千古,千古之下,过往行人如何知道陈留太守是谁、光禄勋是谁? 这样写,可能就是因为父祖碑在近侧,作者才觉得不需重复介绍。直到东晋,孙绰《太宰郗鉴碑》径云:"公盖黄帝之苗裔,氏族所由,皆纪于祖御史大夫之碑矣。"[④]而柳宗元《兵部郎中杨君墓碣》也因死者身份等级的限制,无法使用书写面积充足的碑石,故"其世系则纪于大墓"[⑤],仍体现出这种家族碑的"互文"传统。五世纪以后,"祖讳某、父讳某"的写法始多,如李阐之《颜含碑》、北魏《郑羲碑》等,隋唐以下更成为定式,这应该是"世碑"在现实中和观念中都消失了的结果。[⑥]

通过门生故吏所立碑,后人能看到逝者的社会地位;通过子孙所立碑,后人能看到逝者的经济能力。碑是一个人社会地位和经济能力的实体化展现,而"碑林"则是家族势力的实体化展现。一块块丰碑巨石既将家族的在地势力展现给过往士人,也通过碑阴题名将家族在外尤其是在

---

① 《集古录跋尾》卷三《后汉杨公碑阴题名》,《全集》第 1942 页。
② 郭麐《金石例补》卷一,《金石全例》第一册,北京图书馆出版社,2008 年,第 597 页。碑刻不书祖先名讳,刘宝楠《汉石例》总结出多例,见《汉石例》卷二,《金石全例》第二册,第 1—21 页。
③ 《蔡邕集编年校注》,第 23 页。
④ 《宋本艺文类聚》卷四五,第 1248 页。
⑤ 《柳宗元集》卷九,第 211 页。
⑥ 《颜含碑》文云:"阐托姻颜氏,颇识旧闻,与君二子髦、约采集言行而着此传。"又云:"晋江夏李阐字弘模传,曾孙宋金紫光禄大夫赠特进延之字延年铭,大历七年岁次壬子夏四月甲寅,十四代孙唐金紫光禄大夫前行抚州刺史上柱国鲁郡开国公真卿书,重建于旧龟趺上。"又按髦、约皆颜延之(384—456)子,李阐当是延之婿,东晋末人。见《景定建康志》卷四三,嘉庆七年刊本。

朝势力展现给乡里父老和本地官员。汉代地方官员有祭祀乡贤墓的传统①,因此他们本就是碑刻所预期的主要读者之一。来上冢的官员,有时还会为逝者再立新碑,如豫州颍川郡的陈寔墓本有二碑,后来桓典为豫州刺史,又为陈寔立了第三碑②。地方官员不仅接收石刻传达的家族势力信息,还主动丰富这一信息,并将其再次传播出去。一个家族的茔域,由此成了一种可以不断扩容的可视化政治空间。

对于世家而言,这样的政治空间至为重要,但要保证它不萎缩,就须刺激碑刻的持续生产。熹平元年重臣胡广去世,赐冢茔于原陵③,原陵即光武帝陵,在洛阳城外④,胡广因此不能归葬故里南郡华容县。但蔡邕为胡广作4碑中,却有一方是置于华容的,《水经注·夏水》云,夏水"东过华容县南……又径交趾太守胡宠墓北,汉太傅广身陪陵,而此墓侧有广碑,故世谓广冢,非也。其文言是蔡伯喈之辞"⑤。今检蔡集,《太傅文恭侯胡公碑》云:"四月丁酉,葬于洛阳茔。故吏济阴池喜感公之义,率慕《黄鸟》之哀,推寻《雅》意,彷徨旧土,休绩丕烈,宜宣于此。乃树石作颂,用扬德音。"⑥旧土云云,与C1"公之勋美,宜宣旧邦,乃树碑颂,以昭令德"语近,旧土殆指逝者之故里,而前文又特别说明葬于洛阳,可知这块碑就是《水经注》提到的华容碑。洛阳有胡广二墓碑,立碑人分别是在中央工作的司徒许诩和胡广掾属王允等,华容碑的立碑人则是胡广在地方工作时曾经的一位下属,但后者并不以胡广的地方政绩为重点,而是

---

① 参杨树达《汉代婚丧礼俗考》,上海古籍出版社,2007年,第227、230页。地方官员上冢的风俗可能到魏晋还有余响,如西晋南阳相夏侯湛行县,"每县咨其故老,访其先贤,有兆者表其墓,经坟者揖其魂"。只不过由于禁碑,长吏能访见的碑刻恐怕仍多是汉碑,而且他们也很难再立新碑。夏侯湛为张衡新作的碑铭,就只能刻在汉张平子碑的碑侧。见《隶释》卷一九夏侯湛《张平子碑》,第194页。

② 《蔡邕集编年校注》,第370、376、389页。

③ 《后汉书》卷四四《胡广传》,第1511页。

④ 《后汉书》卷二《明帝纪》章怀注引《帝王纪》:"原陵方三百二十步,高六丈,在临平亭东南,去洛阳十五里。"(第95页)

⑤ 《水经注疏》卷三二,第2706页。

⑥ 《蔡邕集编年校注》,第154页。

竭力铺陈他到中央后的显赫,且对胡广哀荣的叙述比洛阳碑更详尽:

> 天子悼惜,群后同怀。诏五官中郎将任崇奉册,赠以太傅安乐乡侯印绶。拜室家子一人郎中。赐东园秘器,赐丝帛含敛之备。中谒者董诩吊词护丧,钱布赗赐,率礼有加。赐谥曰文恭,昭显行迹。四月丁酉,葬于洛阳茔。[①]

这就很能看出乡里碑刻希望着重展示什么。胡广入葬洛阳,胡广碑却不能在华容碑林缺席,它是碑林里的一员大将,其内容足以让往来读者驻足、仰慕、震撼。

曹操禁碑以后,魏晋南朝虽然仍有树碑特例,但累世有碑几乎已不可能。不过,碑林景观虽难以为继,一人多碑的现象却仍然存在。《水经注》记载,魏车骑将军黄权有四碑,"其二魏明帝立,二是其子及臣吏所树者也"[②]。东晋王羲之有二碑,一为孙绰制,一为庾倪制。[③] 但到萧梁,安成王萧秀死后,"当世高才游王门者,东海王僧孺、吴郡陆倕、彭城刘孝绰、河东裴子野,各制其文,欲择用之,而咸称实录,遂四碑并建"[④]。既然"欲择用之",则多碑此时已非通例了。[⑤]

魏明帝为黄权立了两块碑,它们是两块内容一样的碑,还是有所不

---

① 《蔡邕集编年校注》,第 154 页。华容碑的这部分内容,许诩碑只简单表述成"天子悼痛赠策,遂赐诔,谥曰文恭,如前傅之仪而有加焉,礼也",而撽属碑未及一字。

② 《水经注·清水》,《水经注疏》卷三一,第 2601 页。

③ 《太平御览》卷四七引孔晔《会稽记》:"诸暨县北界有罗山,越时西施、郑旦所居。所在有方石,是西施晒纱处,今名纻罗山。王羲之墓在山足,有石碑,孙兴公为文,王子敬所书也。"(第 227 页)又《世说新语·赏誉》:"庾公云:'逸少国举。'故庾倪为碑文云:'拔萃国举。'"(《笺疏》,第 548 页。)

④ 《南史》卷五二《安成康王秀传》,第 1290 页。

⑤ 除了萧秀外,萧憺也有四碑,但作者情况不明。许志强《南朝陵墓研究》:"以往认为萧憺墓前保存石兽一对、石碑一对,近年文物部门在石碑以北新发现一处石龟趺,位于神道东侧,石龟形制符合南朝龟趺特征,所处位置和摆放方式与现有神道石刻相吻合。考虑到南朝陵墓神道石刻的对称性,则萧憺墓前原来也应有四碑。"南京大学博士学位论文,2020 年,第 94 页注 1。

同? 如果不同,是什么内容需要用两块碑来分开表述? 据《水经注》记载,在桥玄墓不远处,还有晋梁王妃王粲陵,"并列二碑,碑云:'妃讳粲,字女仪,东莱曲城人也。齐北海府君之孙,司空东武景侯之季女,咸熙元年嫔于司马氏,泰始二年妃于国,太康五年薨,营陵于新蒙之□,太康九年立碑。'"①王粲有二碑,而仅有一份碑文,看来碑的"一式两份"确实是存在的。这种特殊的多碑现象,可能也始于东汉,崔瑗的《张衡碑》即其先例②。据《集古录跋尾》和《隶释》的著录,张衡碑"其刻石为二本,一在南阳(按,今河南南阳),一在向城(按,今河南南阳东北)"③。向城县即汉晋西鄂县④,郦道元到过这个地方,并且见到了张衡碑,《水经注》云:

> (淯水)又径西鄂县南,水北有张平子墓。墓之东,侧坟有平子碑,文字悉是古文,篆额,是崔瑗之辞。盛弘之、郭仲产并云:"夏侯孝若为郡,薄其文,复刊碑阴为铭。"然碑阴二铭,乃是崔子玉及陈翕耳,而非孝若,悉是隶字,二首并存,尝无毁坏。又言墓次有二碑,今惟见一碑。或是余夏景驿途,疲而莫究矣。⑤

郦道元因盛弘之、郭仲产之说了解到张衡有二碑,但他不知道二碑中有一块不在西鄂县,乃至怀疑自己是因为旅途疲劳,在寻访时漏掉了。郦道元当然也没有找到传说中夏侯湛的新碑文,根据《隶释》提供的信息,夏侯文正刻在南阳碑碑侧⑥。夏侯湛其时正是南阳相,西晋南阳国治宛(今河南南阳),也即欧阳修时代的南阳县,则恐怕夏侯湛不仅在张

① 《水经注·睢水》,《水经注疏》卷二四,第 2011 页。
② 此碑录文见《古文苑》卷一九,《四部丛刊》本。
③ 《集古录跋尾》卷一《后汉张平子墓铭》,《全集》第 2090 页。《隶释》卷一九,第 194 页。
④ 《元和郡县图志》卷二一《山南道二·邓州》:"向城县,本汉西鄂县地,春秋时向邑。江夏有鄂,故此加'西'。后魏孝文帝于古向城置向城县,属淯阳郡。"(中华书局,1983 年,第 534 页。)
⑤ 《水经注·淯水》,《水经注疏》卷三一,第 2598—2599 页。
⑥ 见《隶释》卷一九,第 194 页。

衡的一块碑上作了新文章,还把它移动到了郡治,导致二石自此分离。夏侯湛的做法也说明,乡里碑刻景观的消亡还有这样一种路径:碑刻被从茔域移走,作为观赏物被重新改造并放置在新的空间,或者说,它从一个政治空间转移到了一个艺术空间。

王粲陵"并列二碑",二碑当是对置摆放,与石兽、石柱同。张衡二碑在没有移走其一前,空间排布方式当也是如此。在萧梁陵墓中,今南京栖霞区的萧宏墓和丹阳的萧顺之建陵都是双碑,其双碑也都和石柱、石兽一样,是对置在神道两侧的,那么南朝对峙神道两侧的双碑,其渊源也可以说仍在东汉。不过,南朝陵墓双碑的碑文未必是一式两份。如陶弘景墓双碑,一为萧绎撰,题"隐居先生陶弘景碑";一为萧纶撰,题"贞白先生陶弘景碑"。① 这样看来,前文所引的《南史》萧秀墓四碑并建事,其所谓"欲择用之",不一定是四择一,而很可能是要四择二。

除了双碑的组合,在东晋南朝还能看到碑志组合。如杜济有碑有志②,温峤有碑,孙绰撰文③;又有墓志,2001 年出土④。陶弘景有二碑如前述;又有志,萧纲撰⑤。梁武帝兄萧敷有碑,又有墓志,均为徐勉撰。⑥此外,又有两志的组合,梁裴子野葬,"湘东王为之墓志铭,陈于藏内。邵陵王又立墓志,埋于羡道。羡道列志,自此始焉"⑦。既云自此始,则在

---

① 两文并见《宋本艺文类聚》卷三七,第 1016—1017 页。

② 见《集古录》。

③ 《文心雕龙·诔碑》:"及孙绰为文,志在于碑,温王郄庾,辞多枝杂,桓彝一篇,最为辨裁矣。"(《文心雕龙注》,第 214 页)又《晋书》卷五六《孙绰传》:"绰少以文才垂称,于时文士,绰为其冠。温、王、郄、庾诸公之薨,必须绰为碑文,然后刊石焉。"(第 1547 页)

④ 华国荣、张九文,《南京北郊东晋温峤墓》,《文物》,2002 年第 7 期。

⑤ 《宋本艺文类聚》卷三七萧纲《华阳陶先生墓志》,第 1019 页。

⑥ 《景定建康志》卷三三:"永阳昭王碑,徐勉撰。"《六朝事迹编类》卷一四:"梁永阳昭王墓志铭,徐勉造,在清风乡居民井侧,今在上元县。"(中华书局,2012 年,第 183 页。)按,《萧敷墓志》宋拓孤本今藏上海博物馆。按,碑志兼备的情况在唐代更普遍,这说明至晚从东晋南朝以后,碑志就各自承担着独立功能,志并不能简单理解为碑的替代品。

⑦ 《南史》卷三三《裴子野传》,第 867 页。

裴子野后当还有其例。梁武帝从弟萧昺,已知有碑一,萧绎撰文[①];又有墓志多达四方,每志边长都在1米上下,单志约可2250字[②],也相当于碑的文字体量了。这样的碑志组合,有一点像东汉一人多碑、碑出众手情况的再现,但墓志不像碑刻具有持久展示的能力,它更多的依托文集流传,文本在流传过程中,也只与作者紧密联系在一起,与逝者和立志方的关系反而淡化,这与立在墓所,始终围绕着逝者、服务于逝者的碑刻还是非常不同的。总之,作为政治景观的茔域碑林止于东汉,东汉以后,即使是萧秀那样难得一见的特例,其能四碑并建,勉强成"林",也只是因为四碑文辞难分高下,"咸称实录",而不是因为逝者家属或立碑方有这样的诉求。可以想见,行人观看萧秀碑,多数人的看点是王僧孺、陆倕、刘孝绰和裴子野,而不是萧秀,这很类似夏侯湛和崔瑗竞秀的那块张衡碑。传统的政治空间在萧秀的茔域已经蜕变成了艺术空间,实际上,这也将是"碑林"未来的走势。

结语

汉碑的面貌,似既有规律可循,又相当灵活多变,后人每在汉碑中求"例",正是基于汉碑的这种矛盾性格。本文想指出的是,汉碑的创造性不仅体现在碑阳,还体现在碑阴;不仅体现在单碑制作方式上,还体现在多碑组合方式,尤其是世碑式碑林的空间组合方式上。而进入禁碑时代之后,以上这些创造并未完全消失,尽管魏晋南北朝石刻为数不多,而且在碑文风格上离汉碑渐远,但它们仍在上述这些方面或留有汉碑的遗意,或更有所嬗变。

汉碑的制作并没有严格的制度规定,这是它时见创意的根本原因。建安七年(202),曹操军过睢阳,致祭桥玄,我们可以想象他参观睢阳城外的家族墓石刻群,阅读碑石上的权贵题铭和政治控诉,亲自感受碑的

---

① 《文馆词林》卷四五七,《日藏弘仁本文馆词林校证》,中华书局,2001年,第184页。

② 南京博物院《南京尧化门南朝梁墓发掘简报》,《文物》,1981年第12期。

宣示效果。三年之后，"魏武帝以天下雕弊，下令不得厚葬，又禁立碑"①。碑刻制作迎来了第一个国家制度规定。到了曹丕的时代，除了禁新碑，还有毁旧碑的行动，《水经注》载曹丕建九华台，"殿基悉是洛中故碑累之"②。这可见曹氏父子对碑石的一致态度。而这也说明，"天下雕弊"并不是禁碑的真正原因③，国家希望"谁可以展示、展示什么，谁可以书写、书写什么"不失控，才是根本意图。所以曹魏虽然禁碑，毌丘兴、黄权等碑却依然得建④，可见这种禁止，只是将立碑变成特供而已。可以说，国家介入石刻生产，直到将碑拉入等级化丧葬制度，这一过程正是从禁碑开始的。

---

① 《宋书·礼志二》，中华书局，1974 年，第 407 页。

② 《水经注·谷水》，《水经注疏》卷一六，第 1391 页。

③ 濱田瑞美「曹操による建安十年立碑の禁令の実相について」已指出，曹操禁碑令的背景是冀州平定，故禁碑并非出于经济上的考虑，而是为了防止袁氏门生借助碑石为他们自己和死去的袁氏故旧获取声望。收吉村怜博士古稀記念会编『東洋美術史論叢』，雄山閣出版，1999 年，第 93—112 页。

④ 《水经注·谷水》："谷水又东，径魏将作大匠毌丘兴墓南，二碑存焉。"（《水经注疏》卷一六，第 1369 页。）黄权碑已见前。

第九章
宣传：建国史与中古文学的开端

从 1927 年鲁迅在广州发表题为《魏晋风度及文章与药及酒之关系》的演讲以来，"文学的自觉"就成为中国文学的经典命题。[1] 按照鲁迅的定义，所谓自觉，是指"诗赋不必寓教训""为艺术而艺术"[2]。在这里，文学（"诗赋"）与儒教（"教训"）的对立，为后人提供了一种学术史常规思考模式，在中古学术史研究领域，我们如今仍常看到文学盛因经学衰、史学盛因经学衰、子书衰而文章盛等观点[3]，其实都遵循着同一种"此消彼长"逻辑。

鲁迅对儒教约束文学的看法，当然是有证据可以支撑的，扬雄就说

---

[1]　《鲁迅全集》（第三卷），人民文学出版社，2005 年，第 523 页。

[2]　"文学自觉"说的经典化与它先后进入几种影响较大的文学史教材不无关系，这包括林庚的《中国文学史》（1947 年）、刘大杰的《中国文学发展史》（1962 年）、游国恩主编的《中国文学史》（1963 年）和现今高等院校最为通行的袁行霈主编的《中国文学史》。刘大杰《中国文学发展史》的初版（1948 年）形容魏晋文学是"由为人的功用的文学，变为个人的言志的文学"。这显然也是鲁迅"诗赋不必寓教训"的翻版。而台静农的《中国文学史》（2004 年）在"魏晋文学的时代思潮"一章中基本照录了《魏晋风度及文章与药及酒之关系》的相关内容，尽管没有使用"文学自觉"这个概念。同时，正如学者指出的，由于李泽厚《美的历程》对"文学自觉"含义的扩展，这个概念有了更广泛的知名度，但无论鲁迅还是李泽厚，无论他们提出的"自觉"还是由"自觉"引申出的"人的觉醒"等观念，都并非纯文学研究甚至纯学术研究的话题。（孙明君《建安时代"文的自觉"说再审视》，《北京大学学报（哲社版）》，1996 年。）

[3]　胡宝国《汉唐间史学的发展》（修订版），北京大学出版社，2014 年，第 33 页。田晓菲《诸子的黄昏：中国中古时代的子书》，收田晓菲《影子与水文：秋水堂自选集》，南京大学出版社，2019 年。

过:"诗人之赋丽以则,辞人之赋丽以淫。"所谓"则",就是立正则,或者说就是要"寓教训"。但扬雄的话同时也说明,那种"丽以淫"的,即无教训、为艺术而艺术的作品自来有之①。换言之,文学沾染儒风倒是个阶段性现象,无怪乎后来不断有学者将"自觉"时间自鲁迅规定的曹丕时代上移,乃至有了汉代自觉说、战国发端说、春秋自觉说种种纷争。②

本文无意处理文学自觉问题,检讨这一段学术史,是想指出"此消彼长"这一叙述模式本身可能的缺陷:当使用这个模式时,我们已经默认了消减一方的强排他性,并且以此消为彼长的根本甚至唯一原因,但事实上这两者都是很难评估的。在儒教强势时,文学就不发达吗?那如何解释宋代文学的繁荣?在强势思想退潮后,文学就会自动发达吗?那为什么中古时期"自觉"的是文学、史学而偏偏不是直面思想的子书?这些问题都说明,"彼长"是一个复杂的现象,而"此消"是一个太过简单的解释。

所以,重新回溯中古文学的产生,我认为"文学自觉"让其他影响因子多少被忽视了。事实上,在汉唐之间的数百年中,最显著的社会特征是政权林立,互相竞争,文学在这样的时局中,很难完全置身事外,为艺术而艺术。本文想说明的是,正是在这样一个特殊的分裂时期,文学第一次被有意识地开发为一种宣传工具,中古文学也正是随着宣传功能的开发而发展的。

新文学功能的发现

宣传这个词,在古汉语中本是宣布传达之意,但我们现在使用的"宣传"是西文 propaganda 的对译,意义已与古汉语不同。Propaganda 原是不太常用的宗教词汇,有"传教"的意思,直到第一次世界大战,随着协约国大规模的宣传活动,它才成为大众熟知的概念。③ 成熟于战争的宣

① 《法言·吾子》,见汪荣宝《法言义疏》,中华书局,1987 年,第 49 页。
② 参张慧《近百年"文学自觉说"研究述评》,《运城学院学报》,2017 年第 1 期。
③ 参周作人《宣传》,收《药堂杂文》,北京十月文艺出版社,2012 年,第 968 页。刘海龙《宣传:观念、话语及其正当化》,中国大百科全书出版社,2013 年,第 25—26 页。

传,既对内更对外,要实现占据正义、鼓舞军心民心、煽动对敌仇恨、拉拢中立等多重任务,还要对突发的具体事件给予解释。换言之,宣传本身也成为战争的一种方式。① 这样的诞生历程,让现代宣传概念比"宣布传达"适用范围要狭窄,但意义层次更丰富。

尽管作为通行概念的宣传实属晚近舶来品,作为现象的宣传却是自古有之,按照孙中山的说法,孔子周游列国,就是在搞宣传②。在政权分立时期,来自不同立场的言论确实可以放在宣传视角下解读,但在古代史领域,其实很难见到"宣传史"研究。1985 年出版的郭志坤《先秦诸子宣传思想论稿》可能是迄今唯一的一部古代宣传史著作,但此书将宣传概念极度泛化,导致很多史料解读颇显牵强,比如"为学日益,为道日损"也被视为一种宣传思想③。而这也正可见,古代宣传史研究之所以不彰,史料匮乏是一大原因。

按照政治学家拉斯韦尔的看法,所谓宣传,就是通过操纵重要符号去控制集体态度。④ 符号,无论文字、图像、音乐还是概念、口号、象征物,构成了宣传活动的核心。尽管局限于史料,我们可能无法详尽勾勒早期社会宣传活动的执行过程和实施效果,但那些曾经使用过的符号多少还散落在文献中,可供后人追踪。而文学,就是这样的符号之一。

对于今日的读者,"一切文学都是宣传"⑤已经是熟识论调,但文学介入宣传,或者说宣传介入文学,是从何时而始呢? 无论对于宣传史还是文学史,这都是值得深究的话题。如果我们在比较狭义的层面上使用

---

① 比如拉斯韦尔就认为,宣传和军事压力、经济压力一起构成对敌战争的三大工具。见[美]哈罗德·D. 拉斯韦尔著,张洁、田青译,《世界大战中的宣传技巧》,中国人民大学出版社,第 22 页。

② 孙中山《在广州对国民党员的演说》,《孙中山全集》(第八卷),中华书局,1986 年,第566 页。

③ 郭志坤《先秦诸子宣传思想论稿》,福建人民出版社,1985 年,第 54 页。

④ 原文为"Propaganda is the management of collective attitudes by the manipulation of significant symbols." Harold D. Lasswell,"The Theory of Political Propaganda", The American Political Science Review, Vol. 21, No. 3 (Aug., 1927), p. 627.

⑤ 李初梨《怎样地建设革命文学》,《文化批判》第 2 号,1928 年。

宣传这个概念，那么中古时期正是宣传文学的重要时刻。在此之前，尽管文学已经参与了"润色鸿业"，但它尚未在纷争世局中充当过利器。建安以后，文学就不止于润色已有的鸿业，它还参与着开创鸿业，这个新角色的获得，也让文学有了新面貌。

宣传案例之一：曹操的周公乐府

在《三国志·崔琰传》"太祖性忌，有所不堪者，鲁国孔融"条下，裴松之补充了两个故事：

> 太尉杨彪与袁术婚姻，术僭号，太祖与彪有隙，因是执彪，将杀焉。融闻之，不及朝服，往见太祖曰："杨公累世青德，四叶重光，周书'父子兄弟，罪不相及'，况以袁氏之罪乎？易称'积善馀庆'，但欺人耳。"太祖曰："国家之意也。"融曰："假使成王欲杀召公，则周公可得言不知邪？今天下缨緌搢绅之士所以瞻仰明公者，以明公聪明仁智，辅相汉朝，举直措枉，致之雍熙耳。今横杀无辜，则海内观听，谁不解体？孔融鲁国男子，明日便当褰衣而去，不复朝矣。"太祖意解，遂理出彪。[1]

> 袁绍之败也，融与太祖书曰："武王伐纣，以妲己赐周公。"太祖以融学博，谓书传所纪。后见，问之，对曰："以今度之，想其当然耳！"[2]

这两个事件里都出现了"周公"，而周公正是曹操常用的宣传符号。朱熹说：

---

[1] 《三国志》卷一二裴注引《续汉书》，第372页。

[2] 《三国志》卷一二裴注引《魏氏春秋》，第372—373页。又《后汉书·孔融传》："初，曹操攻屠邺城，袁氏妇子多见侵略，而操子丕私纳袁熙妻甄氏。融乃与操书，称'武王伐纣，以妲己赐周公'。"(第2271页)又《世说新语·惑溺》："魏甄后惠而有色，先为袁熙妻，甚获宠。曹公之屠邺也，令疾召甄，左右白：'五官中郎已将去。'公曰：'今年破贼，正为奴。'"见《世说新语笺疏》，第1074页。无论有无自纳之意，甄夫人事件的责任人都是曹操，所以孔融直刺曹操。

　　　曹操作诗必说周公，如云："山不厌高，水不厌深；周公吐哺，天下归心！"又《苦寒行》云："悲彼东山诗。"他也是做得个贼起，不惟窃国之柄，和圣人之法也窃了！

　　　诗见得人。如曹操虽作酒令，亦说从周公上去，可见是贼。①

　　正如朱熹指出的，曹操不止一次在诗中提到周公，有的诗主题本离周公很远，于是周公被强拉进来尤其显得造作。如果从宣传学的角度审视这个现象，那么重复性正是宣传的特征：宣传符号要通过重复推送、不断灌输，才能产生效应。而为了实现有效推送，宣传场合、形式、媒介、渠道都需要优选。酒宴是相当合适的宣传场合，因为宣传者能对主题、受众、气氛有完全的掌握。虽然"周公吐哺"的求贤之意曹操也屡次在教令中表达过，但建立在多形式多渠道上的重复，可以收获更多样化的受众。

　　乐府显然是曹操重点依赖的宣传形式之一。和徒诗相比，乐府多了一重音乐因素，既作为配乐歌曲宣唱，也可以借文本流传，可谓早期多媒体，具有很强的传播效力。除了乐府之外，曹操的教令也在推送周公："所以勤勤恳恳叙心腹者，见周公有金縢之书以自明，恐人不信之故。"（《己亥令》）②除了曹操本人外，他周围的文人团也在发声，比如王粲有"愿我贤主人，与天享巍巍。克符周公业，奕世不可追"（《公讌诗》）的诗句③。总之，为了获得更好的效果，宣传的多样化和持续性都是必要的。

　　比怎样推送更重要的是推送什么，符号的选择是宣传的核心环节。综合曹、王对"周公"的使用情况，可以看到这个符号适用性极强：它既用来表彰曹操廓清天下、再造汉室的功绩，又用来彰显曹操合法的摄政地位，还证明着曹操的忠诚（如果人们选择相信曹操，则曹操就是当代周公；如果怀疑，则更说明曹操是周公），并暗示着一种优惠的人才政策。事实上，能同时收获这些效果的宣传符号，也只有"周公"了，它显然是一

---

① 《朱子语类》卷一四〇，第3324页。

② 《三国志》卷一《武帝纪》，第33页。

③ 李善注："主人，谓太祖也。"《宋尤袤刻本文选》，第五册第176页。

个精心的选择,而不是毫无理由的集体用典偏好。

宣传符号的多重意义,往往是随着宣传侧重点的转移而生成的,毕竟对宣传者而言,当新的宣传任务出现,而旧的符号经再阐释后还可以继续使用,宣传成本要远少于启用新符号。"周公"的生命力就在于此,道理上说,从建安元年(196)献帝都许到建安二十一年(216)五月曹操受封魏王的 20 年中,曹操集团都可以从不同角度使用它,惟此前曹操尚无资格比附,此后再提周公就不合适了。前文引及的史料中,可以确知年代的有杨彪事件(建安二年,197)、甄夫人事件(建安九年,204)和《己亥令》(建安十五年,210),前后延续颇久。史料中最后一次出现"周公"符号是在建安十八年(213),这年曹操进爵为公,并接受九锡。册封诏书说:

> 朕闻先王并建明德,胙之以土,分之以民,崇其宠章,备其礼物,所以藩卫王室,左右厥世也。
>
> 其在周成,管、蔡不静,惩难念功,乃使邵康公赐齐太公履,东至于海,西至于河,南至于穆陵,北至于无棣,五侯九伯,实得征之,世祚太师,以表东海。
>
> 爰及襄王,亦有楚人不供王职,又命晋文登为侯伯,锡以二辂、虎贲、鈇钺、秬鬯、弓矢,大启南阳,世作盟主。
>
> 故周室之不坏,繄二国是赖。[1]

诏书为曹操开国备锡找到的理据是齐、晋故事,曹操为此发布的令却回应以周公故事:

> 夫受九锡,广开土宇,周公其人也……吾何可比之?[2]

---

[1] 《三国志》卷一《武帝纪》,第 38 页。

[2] 《三国志》卷一《武帝纪》裴注引《魏书》,第 40 页。按周公受九锡不见于经文,惟《后汉书·高彪传》载彪与马融书云:"昔周公旦父文兄武,九命作伯,以尹华夏,犹挥沐吐餐,垂接白屋,故周道以隆,天下归德。"汉人多视九命、九锡为一事,故曹操之语实与高彪吻合,这应该是当时流传的说法。

　　这个微妙的典故置换，与其说是辞让，不如说是对诏书做出的修正。曹操希望人们看到，他受到的待遇仍然符合一直以来的"周公"身份设定。所以在接下来的群臣劝进表中，周公和齐太公一样曾"大启土宇，跨州兼国"的故事得到了强调，而且该表还补充了"周公八子，并为侯伯，白牡骍刚，郊祀天地，典策备物，拟则王室，荣章宠盛如此之弘也"①的信息，以便曹操父子在周公符号下继续开展更多的活动。

　　曹操进封魏公是对汉朝爵制的巨大破坏②，正因为如此，周公的宣传反而要继续，惟将破坏包裹在稳定不变的宣传符号内进行，才能减少震动。非常有意思的是，到了建安二十一年五月曹操成为魏王，"周公"终于不再适用的时候，王粲立即写出了"昔人从公旦，一徂辄三龄。今我神武师，暂往必速平"（《从军诗》之二，约作于二十一年十月到次年春之间）的诗句③，这不仅表明"周公"被抛弃了，也提示我们旧的宣传符号有时是以被超越的形式被抛弃的。

　　想要评估这场周公运动的实际效果，确实有史料困难。但是我们知道，一直到建安十七年，荀彧仍然认为曹操有恪守臣子本分的可能④，倘不考虑宣传的影响，很难解释他的执念从何而来。另一个被宣传影响的人正是前文提到的孔融。成功的宣传符号会使受众产生条件反射式的联想，即使是那些理智上并不认可宣传内容的受众，孔融以"周公"借力

---

　　①　《三国志》卷一《武帝纪》裴注引《魏书》，第40页。

　　②　关于曹操封魏公、加九赐的制度史意义，可参杨英《曹操"魏公"之封与汉魏禅代"故事"——兼论汉魏封爵制度之变》，《苏州大学学报》（哲社版），2014年第5期。

　　③　据《三国志》卷一《武帝纪》、卷一七《张辽传》、卷四七《吴主传》，建安二十年三月至十二月曹操西征张鲁，八月孙权趁机围合肥，为张辽所破。二十一年十月曹操亲征孙权，二十二年三月还师。《武帝纪》建安二十年十二月条下裴注云："是行也，侍中王粲作五言诗以美其事曰"，并引其"从军有苦乐"一诗。这就是《文选》所收王粲《从军行》五首的第一首。李善在《从军行》题后全引裴注，实则五首之中只第一首写征张鲁事，后四首写征孙权事，故皆当作于二十二年十月后。

　　④　《三国志》卷一〇《荀彧传》："十七年，董昭等谓太祖宜进爵国公，九锡备物，以彰殊勋，密以谘彧。彧以为太祖本兴义兵以匡朝宁国，秉忠贞之诚，守退让之实；君子爱人以德，不宜如此。太祖由是心不能平。"（第317页）

打力、讽刺挖苦,就是这样一种条件反射。所以,了解"周公"的宣传符号性质,也才能感受到孔融做的两事会让曹操多么"不堪"。

在这个以"周公"为符号的宣传案例中,文学的贡献非常值得注意。虽然现在可知的参与文本不多,但它们正是被视为魏晋南北朝文学发端的那些作品。重新考察这些作品中的宣传因子,会让我们对很多旧问题有新认识。

曹操对乐府的偏好是众所周知的,这里面可能有个人兴趣因素,但更可能的是,曹操意识到并利用了乐府诗的多媒体性质。现存曹诗全部是乐府,主要分为三大主题:一是纪实,如《蒿里行》《薤露行》《苦寒行》;二是政治愿景,如《度关山》《对酒》;三是游仙。这里面只有第三类是传统题材,而其中也出现了"不戚年往,世忧不治"(《秋胡行》)这样不传统的宣传语;至于前两类,则完全是新鲜的军宣文学和政宣文学。如果认识到这种新变,则前人就曹诗提出的一些内容和风格问题,如谢榛指出的"魏武帝《对酒歌》曰'耄耋皆得以寿终,恩泽广及草木昆虫。'坑流兵四十馀万"[1],胡应麟指出的"《雁门太守行》通篇皆赞词,《折杨柳》通篇皆戒词,名虽乐府,实寡风韵。魏武多有此体,如《度关山》《对酒行》,皆不必法也",包括前文所引的朱熹的质疑[2],其实根本不成为问题。

同样该重新审视的还有曹操所谓"借古乐府写时事"[3]的创作方式。过去我们或认为这与当时作曲家的稀缺有关[4],或认为这与汉乐府"感于哀乐,源事而发"的传统有关[5]。从宣传的角度考量,直接利用人们熟悉的旧题旧曲填词,最简单的意图是提高接受度[6],因此这也不是一个

---

① 谢榛《四溟诗话》卷一,见《四溟诗话 姜斋诗话》,人民文学出版社,1961年,第15页。

② 《诗薮》内编卷一,上海古籍出版社,1979年,第15页。

③ [清]沈德潜选评,《古诗源》卷五,中华书局,1963年,第106页。

④ 见萧涤非《汉魏六朝乐府文学史》(增补本),人民文学出版社,2011年,第123页。

⑤ 袁济喜《汉、魏两武帝与文学发展关系的比较》,《社会科学辑刊》1983年第4期。袁行霈主编,《中国文学史》(第二卷),高等教育出版社,1999年,第28页。

⑥ 类似的传播方案在现代社会仍在使用,比如著名革命歌曲《东方红》就使用了陕北民歌旧有的骑白马调,见何其芳、张松如《陕北民歌选》,上海文艺出版社,1962年,第241页。

纯粹的文学或者音乐问题。

前文提到过，曹操的乐府和教令时有呼应，像《己亥令》和《短歌行》（周西伯昌）就有明显的文字配合①。以文学来歌颂或阐释新指示、新精神、新政策，也是建安时代文学新变之一，但新变不止于此，在下面一组案例中我们将看到，文学的能力不仅在于配合，还在于主动造势。

宣传案例之二：军宣诗赋

正如战争史研究者指出的，魏晋南北朝时期虽然战乱频仍，人们对作战过程的记载却极为匮乏，以至与欧洲古代战记形成鲜明对比。② 其实就这个时期的文学作品而言，战争主题并不缺乏，而且其中有相当一部分是以长于描绘细节的赋来写作的。不过，从作家们"神武奕奕，有征无战"③的战争定性，就能看出他们确实不想把重点放在战斗本身。

在汉末动乱之前，帝国的战争文学多以颂体为之，它们写作于战事结束后，是一种通过渲染胜利来颂德扬威的文本。④ 中平以后，军阀林立，时局瞬息万变，各路诸侯尚无精力在歌功颂德上大费周章，比起歌颂，他们更需要的是自我宣传，应此需求而诞生的军宣文学，就要完成前文所说的占据正义、鼓舞士气、煽动仇恨、拉拢中立、许诺和平等任务。正因如此，实战描写比此前更减，基本是点到军威为止，倘迷恋暴力美学，反而是对宣传效果的损伤。

所谓兵者不祥之器、圣人不得已而用之，占据正义、师出有名才是军

---

① 黄节已指出这一点，见其《魏武帝诗注》，中华书局，2008年，第207页。

② 李硕《南北战争三百年：中国4—6世纪的军事与政权》，上海人民出版社，2017年，第13页。

③ 陈琳《神武赋》，俞绍初辑校，《建安七子集》卷二，中华书局，2005年，第44页。

④ 除《文选》所收扬雄《赵充国颂》、史岑《出师颂》外，还有班固《窦将军北征颂》、傅毅《窦将军北征颂》《西征颂》、崔骃《大将军西征赋》《北征颂》等。《宋本艺文类聚》卷五九引崔骃《西征赋》云："愚闻昔在上世，义兵所克，工歌其诗，具陈其颂，书之庸器，列在明堂，所以显武功也。"（第1616页）比较清楚地交代了这类作品的写作时机和功能。

宣文学的基础任务。道义优势意味着对士人的凝聚力,而将战争的发生及其灾难后果归罪于对方,才能使民心的天平移向自己。因此在军宣文学中,义正词严的出师理由,比如"汉季世之不辟,青龙纪乎大荒。熊狼竞以挈攫,神宝播乎镐京。于是武臣赫然,扬炎天之隆怒,叫诸夏而号八荒"(陈琳《武军赋》,为建安四年袁绍易京之战作),或者"惟蛮荆之作雠,将治兵而济河""静乱由乎干戈"(阮瑀《纪征赋》,为建安十三年曹操荆州之战作),基本是不可少的。① 当然,实际上参与逐鹿的任何一方都不比其他对手更正义,所有的义正词严都是可以共享的,因此要达到理想的宣传效果,说到底全靠写作技术。

从这个角度来说,《蒿里行》无疑是最优秀的宣传案例。这首乐府针对袁绍集团而作,因此连袁术的僭号,都被表述为袁绍之弟的僭号("淮南弟称号")②。至于袁绍本人的恶行,即"刻玺于北方",早先公孙瓒也有表奏③,但与公孙相比,曹诗的新意在于将袁氏的僭越举动与"白骨露于野""生民百遗一"联系在一起,这样再结以"念之断人肠",敌我双方很自然地被置于罪恶与正义两极,吊民伐罪的意思就出来了。尤为巧妙的是,在这首诗里,曹操反袁的正当性丝毫没有被袁曹曾经合作过的历史削减,因为诗句告诉人们,袁绍是后来才堕落的("势力使人争")。可以想见,曹操提供的这种认知视角,将随着乐府诗的传播左右时人对他的观感,甚至对未来的选择。

而这些宣传造就的认知视角,影响还不止于当时,当胜利最终到来,它们还会被重新梳理整合,成为新的建国史。钟嵘对曹诗有"汉末实录,

---

① 《建安七子集》卷二、卷五,第 38、163 页。

② 袁术在其淮南政权难以支撑时,曾有归帝号于袁绍的计划(事见《三国志·袁术传》并裴注引《魏书》),这也是袁术问题被算在袁绍头上的原因。官渡战后,曹操在表奏袁绍罪状时也着重强调了这一点,见《魏书·武帝纪》注引《献帝起居注》。

③ 《魏书·公孙瓒传》注引《典略》载公孙瓒表:"韩馥之迫,窃其虚位,矫命诏恩,刻金印玉玺,每下文书,皂囊施检,文曰'诏书一封,邠乡侯印'。昔新室之乱,渐以即真,今绍所施,拟而方之,绍罪五也。"(《三国志》卷八,第 242 页。)

真诗史也"①的评价，这种印象其实得自曹诗叙事与传世史料的一致性，但他没有注意到，曹诗其实是产生在那些传世史料之前的。曹魏政权建立后，朝廷制作了一套鼓吹曲词②，其中第二首《战荥阳》云："同盟疑，计无成，赖我武皇，万国宁。"第四曲《克官渡》云："旧邦萧条，心悲伤。孤魂翩翩，当何依。"③这和《蒿里行》的叙事视角高度一致，可见曾经的宣传文字已经凝固下来，成为权威历史叙事，并进而影响着王朝史的编纂。

和东汉征伐颂文相比，建安后的军宣文学要为战事助威，不可能时时待凯旋而后作。于是文人每"载笔而从师"（徐幹《西征赋》），以现场生产战地文学。建安十三年曹军南下荆州，阮瑀、徐幹、曹丕都随军并有创作④，这些热情洋溢的作品虽然因旋即而来的赤壁大败略显尴尬，但它们还是可以证明，曹方的宣传战是积极而出色的，尤其是团队批量创作的出现，说明当时的宣传战已颇具规模效应。

战争不是单纯的军事问题，它本质上是政治问题，这在一方面决定了军宣文学"有征无战"、略于战斗场景描绘的写作方式，另一方面也给了军宣文学更大的政治野心。建安二十年曹操西征张鲁，还师后进封魏王，旋即又征孙权，南下途中在故乡谯县暂驻。这个过程，王粲以《从军行》五首纪之，其中最后一首专写谯县事。如果没有这组诗，史料呈现的征张鲁和征孙权更像两个孤立的军事行动，曹操封王和还谯之间也没有明显关联，但王粲提醒了我们，这一系列动作都围绕着封王建国的政治主题展开。在魏国甫建之际，王粲作为王国首任侍中，创作一组自成规模的乐府，以美魏王前后武功，最后又落脚于龙兴之地，其造势意味相当明显。诗中"不能效沮溺，相随把锄犁。熟览夫子诗，信知所言非"（其一）、"诗人美乐土，虽客犹愿留"（其五）这样的句子，虽然因为既扮演宣

---

① 钟惺、谭元春辑《古诗归》卷七，《续修四库全书》第 1589 册影明本，第 425 页。

② 《晋书·乐志下》："汉时有短箫铙歌之乐，其曲有……。及魏受命，改其十二曲，使缪袭为词，述以功德代汉。"（第 701 页）

③ 《宋书·乐志四》，第 645 页。

④ 阮瑀《纪征赋》，见前。徐幹《序征赋》，见《建安七子集》卷四，第 153 页。曹丕《述征赋》，见《宋本艺文类聚》卷五九，第 1616 页。

传者又扮演受众而显得太过直白,倒也让人对宣传的意图一目了然。

对宣传史研究而言,受众研究本应是十分重要的内容,但遗憾的是,很少有作者会像王粲那样透露他预设的读者包括哪些人。尽管如此,受众的意识对我们理解宣传文学是不可或缺的。钱锺书曾质疑丘迟《与陈伯之书》的实际效果,因为陈伯之间里无赖出身,行伍起家,原不识字,给一个看文件都得秘书翻译的人送一封华美骈文,能有什么作用呢?① 但南方抛出这封信,预设受众未必只是陈伯之,毕竟那些已经在北方、未来可能到北方甚至只是动了入北念头的南人,都可能成为"暮春三月,江南草长,杂花生树,群莺乱飞"的读者。

结语

毫无疑问,宣传给文学带来了意想不到的东西:技能,题材,资助,甚至地位。宣传依赖文字的感染力,于是会刺激写作技术的开发;宣传依靠重复以巩固扩大影响,于是会刺激作品量的增长;每一次宣传的具体目的,则会引导文学的题材及其处理方式;宣传也使作家有了安身立命的方式,倘行有余力,他们还能写出今日我们视为"自觉"的作品。

但是,宣传对文学的推进是有限的,因为作者总会尽量利用受众熟悉的旧有形式创作,如果不敷使用,则或旧瓶新酒,或移花接木,并不会像文学内在理路所引发的革命那样,使文学面貌一时焕然。而宣传带给文学的负面影响也相当明显:在审美层面,宣传让文学既难摆脱直露,也难摆脱矫饰,甚至结合出一种直露的矫饰;在技术层面,宣传迫使文学在立意措辞上用尽机巧,而这些机巧进一步加重了它的矫饰气息;至于成为宣传工具的作家群体,他们的个体人生也将受到深刻的干扰。

文学家和宣传活动的关系,这里有一个具体的例子。如前所述,建安时期发生的多场战役都有搭配宣传的赋作,现存有出自袁绍集团的作

---

① 钱锺书《管锥编》第四册,生活·读书·新知三联书店,2007 年,第 2257 页。

品，也有出自曹操集团的作品①。袁曹之后，用赋给主将打宣传的做法仍被军阀霸府继承下来，像司马颖手下有陆云写过《南征赋》②，桓温手下有袁宏写过《北征赋》，刘裕手下有傅亮写过《征思赋》③。《世说新语》记载了涉及《北征赋》的一些细节：

> 桓宣武命袁彦伯作《北征赋》，既成，公与时贤共看，咸嗟叹之。时王珣在坐云："恨少一句，得'写'字足韵，当佳。"袁即于坐揽笔益云："感不绝于余心，泝流风而独写。"公谓王曰："当今不得不以此事推袁。"④

桓温不仅亲自下任务，亲自指定作者，还亲自组织审核，可见这类人物对宣传的重视程度。继桓氏而霸的刘裕更完全依靠征战收获资本，因此更需要这样的文学作品。在这样的背景下，谢灵运的《撰征赋》就显得颇为奇怪，理论上说，这篇文章重点应该在为北伐做宣传⑤，但它实际上却被写成了纪行赋。为战争而写的"某征赋"，和写个人行旅见闻的纪行赋（比如《文选》收录班彪《北征赋》、班昭《东征赋》、潘岳《西征赋》）确实标题雷同，为此宋代学者还特别做过辨析，说明"征"字有征伐、征行二义，不可混淆。⑥ 但这是只有读者才会产生的误解，作者总是知道自己

---

① 主要包括陈琳《武军赋》《神武赋》，阮瑀《纪征赋》，徐幹《序征赋》《西征赋》，繁钦《撰征赋》《述征赋》，杨修《出征赋》，王粲《初征赋》《述征赋》，应玚《撰征赋》《西征赋》，曹丕《述征赋》以及曹植《东征赋》《述征赋》等。其中《武军赋》是为袁绍作，其他都出自曹操的宣传团队。

② 《陆云集》卷一，中华书局，1988 年，第 17—19 页。

③ 《宋本艺文类聚》卷五九，第 1620 页。

④ 《世说新语笺疏》，第 320 页。

⑤ 《宋书》卷六七《谢灵运传》："高祖伐长安……奉使慰劳高祖于彭城，作《撰征赋》。"（第 1743 页）

⑥ ［宋］王楙《野客丛书》卷一九"征有二义"条："征有二义，有征行、有征伐。文字中有以东征、西征为名者，不可不审。如曹植《东征赋》，崔骃、徐幹《西征赋》，班固、傅毅《北征颂》，此皆述征伐之征，非征行之谓也。如袁宏、班昭《东征赋》，潘安仁《西征赋》，张缵《南征赋》，班彪《北征赋》，此正述征行之征，非征伐之征也。"（中华书局，1987 年，第 212 页。）

要写什么、应该写什么,谢灵运的处理方式,更像是在偷梁换柱。桓温和袁宏之间,刘裕和谢灵运之间,都没有很和谐的关系,但当一方有宣传需求,另一方亦很难脱身。在一个文人不自由的时代,文学是很难在一个较高程度上自觉的。

　　总而言之,"宣传"是中古文学的另一种打开方式,它依赖和带动文学,也激励和困扰文学家。而文学作为一种宣传符号,在战争时代飞速成熟,这个事实不应因"文学自觉"的基调而被忽视。中古时期是文学与宣传的第一次碰撞,宣传介入文学,但并没有占领文学。随着历史的发展,战火的再燃,这种碰撞还会继续,还会激烈,新的文学形式,新的作家处境,还会随着新的宣传任务而生。

第十章
互文的人生：读《五柳先生传》

　　先生不知何许人也，亦不详其姓字，宅边有五柳树，因以为号焉。闲静少言，不慕荣利。好读书，不求甚解；每有会意，便欣然忘食。性嗜酒，家贫不能常得。亲旧知其如此，或置酒而招之；造饮辄尽，期在必醉。既醉而退，曾不吝情去留。环堵萧然，不蔽风日；短褐穿结，箪瓢屡空，晏如也。常著文章自娱，颇示己志。忘怀得失，以此自终。

　　作为传统名篇，《五柳先生传》拥有难以计量的古今读者。然而就现存的各种批评、研究资料看，对这篇作品的关注焦点似乎始终集中在作者而非文本上。众所周知，最早在《五柳先生传》和陶渊明本人事迹间建立联系的文献，是《宋书·陶渊明传》："潜少有高趣，尝著《五柳先生传》以自况曰……其自序如此，时人谓之实录。"①这个观点后来又被萧统《陶渊明传》以及《晋书》《南史》的《陶渊明传》所承袭。在此联系的基础上，人们热衷探求《五柳先生传》所反映的陶渊明形象及其人格特点，研究者亦试图由此推断《五柳先生传》的系年——这虽然可以说是文本研究，但仍是由作者研究衍生的。

　　史传关于陶渊明生平的记载不甚详细，是驱使《五柳先生传》研究偏于指向作者的重要原因。但如果暂时抛开《五柳先生传》是陶渊明所作

---

① 《宋书》卷九三，第2286—2287页。

这一事实，直接面对文本，一些更基本性的问题就会浮现出来。

体制

在陶渊明之后半个世纪，袁粲写过一篇《妙德先生传》，其文曰：

> 有妙德先生，陈国人也。气志渊虚，姿神清映，性孝履顺，栖冲
> 业简，有舜之遗风。先生幼夙多疾，性疏懒，无所营尚，然九流百氏
> 之言，雕龙谈天之艺，皆泛识其大归，而不以成名。家贫尝仕，非其
> 好也。混其声迹，晦其心用，故深交或迕，俗察罔识。所处席门常
> 掩，三径裁通，虽扬子寂漠，严叟沈冥，不是过也。修道遂志，终无得
> 而称焉。①

与《五柳先生传》相比较，二文从整体结构到人地、气质、学术、隐居
的内容要素，甚至叙述顺序都相当一致。《妙德先生传》的这段文字当然
很有可能就是模拟陶文而来②，但值得注意的是《宋书》对此文的介绍：

> 愍孙清整有风操，自遇甚厚，常著《妙德先生传》以续嵇康《高士
> 传》以自况。③

所谓续写《高士传》，《三国志・魏书・嵇康传》注引《嵇康别传》云：

> 撰录上古以来圣贤、隐逸、遁心、遗名者，集为传赞，自混沌至于

---

① 《宋书》卷八九《袁粲传》，第 2230 页。
② 川合康三从"理想化的人物传"角度，比较了魏晋《高士传》、《五柳先生传》和《妙德先生传》的写作水平，是较早的关注到这些人物传之间关联的研究。见川合康三著，蔡毅译《中国的自传文学》，中央编译出版社，1999 年，第 54—73 页。
③ 《宋书》卷八九，第 2230 页。

管宁,凡百一十有九人。①

又《南史·阮孝绪传》:

> 初,孝绪所撰《高隐传》中篇所载一百三十七人,刘歊、刘訏览其书曰:"昔嵇康所赞,缺一自拟,今四十之数,将待吾等成邪?"对曰:"所谓荀君虽少,后事当付钟君。若素车白马之日,辄获麟于二子。"歊、訏果卒,乃益二传。及孝绪亡,訏兄絜录其所遗行次篇末,成绝笔之意云。②

在隐逸思想盛行的魏晋南朝文化中,嵇康《圣贤高士传》是一部影响很大的文献,在它问世后,有阮孝绪《高隐传》这样同类型著作嗣出③,也有与陶渊明过从的名隐士周续之为之作注④,还有袁粲这样希求附骥的单篇作品。《五柳先生传》的写作是否也有续《高士传》以自况的意图,史无明征,但《妙德先生传》《五柳先生传》的体制与《高士传》诸篇在体制上的雷同,确是非常明显的。

根据戴名扬重新辑录整理的结果,嵇康《高士传》现共存传 62 篇,传主 69 人。⑤ 这些篇目有的已非全帙,但仍可见出各传的基本格式是以"某人者,某地人也"的传主基本信息开篇,下叙事迹,最后系赞。如《司马相如传》:

> 司马相如者,蜀郡成都人,字长卿。初为郎,事景帝。梁孝王来朝,从游说士邹阳等。相如话说之,因病免游梁。后过临邛,富人卓

---

① 《三国志》卷二一,第 605 页。

② 《南史》卷七六,第 1896 页。

③ 关于魏晋南朝《高士传》类文献的著录存佚情况,详参卞东波《六朝"高士"类杂传考论》,《古典文献研究》第七辑,凤凰出版社,2004 年,第 132—151 页。

④ 《宋书·隐逸·周续之传》:"常以嵇康《高士传》得出处之美,因为之注。"(第 2280 页)

⑤ 见戴明扬校注《嵇康集校注》,人民文学出版社,1962 年,第 397—421 页。

王孙女文君新寡,好音,相如以琴心挑之,文君奔之,俱归成都。后居贫,至临邛买酒舍,文君当垆,相如着犊鼻裈,涤器市中。为人口吃,善属文,仕宦不慕高爵,常托疾不与公卿大事。终于家。其赞曰:"长卿慢世,越礼自放。犊鼻居市,不耻其状。托疾避官,蔑此卿相。乃赋大人,超然莫尚。"①

首书人地而继之以事迹,这是依仿《史》《汉》旧法,但作为"甄录贞范"②的类传,《高士传》在内容上只需剪辑出传主与"高士"主题相关的信息,而不必具列其平生行谊,所以每传篇幅都控制得比较短小,观《司马相如传》之节略前史即可知。从现存的六朝高士类人物传来看,其体制特点大体相同。事实上,以上这些体制特点也是汉魏六朝各种类传,如《列女传》《列仙传》所共有的,惟《高士传》系列可由高士逸民自撰,故既可以列述前修而"缺一自拟",也可以单作一篇以"自况"。

传主信息:"不知何许人也"

陆以湉在《冷庐杂识》中指出:"《后汉书·逸民列传》:'野王二老者,不知何许人也。'陶靖节《五柳先生传》仿用之。"③实际上,在嵇康《高士传》的现存篇目中,即有 9 篇出现了"不知何许人也"的措辞,一共涉及 12 位传主,分别是石户之农、伯成子高、卞随、务光、商容、荣启期、长沮、桀溺、荷蓧丈人、河上公、求仲、羊仲。这 9 篇传的史料来源都可考知,如《伯成子高传》:

伯成子高者,不知何许人也。唐、虞时为诸侯,至禹,复去而耕。

---

① 《嵇康集校注》,第 414 页。
② 见《史通通释·杂述》浦起龙释文,第 274 页。
③ [清]陆以湉《冷庐杂识》卷六,中华书局,1984 年,第 336 页。

文出《庄子·天地》:

> 尧治天下,伯成子高立为诸侯。尧授舜,舜授禹,伯成子高辞为诸侯而耕。

又如《长沮桀溺传》:

> 长沮、桀溺者,不知何许人也,耦而耕。孔子过之,使子路问津焉。

文出《论语·微子》:

> 长沮、桀溺耦而耕。孔子过之,使子路问津焉。

通过对比史源可知,凡9传中"不知何许人也"一句都是《高士传》后加入的。《史通·采撰》谓"嵇康《高士传》,好聚七国异言",又《杂说下》谓:"庄周著书,以寓言为主,嵇康述《高士传》多引其虚辞。"[1] 嵇康不仅将"虚辞"采入著作中,而且还依照史传体制,将它们加工成格式统一的面貌——凡知传主何地人的,则写明,凡不知者,不是缺书这一项,而是以"不知何许人也"占据此信息位。在现存卷帙较多的皇甫谧《高士传》中,"不知何许人也"的措辞亦常见,除了与嵇《传》重叠的几位传主外,又有老商氏、东海隐、汉滨老父等数传。[2] 可见这种处理方法本是高士类杂传的通例,目的是增加人物传的征实效果。除了高士传类杂传外,此例也见于其他类传中,如魏晋时期大为风行的《列仙传》,其人物或书其地,如"忽子先者,汉中关下卜师也";或书其时,如"宁封子者,黄帝时人也";亦有书不知地者,如"仇生者,不知何所人也"。[3] 与高士类杂传史

---

① 《史通通释》,第116、523页。
② 见［晋］皇甫谧《高士传》,《丛书集成初编》本。
③ 见王叔岷《列仙传校笺》,中华书局,2007年,第148页。

料部分来自寓言虚有人物不同，神仙类杂传的传主如不知为何许人，也可能与西汉以来号为神仙者自晦来历以自我神秘化的伎俩有关，即如《史记·孝武本纪》所载"匿其年及所生"，使人"不知其何所人，愈信，争事之"的李少君之流①。但无论是妄言还是虚构造成的"不知何许人也"，作传者特为补入这句话，仍都是为了保证诸传体制格式的统一，表明自己征实的态度。《五柳先生传》正是袭拟了六朝高士神仙类杂传常用的"不知何许人也"格式，不过此传如是"自况"，则未免近于自匿来历之意了。

传主信息："亦不详其姓字"

在《五柳先生传》之前，不详传主姓字的人物传，大概有两种类型。一种是阮籍的《大人先生传》，其开篇曰："大人先生盖老人也，不知姓字。"《大人先生传》篇幅较长，传体与《五柳先生传》亦不同，是篇反复设客显志，其所谓不知姓字，亦是虚设传主，如非有先生之类也。另一种则如陈寿《益部耆旧传》：

> 广汉有老翁钓于涪水，自号涪翁。②

又如《太平御览》卷五百三引王隐《晋书》：

> 瞿硎先生者，不得姓名，亦不知何许人也。泰和末，常居宣城郡界。山中有瞿硎，因以名焉。大司马桓温常往造之，既至，见先生被鹿裘，坐于石室，神无忤色，温及僚佐数十人皆莫测之。乃命伏滔为之铭赞。竟卒于山中。③

---

① 《史记》卷一二，第 453、454 页。
② 《初学记》卷二二引，第 545 页。
③ 《太平御览》，第 2298 页。

这样因（隐居）地命名的隐士，"亦不详其姓字，宅边有五柳树，因以为号焉"的构思，显然与这一种人物传更为符合。又王隐其人，有学者推测其卒年最晚不超过升平五年（361）①，但此段文字述及桓温，而桓温拜大司马并辟伏滔为参军已在兴宁元年（363），又陶渊明外祖孟嘉此前亦已应桓温之辟②，总之《瞿硎先生传》于陶渊明而言，正是近人所书之近事了③。

刘宋时期也出现了一部重要的高士类杂传，这就是袁淑的《真隐传》。此传专门"集古来无名高士"（《宋书·隐逸传》），故传主自然全无姓字。如：

> 鬼谷先生，不知何许人也。隐居韬智，**居鬼谷山，因以为称**。
>
> 郑长者，隐德无名，著书一篇，言道家事。韩非称之，世传是长者之辞，因以为名。
>
> 南公者楚人，埋名藏用，世莫能识，**居国南鄙，因以为号**。著书言阴阳事。
>
> 野老，六国时人，游秦楚间。**年老隐居，掌劝为务，著书言农家事，因以为号**。
>
> 鹖冠子，或曰楚人。隐居幽山，衣弊履穿，以鹖为冠。莫测其名，**因服成号**，著书言道家事。④

据《宋书·何尚之传》，何尚之元嘉二十九年致仕，"于方山著《退居赋》以明所守，而议者咸谓尚之不能固志"。《南史·何尚之传》又谓："尚之既任事，上待之愈隆。于是袁淑乃录古来隐士有迹无名者，以为《真隐传》以嗤焉。"隐士队伍向来鱼龙混杂，但陶渊明是否也有类似袁淑的"真

---

① 曹书杰《王隐家世及其〈晋书〉》，《史学史研究》，1995 年第 2 期。
② 参《晋书·伏滔传》。
③ 参《晋书·孟嘉传》。
④ 以上各传并见《太平御览》卷五一〇逸民部，第 2321—2322 页。

隐"概念,以"不详姓字"为真隐士的标志,则无可详考了。①

事迹

无论从体制,还是传主信息的措辞上,《五柳先生传》都是一个带有很强模拟性的文本。至于传文的主体即述五柳先生事迹的部分,包括最后的系赞,同样是有所依傍的。下表将《五柳先生传》自"闲静少言"后全文内容与《汉书·扬雄传》中的一段文字作以比较(为比较方便,依《五柳先生传》文序对《扬雄传》作了前后调整):

表 10 - 1 《五柳先生传》与《汉书·扬雄传》对比

《五柳先生传》	《汉书·扬雄传》
闲静少言。	为人简易佚荡,口吃不能剧谈,默而好深湛之思。
不慕荣利。	清静亡为,少耆欲。不修廉隅以徼名当世。非其意,虽富贵不事也。
好读书,不求甚解;每有会意,便欣然忘食。	少而好学,不为章句,训诂通而已,博览无所不见。自有大度,非圣哲之书不好也。
性嗜酒,家贫不能常得。亲旧知其如此,或置酒而招之;造饮辄尽,期在必醉。既醉而退,曾不吝情去留。	家素贫,耆酒。人希至其门。时有好事者载酒肴从游学。
环堵萧然,不蔽风日;短褐穿结,箪瓢屡空,晏如也。	家产不过十金,乏无儋石之储,晏如也。
常著文章自娱,颇示己志。忘怀得失,以此自终。	顾尝好辞赋。
赞曰:黔娄之妻有言,"不戚戚于贫贱,不汲汲于富贵"。其言兹若人之俦乎?衔觞赋诗,以乐其志。无怀氏之民欤?葛天氏之民欤?	不汲汲于富贵,不戚戚于贫贱。

---

① 《宋书》卷六六,第 1739 页;《南史》卷三〇,第 784 页。

有学者认为，《五柳先生传》就是仿照《扬雄传》而成。[1] 需要指出的是，因为《汉书·扬雄传》在班固"赞曰"之上的内容，是全录扬雄《自序传》的文字，所以上表中《扬雄传》除了"家素贫，耆酒。人希至其门。时有好事者载酒肴从游学"一条外，其余都是《自序传》中的内容。可以看到，除赞文的最后一句外，凡是《五柳先生传》中有的内容要素，《自序传》中俱全。即钱锺书敏锐指出的《五柳先生传》"'不'字为一篇眼目"[2]，也同样可以移评扬雄的这一段自传。

其实，《五柳先生传》未必要直接从《自序传》或《汉书·扬雄传》中取材，刘知幾曾提到，嵇康《高士传》中亦有一篇《扬雄传》[3]。嵇康的《扬雄传》自然也是抄录前史而来，而陶渊明所借鉴的，更可能是已经归化到《高士传》系统的《扬雄传》。

结论

《五柳先生传》不仅来自作者的生活经验，也来自其阅读经验。从体制、笔法到内容，《五柳先生传》都是一个承袭性很强的文本，它与此前的文献群形成互文关系，亦即索莱尔斯（Philippe Sollers）所谓：

> 每一篇文本都联系着若干篇文本，并且对这些文本起着复读、强调、浓缩、转移和深化的作用。[4]

在此基础上，讨论《五柳先生传》的系年其实是很危险的，因为理论上说，它甚至可能直接由前文本生成，因此它可能作于作者有写作能力的岁月中的任意一年。

---

[1]　吴国富《"五柳先生"及"无弦琴"的守穷守默——从扬雄看陶渊明的"愤宋"》，《九江师专学报》（哲社版），2001 年第 2 期。

[2]　《管锥编》第四册，第 1934 页。

[3]　《史通通释》，第 187 页。

[4]　见［法］缔费纳·萨莫瓦约著，邵炜译《互文性研究》，天津人民出版社，2003 年，第 5 页。

但这不是本文关注的重点。众所周知,魏晋南北朝时期是模拟之风盛行的时代,这种模拟,不仅限于文学创作,盖"六朝著述,率趋模拟",可能陶渊明行事即类扬雄,也可能他只是借模拟《扬雄传》建立一个理想型,也可能只是他自认为达到了这个理想型(如袁粲即是)。从这个角度上看,《宋书》提出的"自况",可能是对《五柳先生传》最好的理解维度了。

魏晋南朝人对"拟"的热情,不仅停留在撰述上,亦体现在行为上。《庄子·达生》谓"夫醉者之坠车,虽疾不死。骨节与人同,而犯害与人异,其神全也。……彼得全于酒而犹若是,而况得全于天乎?"而王忱云:"三日不饮酒,觉形神不复相亲。"是必师《庄子》之意也。①《庄子·列御寇》云:"吾以天地为棺椁,以日月为连璧,星辰为珠玑,万物为送赍。吾葬具岂不备邪?"而《世说》谓"刘伶恒纵酒放达,或脱衣裸形在屋中。人见讥之,伶曰:'我以天地为栋宇,屋室为裈衣,诸君何为入吾裈中?'"②又阮籍"露头散发,裸袒箕踞"③,王徽之"蓬首散带"④,王忱"或裸体而游"⑤,颜延之"常日但酒店裸袒挽歌"⑥,是活用《庄子》意又转相效仿也。阮籍"闻步兵校尉缺,厨多美酒,营人善酿酒,求为校尉,遂纵酒昏酣,遗落世事"。陶渊明出仕则是因"公田之利,足以为酒"。凡此行事相类,此期诸史杂传中在在皆是,不一而足。⑦ 如果将这种风气与历史撰述的互文性联系起来,就会使后者的情况更为复杂——人物行为的雷同是传记告诉我们的,我们因此无法分辨这雷同到底是传记在文本层面上的互文,还是传主在历史真实中的互仿。

---

① 《世说新语·任诞》,《笺疏》第 897 页。
② 《世说新语·任诞》,《笺疏》第 858 页。
③ 《太平御览》卷四九八引王隐《晋书》,第 2276 页。
④ 《世说新语·简傲》"王子猷作桓车骑参军"条刘注,《笺疏》第 908 页。
⑤ 《晋书》卷七五《王忱传》,第 1973 页。
⑥ 《南史》卷三四《颜延之传》,第 879 页。
⑦ 《三国志·魏书·王粲传》裴注引《魏氏春秋》,第 605 页。

馀论

无论是陶渊明还是袁粲，制造互文的传记，目的都是获得一种归类，把自己归入高士的队伍，或者更具体的，把自己归入"扬雄那样的高士"的队伍。

魏晋南北朝杂传的发达，即是在高涨的"归队"意识下获得的成果。高士归入高士类杂传，神仙归入神仙类杂传，地方名士以地缘为类归入郡书。《五柳先生传》和《妙德先生传》其实就是类传衍生出的另外一种存在方式，即单篇的、以"自传"面貌出现的类传。后世人如果想将某人打造为"某一类人"的形象，可以轻易地从六朝史传中依类之标签找到素材。或许最好的例子就是李白形象的建立，倪豪士曾在《旧唐书·李白传》中读到与魏晋史料中描述诸葛亮、阮籍、袁宏形象类似的措辞①，他引用杜希德(Denis Twitchett)的话解读人物传中的这种现象：

> 很多策略用来填补这个履历所提供的纲要。第一个要提出的并且也是最为广泛传播的是对程序化片段和传统场景的使用，意在显示历史学家把研究对象归入某个类别是合适的。Herbert Franke教授已经引导我们关注一些这样的母题(topoi)，这个母题名单可以继续扩大。……对这个特点读者应该一直保持警觉，这种文字——即使在间接和隐喻的意义上——是对研究对象的行为和官位的描述，又常常把研究对象和古代的模范人物联系起来。②

实际上，李白的许多著名事迹都有六朝的史传与之"互文"，比如他的"谪仙人"之号，即同于《南齐书·高逸传》："永明中，会稽钟山有人姓蔡，不知名。山中养鼠数十头，呼来即来，遣去便去。言语狂易。时谓之

---

① ［美］倪豪士《传记与小说——唐代文学比较论集》，中华书局，2007年，第257页。

② 见崔瑞德(Denis Twitchett)《中国的传记写作》。

'谪仙'。"①又《旧唐书》所载李白"既嗜酒，日与饮徒醉于酒肆。玄宗度曲，欲造乐府新词，亟召白，白已卧于酒肆矣"②之事，里面也有《南史·颜延之传》"文帝尝召延之，传诏频不见。常日但酒店裸袒挽歌，了不应对，他日醉醒乃见"③的影子。李白还有一个有意思的特点，正是"不知何许人也"：即使李阳冰受李白之托为其编集作序，魏颢亲见李白本人并为之编集作序，刘全白与他有交而为之作《碣记》，范传正亲访其后人而为之作碑文——凡四人四文，且其中前三人的传记信息来源甚至有可能是李白口述④，而我们仍长期不知李白"何许人也"。至于李白自己，则忽而称"白本家金陵"（《上安州裴长史书》），忽而称"本家陇西人"（《赠张相镐二首》），这里未必没有混乱视听，有意造成个"不知何许人"的效果的可能。至于其"指天枝以复姓"（范传正《唐左拾遗翰林学士李公新立墓碑并序》）、"惊姜之夕，长庚入梦，故生而名白，以太白字之"（李阳冰《草堂集序》）的传奇诞生命名故事，则是直接袭用葛洪《神仙传》，而比类于老子了。⑤

　　魏晋南朝本就是一个类化的时代，九品官人，士庶天隔，清浊殊途，侨吴异调，每个人身上都有各种身份标识其类。类书出现，目录学发展，每一种知识也获得了类的归属，于是贵族圈子里还流行起考验同类知识存量的"隶事"的游戏。在《世说新语》中，士人的日常言行被分类辑录；在《文选》中，士人的文学创作也被分类编集。在这个类化的时代里，《五柳先生传》通过互文得到自己的定位分类，而这一时期大量的史传作品正是这样各归各类，成为丰富的素材库，等待着与后世的文本结成新的互文。

---

① 《南齐书》卷五四，第 943 页。

② 《旧唐书》卷一九〇《文苑传下》，第 5053 页。

③ 《南史》卷三四，第 879 页。

④ 详参周勋初先生《李白评传》，南京大学出版社，2005 年，第 19—22 页。

⑤ 见《李白评传》，第 31 页。

第十一章
归魂：纪行赋的道里信息

作为一种纪实性的行旅书写，纪行赋天然地成为历史地理研究材料。赋文既沿空间展开，一篇纪行赋就是一条具体的交通线路，这条线路上不仅有山形水文、州县郡国，还镶嵌着邮传亭驿、桥栈关津、田畴古迹，就连路况险易、城池兴衰等及时状态，亦在在可见。纪行赋又多喜就途经地的本地典故发挥议论，也就是说，它还提供多重时间维度中的地理信息。以上这些特点，使纪行赋与纯粹的"地理类"文献相比，别具一种史料价值。以沈炯《归魂赋》为例，可以看到具体交通线路在复杂历史情境下的使用情况。

纪行赋的三种类型及其研究价值

"纪行"是《文选》为赋设置的子类之一。所谓纪行，顾名思义，就是记录旅程及沿途见闻。经典的纪行赋，即如《文选》收录的班彪《北征赋》、班昭《东征赋》和潘岳《西征赋》，它们以远行（"征"）为题目，亦以远行为主题。① 除此之外，先唐赋中还有两个主题常常涉及行旅：一是军事主题，如傅毅《大将军西征赋》、徐幹《西征赋》、陆云《南征赋》；一是归/怀归主题，如刘歆《遂初赋》、庾信《哀江南赋》。后者在性质上其实与经典纪行赋十分相近，它们在写法上也都或多或少受《哀郢》和《涉江》

---

① 见《宋尤袤刻本文选》卷九、卷一〇，第3册，第78—156页。

的影响①,只不过一个是写去,一个是写还(或还的渴望);至于写征伐的赋,虽然从题目上看与经典纪行赋几无分别,但本质上是一种军宣文学,不属于私人写作,因此反而是另一种风味②。

这三类作品,虽然表达的情志各异,所述行旅详略有别(军事主题通常较简略),出行目的也各不相同(主要包括就职、从征、求学、流亡、归隐等),但在面貌上十分接近:它们都以行程顺序为行文顺序,依靠明确的出发地、途经地和目的地推展和收束全篇,因此都可以视为广义的纪行赋。本文使用的纪行赋这一概念,就是取此广义而言。

纪行赋是一种纪实性很强的文献③,这从两个现象可以看出来。一是它们常被史撰引述,成为作者传记的一个部分。比如臧荣绪《晋书》提到"岳为长安令,作《西征赋》,述行历,论所经人物山水也"④。又袁宏《北征赋》见引于《续晋阳秋》⑤,谢灵运《撰征赋》见引于《宋书》⑥,颜之推《观我生赋》见引于《北齐书》⑦,《哀江南赋》见引于《周书》⑧,并皆其例。史传与选集不同,抄录或介绍作品并不以艺术水平为第一标准,这些作品可以为相关历史提供补充或参考,才是它们被史家看重的根本原因。

---

① 黄侃《文选平点》卷一《北征赋》条:"此体上本《九章》,虽庾信《哀江南》、颜介《观我生》、江总《修心》,皆其支与流裔也。"又《西征赋》条:"何焯云子山《哀江南赋》体源于此……。侃云,皆自《遂初》出,彼又本《九章》。"(上海古籍出版社,1985年,第36—37页。)

② 参《野客丛书》卷一九"征有二义"条,已见前。述征伐之赋,远源在《大雅·常武》《江汉》及《小雅·六月》等篇,其体主颂。

③ 康达维(David R. Knechtges)就曾指出"行程见闻的述录是真实而非虚构的"是汉代纪行赋的特点之一,见"Poetic Travelogue in the Han Fu",《"中央研究院"第二届国际汉学会议论文集》,台北"中央研究院",1989年。严格地说,将非虚构视为"特点"是一个西方方式的认识,其背后逻辑是"文学是虚构写作"。但实际上,古代中国作家并没有西方意义上的"文学""虚构"及其之间联系的观念,中国传统文体也不以"虚构""非虚构"为分类标准,虚构与否主要由具体主题决定。

④ 《宋尤袤刻本文选》卷一○《西征赋》李善注引,第3册,第95页。

⑤ 见《世说新语·文学》"桓宣武命袁彦伯作《北征赋》"条刘孝标注,《笺疏》第320页。

⑥ 《宋书》卷六七《谢灵运传》,第1743页。

⑦ 《北齐书》卷四五《颜之推传》,第618页。

⑧ 《周书》卷四一《庾信传》,第734页。

二是纪行赋出现了本事自注。诗赋注一般有典故训诂注和本事注两种类型,作者自下本事注,意在让读者了解到作品限于表达形式不能详尽道出的细节,《观我生赋》中作者讲到入魏时"策驽蹇以入关",自注云"官疲驴瘦马",讲到奔齐时"昏扬舲于分陕,曙结缆于河阴",自注云"水路七百里一夜而至"。[①] 这样处处征实,已近乎著史的心态了。所以,纪实性并不只是读者的阅读感受,它其实是作者自己的创作定位。

　　古人很早有利用纪行赋进行地理研究的意识,《水经注》就引据了班昭《东征赋》、刘歆《遂初赋》、繁钦《避地赋》、曹丕《述游赋》、崔琰《述初赋》、应场《西征赋》、卢谌《征艰赋》、袁宏《北征赋》、傅远《述游赋》、潘岳《西征赋》、陆机《行思赋》等诸多作品,而且涵盖了纪行赋的所有类型。[②]像《水经注》这样在规定的研究主题和研究框架下,杂取赋中信息以为证的用赋方式,在后代地理著作中常能见到;不过对具体的一篇纪行赋而言,这种研究方式不可能完全提取出它所包含的地理信息,尤其它沿行旅顺序展开的特质,并未得到充分利用。因此,整理汇集历代纪行赋并对其中的地理信息作出准确注释,复原这些作者的行旅路线与沿途所见,虽然是一种基础工作,意义却绝不在小,无论对于进一步的历史地理研究还是文学研究而言。本文写作的目的,就在提示纪行赋的历史地理研究价值,希望引起更多同仁的复原兴趣,将历史地理研究的基础文献工作再推进一步。

沈炯和《归魂赋》

　　在文学史上,梁陈之际的沈炯是位名气不大的作家,他的作品《归魂赋》也是因为被陈寅恪认定为庾信创作《哀江南赋》的动因,才多少受到

[①] 《北齐书·颜之推传》,第 623 页。关于赋自注的源流,请参钱锺书《管锥编》第四册,第 2403、2015—2016 页。

[②] 见陈桥驿《水经注·文献录》,收《水经注研究二集》,山西人民出版社,1987 年,第 472—480 页。

些关注①。《归魂赋》和《哀江南赋》确实有同题性质,这个主题还包括颜之推的《观我生赋》,它们都从554年江陵萧绎政权覆灭的大背景展开,记录了三位作者各自去国远行的经历。有庾信、颜之推的作品为参照,我们可以更清楚地把握沈赋的特点及其研究价值。

沈炯其人在《陈书》《南史》中有简短传记,他出身吴兴沈氏,史载其妻姓虞,可能就是会稽虞氏。②侯景之乱前,庾信已经官位显达,颜之推还是个少年,沈炯年过半百,其时不过是吴令。这样一个地道的南方土著,暮年忽遇时代大变局,乃有北上西行,跋涉2000馀公里,周历长安而返的经历。对沈炯本人来说,这当然是难以忘怀的记忆,也是值得细细记述的壮举,《归魂赋》就是他对这次漫长行旅的记录。

和《哀江南赋》《观我生赋》相比,沈炯的记录有几个不同之处。一是沈炯在纪行上下的笔墨最多。他的纪行分为三段,去程从江陵被虏开始,严格按照经典纪行赋一地一书的方式,一直推进到长安。在长安时期周游关中,多列风物。回程由长安到建康,虽然略写,但也给出了主要地标。因此他给我们留下了两条清晰的交通路线,这两条路线还是在多个政权和军事势力割据交攻的历史背景下的交通线,因此十分可贵。二是沈赋的情绪克制,用笔平实。除了个人写作风格外,这也和创作心境有关。沈炯虽然是和颜之推一起被俘虏到长安的,但他很快就获准回国,《归魂赋》作于回建康后,因此心态和终生未归的颜、庾就很不一样;而且,沈炯是取得西魏官方许可离境的,这个经历和非法出逃历尽艰辛的颜之推也不一样,所以相对而言,他能从容纪行,虽有兴亡之叹、身世之感但仍于道里风物中出之,这个写法也是和庾、颜不同的。三是《归魂赋》面向南朝读者而作,所以沈炯下笔的重点也与庾、颜不一样,介绍由江陵到长安的行程和长安风物的篇幅很大,回程反而写得极简略,名曰《归魂》而着墨实不在归。侯景陷台城的时候,宗室萧韶逃到江陵,江陵人士都跑到他那里打听都中消息,萧韶受不了一遍遍地说,就写了部《太

---

① 陈寅恪《读哀江南赋》,《金明馆丛稿初编》,第240页。
② 《陈书》卷一九《沈炯传》,第253页。

清纪》给大家看①,沈炯的《归魂赋》,其实也有类似的性质。介绍见闻的
意图进一步削弱了沈赋的抒情性,使得它不如《观我生赋》动人,更不要
说《哀江南赋》了,但要追踪地理信息,这反而是更优质的史料。

作为一篇未被郦注利用过的"后《水经注》时代"作品,《归魂赋》旅程
极长,纪行特详,又无自注,它所蕴藏的未被开发的信息尚多,故本文取
之以为案例。目前已知最早收录沈赋的文献是《艺文类聚》,《类聚》并且
在《灵异部·魂魄》和《人部·行旅》下录了一丰一简两个版本②。简本
没有溢出详本的字句,而详本有赋序、正文首尾俱全、结构完整,至少从
面貌看,是一个比较完整的文本形态。下面的分析就以这个详本为工作
底本,二本有异文者随文注出。

《归魂赋》的去程书写

沈炯的行程始于梁元帝承圣三年(554)底,这一年江陵沦陷,他作
为俘虏被遣往西魏长安。历来从江汉平原到关中平原的常规路线,都
是通过南襄隘道进入南阳盆地,经商山路过武关、蓝田而至长安。不
过,这条秦楚交通线虽然古已有之,在南北朝史料中却现身不多,因为
凡是能利用到这条路线的,或是来自关中政权的南下攻势,或是关中
与南方政权的往来的聘使,这两种情况显然都不会频繁发生。③ 但这
条交通线因侯景之乱一度繁忙起来,起初是萧绎政权由此路与西魏通
使,庾信就是因此入北;然后是于谨由此路南下灭后梁;最后就是沈炯、
颜之推以及大批后梁俘虏,复循此路入秦。《归魂赋》这样描绘出发的
情形:

---

① 《南史》卷五一《萧韶传》,第 1270 页。

② 见《宋本艺文类聚》卷二七,题"陈沈炯《魂归赋》";卷七九,题"梁沈炯《归魂赋》",第
768、2036 页。

③ 据蔡宗宪《南北朝交聘使节行进路线考》,这一时期记载从建康到长安使节路线的史
料仅有三条。(《中国历史地理论丛》,2005 年第 4 期。)

彼孟冬之云季,总官司而就绁。托马首之西暮,随槛车而回辙。
履峨峨之层冰,面飓飓之岩雪。去莫敖之所缢,过临江之轴折。矧
今古之悲凉,并攒心而沾袂。渡狭石之敧危,跨清津之幽咽。鸟虚
弓而自陨,猿号子而腹裂。【地点 1 江陵】

这个不幸的远行不仅发生在岁末,而且似乎始于傍晚,"托马首之西
暮"盖用赵至《与嵇藩书》"鸣鸡戒旦,则飘尔晨征;日薄西山,则马首靡
托"①典。出发地江陵是通过两个本地典故点出的:"莫敖之所缢",即楚
莫敖屈瑕战败缢死此地②;"临江之轴折"是栗太子刘荣事,荣为临江王,
以罪征还,出江陵北门,蹬车而轴折,江陵父老流涕窃言曰:"吾王不反
矣!"荣后果自杀,葬蓝田,"燕数万衔土置冢上,百姓怜之"③。这两个典
故除了地标作用外,显然也都在暗指梁元帝之死。

按照《梁书·元帝纪》、《南史》和《通鉴》给出的时间线,魏军十一月
丁亥(五日)至江陵,辛亥(二十九日)陷城,十二月辛未(十九日)杀元帝。
"乃选百姓男女数万口,分为奴婢,驱入长安"④发生在元帝死后。沈赋
尽管是回顾性书写,"去莫敖之所缢,过临江之轴折"的措辞,也像是离开
江陵时业已得知元帝凶信。也就是说,俘虏出发的时间很可能在十二月
末,至早不能早于十一月末。这就让"彼孟冬之云季"这个时间点比较费
解。由于这句话不见于简本,无可校勘,兹姑存疑。

这段的最后一句说"鸟虚弓而自陨,猿号子而腹裂"。猿鸟为对在六
朝诗赋中本也常见,比如庾肩吾的"腾猨疑矫箭,惊雁避虚弓"(《九日侍
宴乐游苑应令诗》),庾信的"雁失群而行断,猿求林而路绝"(《三月三日
华林园马射赋》),但沈赋的猿鸟里都塞进了典故。据《战国策·楚策
四》,春申君要以临武君为将攻秦,有人就打了个比方,说曾有神射手引
弓虚发,使鸟应声落地,其实是射手观察到那鸟飞得慢且鸣悲不已,知其

① 《晋书》卷九十二《赵至传》,第 2378 页。
② 见《左传·桓公十三年》。
③ 见《史记·五宗世家》,第 2094 页。
④ 《梁书》卷五《元帝纪》,第 135 页。《资治通鉴》卷一六五,第 5123 页。

受伤失群，被弦音一惊，骤然高举，必然伤裂而死，而临武君就好比那只心惊伤鸟，料难胜秦。鲍照《东门行》"伤禽恶弦惊，倦客恶离声"即用此典，而沈炯以楚臣而入秦，可谓贴切胜鲍。"猿号子而腹裂"用桓温事①，这批俘虏大概有挈妇将雏者（沈炯自己也带了一妾一子），因以为喻。总之，时间、地点、心境，都是通过恰当的典故交代的。这个始于岁暮、以入声起调的悲凉之旅，就此开始。

江陵向北，下一站是襄阳。《南齐书·州郡志》谓"江陵去襄阳步道五百，势同唇齿，无襄阳则江陵受敌，不立故也"②。此时襄阳既已被西魏控制，《归魂赋》继续写道：

> 历沔汉（简本作江汉）之逶迤，及楚（简本作樊）郡之参差。望隆中之大宅，映岘首之沉碑。既缧然而就絷，非造次之能窥。至若高祖武皇帝之基天下也，岐周景亳之地，龟图雀书之秘。醒醉之歌殊绝，让畔之田鳞次。余既长于克民，觉何从而掩泗。【地点2 襄阳】

隆中宅、岘首碑，都是襄阳名胜，以主死臣辱，而面对两名胜的主人诸葛亮和羊祜，当做何想耶？这两个典，下得极有力度。"至若"以下换韵，前是古后是今，前是名臣后是圣主。萧衍当年正是以襄阳为根据地，依靠荆襄军阀，挥师东下成就帝业的，襄阳之于萧衍，正如景亳之于商汤、岐周之于文王，是本朝革命圣地，这个时候来到圣地，感慨岂能不深。值得注意的是"醒醉之歌"③，551年沈炯为王僧辩代笔的给萧绎的劝进表里有"虽醉醒相扶，同归景亳"④一句，用到了同一典故，这大概是他此

----

① 《世说新语·黜免》："桓公入蜀，至三峡中，部伍中有得猿子者。其母缘岸哀号，行百馀里不去，遂跳上船，至便即绝。破视其腹中，肠皆寸寸断。公闻之怒，命黜其人。"见《笺疏》第1014—1015页。

② 《南齐书》卷一五《州郡志下》，第273页。

③ 《尚书大传》："夏人饮酒，醉者持不醉者，不醉者持醉者，相和而歌曰：'盍归于亳？盍归于亳？亳亦大矣。'"见皮锡瑞《尚书大传疏证》卷三，中华书局，2015年，第125页。

④ 《梁书》卷五，第119页。

刻"殊绝"之感的触因。

襄阳沿淯水北上,就是南阳。赋云:

> 淯(淯?)水兮深且青,宛水兮澄复明。昔南阳之穰县,今百雉之都城。我太宗之威武,遏宛淯而陈兵。百万之虏,俄成鱼鳖;千仞之阜,倏似沧瀛。虽德刑成于赦服,故蛮狄震乎雄名。【地点3 南阳】

"我太宗之威武"云云,是指普通六年(525)曹景宗北伐。当时萧纲"在襄阳拜表北伐,遣长史柳津、司马董当门、壮武将军杜怀宝、振远将军曹义宗等众军进讨,克平南阳、新野等郡。魏南荆州刺史李志据安昌城降,拓地千馀里"①。穰县(今河南邓州)南北朝皆属新野,不属南阳,南阳之穰县云云,盖是用汉时旧称。魏在穰置荆州,此虽是南北东西反复争夺之地,如今不仅不凋残,还建设成了"百雉之都城",这个信息,也是地理志读不到的。

在进入西魏腹地之前,沈炯选了江陵、襄阳、南阳三个点来写,又分别牵出元、简文、武三帝,于是走完了曾经属于梁的城邑,也回顾完了梁的历史,这很能见出章法设计的用心。梁的时空就此结束,下面进入秦岭的一段路,基本是景色白描,语调也轻快些(文略不引)。出了商山路,就进入关中平原了。赋云:

> 去青泥而逾白鹿,越浐水而到青门。长卿之赋可想,邵平之迹不存。咄嗟骊山之阜,惆怅灞陵之园。文恭俭而无隙,嬴(嬴?)发掘其何言。访轵道之长组,拾蓝田之玙璠。无故老之可讯,并膴膴之空原。【地点4 关中】

这一节是俘虏之路的终点,所取旧事,皆大有兴亡之感:长卿赋(指《上林赋》。上林地甚广,其东限,长卿赋云"终始灞浐",正是沈炯所经)

---

① 《梁书》卷四《简文帝纪》,第109页。

和邵平迹(秦东陵侯邵平以国亡,种瓜长安城东,阮籍《咏怀》所谓"昔闻东陵瓜,近在青门外"也。沈炯从青门入城,即用东门典,亦极切)是一组兴亡,"文恭俭"和"嬴发掘"是一组兴亡(汉文治霸陵极俭,见《史记·孝文本纪》。始皇冢在骊山,其山阴多黄金,其阳多美玉,谓蓝田是也,故贪而葬焉。见《御览》五百六十引《皇览·冢墓记》。后文"拾蓝田之玙璠"亦与此呼应。按沈炯从蓝田沿灞水到长安,骊山与霸陵正在沿途东西两侧),"轵道之长组"和"蓝田之玙璠"又是一组兴亡(汉元年十月,沛公兵遂先诸侯至霸上,秦王子婴素车白马,系颈以组,封皇帝玺符节,降轵道旁。见《史记·高祖本纪》)。从江陵至此,全程约720公里,路线略如图11-1。

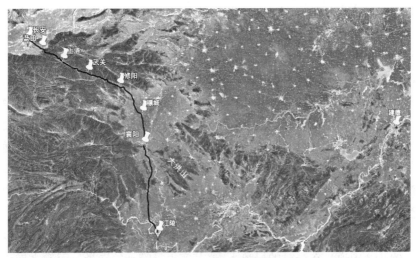

图11-1 《归魂赋》去程路线

《归魂赋》返程路线考

沈炯在长安期间行动似比较自由,他因此游览了不少地方,包括南边的终南山,北边的九嵕山、甘泉宫,西边的五将山和郿坞等(文略不引)。到555年秋天,他得到回国许可,仍从武关返程。赋中说"解龙骖而见送,走邮驿于亭传。出向来之大道,反初入之山川"。这也是关于商山路驿传较早的记载。

沈炯的返程写得极其简略,事实上就只有一句话:

> 其所涉也:州则二雍三荆,昌欢江并,唐安淅洛,巴郢云平;其水则淮江汉洧,隋浩汙澧,潦浐滻河,泾渭相乱。

来程写城邑,去路写州、水;来已详,去从略,这也是合理的章法安排。但是这简单两句话里给出的地理信息很让人迷惑,因为有些水名州名不知何在(比如浩水、欢州、汙水),还有些似乎不可能经过(如巴州、并州、淮水、洧水)。

可以确定的是,关中的二雍(魏之雍州治长安,北雍州治华原,东雍州治郑。从沈炯在关中的行迹看,此二雍应指雍、北雍),商山道上的淅州、洛州(上洛),还有作为返程出发地水文地标的长安八川之渭、泾、潦(潦)、浐、滻,都是沈炯进入南阳盆地之前所经地。又魏在穰城(今河南邓州)置荆州、在比阳(今河南泌阳)置东荆州、在安昌(今河南枣阳)置南荆州(南荆州魏废帝三年春改昌州,沈炯提到的昌州当即此),三荆之地实即南阳盆地。再往南可确定所在者则有魏之唐州(治下溠,今湖北随州唐县镇)、安州(治安陆,今湖北安陆),梁之郢州(治夏口,今湖北武汉)。有这几个地标,就能看出沈炯是走大洪山东麓,直下郢州。正因为沈炯是由枣随通道南返,所以会经过随水。[①]

从长安到郢州(图 11-2),沈炯走的这条路是最优化的选择(即今天的 312 国道);在当时的局势下,这其实也是唯一的选择。而颜之推正是由于非法离境,无法出武关走这唯一的一条路,才冒险进行黄河漂流,试图取道北齐回南。

确定了这条返程路线,我们就可以进而推测几个未详地点。

---

① 《水经注·涢水》:"隋水出隋郡永阳县东石龙山,西北流,南回,迳永阳县西,历横尾山,即禹贡之陪尾山也。隋水又西南,入于涢,涢水又南,至安陆县故城西,故郧城也。"(《水经注疏》,第 2643 页。)

一是并州。据《周书·文帝纪》，西魏废帝三年(554)正月改置州县，除了上文提到的南荆州改为昌州外，又有并州改为随州。① 也就是说，所谓的并州就是随州(治随，今湖北随州市)，这正是沈炯过唐州后的下一站。

二是巴州。阆中之巴州非复梁有，而梁元帝以巴陵所置之巴州，此刻王琳正在与后梁争夺，这两地，沈炯都走不到。西魏攻江陵时，北齐亦以救梁名义南来，卒得郢州，旋以城在江外难守，仍割以还梁。② 但齐据郢州时，曾在西阳置一巴州(今湖北黄冈)，《隋书·地理志》黄冈县下云："后齐置巴州，陈废。后周置，曰弋州，统西阳、弋阳、边城三郡。开皇初州郡并废。"③王仲荦《北周地理志》据《陈书·宣帝纪》"太建五年北讨。秋七月，西阳太守周炅克巴州城"和《陈书·周炅传》"太建五年，随吴明彻北讨，进攻巴州，克之"两条史料，认为按巴州陈实未废。④ 如果巴州的建制仍被南朝保留，则沈炯所过巴州当指此。西阳郡在南朝本曾属于郢州⑤，巴郢相接，故可连称"云平"。

三是淮水和澧水。沈炯从南阳盆地进入江汉平原，是沿桐柏山南下，澧、淮同源，均出桐柏，淮水东流而澧水西流。⑥ 沈赋提到淮水，大概就是因为路过淮源。

四是洧水和汙水。这两处恐怕都有误字。"洧"当做"淯"，淯水今名白河，经南阳流向襄阳，是沈炯所必经，而洧水则远在豫东平原，与赋文无关。考虑到前文去程的淯水就误作洧水，而此处洧、澧叶韵(纸旨通押)，恐怕还是沈炯自己将这两条水名弄混了。"汙"当做"污"或"沔"，这

① 《周书》卷二，第34页。又《隋书·地理志》："西魏置并州，后改曰随州。"(第892页)此条材料由江苏省社科院历史研究所姚乐教授提示，特致感谢。
② 《资治通鉴》卷一六六，第19页。
③ 《隋书·地理志下·永安郡》，第893页。
④ 见王仲荦《北周地理志·淮南·巴州》，中华书局，1980年，第523页。
⑤ 据《宋书·州郡志》，西阳郡宋孝武孝建元年度郢州，明帝太始五年又度豫，后又还郢。(第1119页)
⑥ 见《水经注》卷二九比水注，《水经注疏》第2481页。

213

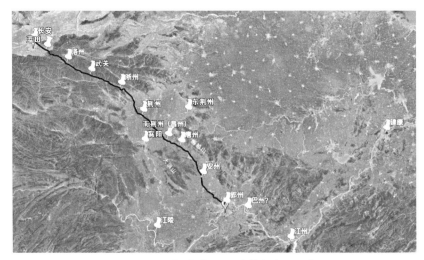

图 11-2 《归魂赋》返程路线长安郢州段

是传抄过程中产生的形近而讹。沈炯沔、汉并举,亦如三荆与昌州并举,也是实足字数而已。

沈炯赋中兼出南北地名,这是当时的客观形势造成的。但他也主动利用了南北州郡设置都有调整的时机,不仅南北地名兼出,而且新旧地名同用,一地两书,造成途经地很多的视觉效果。所以北魏末年以来州郡设置的繁乱,加上沈炯本人的有意逞多,导致这段归程文字十分难解。赋中提到的欢州仍无可考知,兹姑存疑。

郢州到建康的路段,赋中只提到了江州和长江,但据此也基本可知他是沿江东下了。《归魂赋》略于返程,所幸《艺文类聚》卷三四还收录了沈炯两首诗,一题为《望郢州城》,一题为《长安还至方山怆然自伤》,显然也是此次归途所作,适可与《归魂赋》互参。前诗云:

> 魂兮何处返,非死复非仙。坐柯如昨日,石合未淹年。历阳顿成浦,东海果为田。空忆扶风咏,惟见岘山传。世变才良改,时移民物迁。悲哉孙骠骑,悠悠哭彼天。

诗中用典,有关于头年所过之地的(与岘山俱传,仍用羊祜事)、有关于当下之地的(孙骠骑,指孙权),也有关于下一程将过之地的(《淮南子·俶真训》:"夫历阳之都,一夕反而为湖,勇力圣知与罢怯不肖者同命。"详见高注。历阳,治今安徽和县。此典喻侯景乱后下游巨变也。),而首句亦用归魂。诗云"石合未淹年",则到郢州仍在梁绍泰元年。后诗云:

　　秦军坑赵卒,遂有一人生。虽还旧乡里,危心曾未平。淮源比桐柏,方山似削成。犹疑屯虏骑,尚畏值胡兵。空村馀拱木,废邑有颓城。旧识莫不尽,新知皆异名。百年三万日,处处此伤情。①

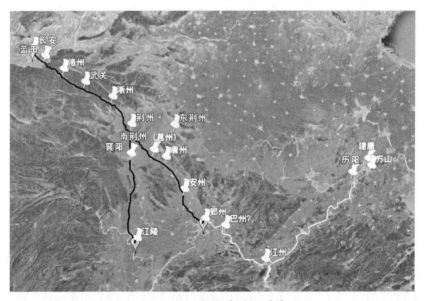

图 11-3　《归魂赋》全程路线

此诗可证沈炯确曾路经桐柏、淮源,及见秦淮与方山,不免取以为比。

---

①　《宋本艺文类聚》,第 926—927 页。

沈炯经方山回到建康,说明登陆点在历阳对岸的当涂(今属安徽马鞍山市)一带。方山向北,就是朱雀航了。梁敬帝绍泰二年(556),沈炯走完了2000多公里的归魂路,回到建康。

沈炯途经的江汉平原和南阳盆地,不仅是多种势力交错争夺地带,也是多民族杂居区①,形势十分复杂。尤其是大洪山东麓至郢州的路线,东有高齐,西有西魏、萧詧,南有王琳,其时是否通畅,倘无《归魂赋》,几无可知。

馀论

南北朝后期从江陵到长安、从长安经郢州回建康的两条交通线,在六朝正史地书没有直接和完整的记载,在后世交通史著作中也未见涉及,因此本文对其中的道里信息做了简单考述。如前所论,每一篇纪行赋都是一条具体的交通线(《归魂赋》是两条),这些路线有的并不常见于史籍,比如班彪《北征赋》记载的汉人从长安经泥阳、彭阳而至安定的路线(图11-4);那些常见路线中,也时有某地不详所在,比如《归魂赋》中的欢州,《哀江南赋》中的华阳②;有些地点虽于史有迹,但比较少见,比

---

① 《归魂赋》也提到了一路所见异族:"蛮蜓之与荆吴,玄狄之与羌胡,言语之所不通,嗜欲之所不同。"

② 庾信由江陵赴长安,自称是"华阳奔命"。这里的华阳,倪璠《庾子山集注》谓即江陵,说甚无据。《山海经》和《水经注》都提到了"阳华之山",《水经注·河水》:"洛水自上洛县东北,于拒阳城之西北,分为二水,枝渠东北出,为门水也。门水又东北历阳华之山,即《山海经》所谓阳华之山,门水出焉者也。"这座"阳华之山",胡三省认为就是秦宣太后弟华阳君芈戎封地所在。《读史方舆纪要》《禹贡锥指》皆谓阳华山在洛南县东北,当是承胡注而来。李详又指此洛南县之华阳即《哀江南赋》之华阳,说见其《媿生丛录》卷二并《哀江南赋注》。实际上,《水经注》提到的阳华之山是否可定位在洛南县,又是否即是芈戎所封之华阳,前人推论并不严密;即便成立,庾信所走的这条在历代文献中极其常见的商山道,何以从未见有人用"华阳"指代过,甚至描述此道行旅的文献,也没有提及沿途见有名华阳者,也很难说得通。因此,《哀江南赋》的华阳

如潘岳《西征赋》提到的曲沃[①]。了解一条交通线在某时或某种历史情境下是否在使用中,传统史料通常提供不了太丰富的信息,而作者一路亲历见闻,更非于史籍可得。因此以赋为研究对象,将赋中的地理信息充分发掘出来、贯串起来,才算对纪行赋利用得彻底。

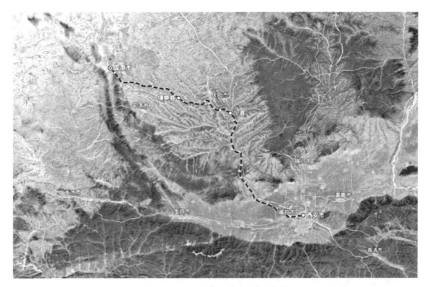

图 11-4 班彪《北征赋》路线

<hr />

究竟何指,仍待解决。见《庚子山集注》卷二,第 94 页。杨守敬、熊会贞疏,《水经注疏》卷四,第 329—330 页。《资治通鉴》卷三,第 3 页。顾祖禹《读史方舆纪要》卷五四,中华书局,2005 年,第 2597 页。胡渭《禹贡锥指》卷九,上海古籍出版社,2006 年,第 262 页。《李审言文集》,第 327、467 页。

① 潘岳《西征赋》记洛阳至长安路线,路经新安、渑池、陕县、(古)曲沃、弘农、湖县而进入关中平原,因有前后地点,可知此曲沃在今三门峡市以西地带,而非更著名的在今山西省境内的曲沃,详见李善《文选注》的考证,《宋尤袤刻本文选》第 3 册第 114 页。《西征赋》也是现存文献中最早明确写到此曲沃者,之前的《左传》《史记》中数处提到曲沃,其中或有潘岳所经者,但史撰者本人并没有给出确切的位置说明。

附一
万卷：一个中古时代的收藏欲望

公元 548 年，东魏军队趁着侯景反梁的机会南下略地，一年后基本控制了原属于梁的淮南地区。对魏军长官辛术而言，这次出征不仅给他带来了事业上的成功，还带来了一份意外财富：

> 及定淮南，凡诸资物一毫无犯，唯大收典籍，多是宋、齐、梁时佳本，鸠集万馀卷，并顾、陆之徒名画，二王已下法书数亦不少。俱不上王府，唯入私门。及还朝，颇以馈遗权要，物议以此少之。（《北齐书·辛术传》）

而对于想了解六世纪萧梁王朝文化生活的读者来说，辛术的收获同样是一份意外财富：和建康、三吴、荆州那些发达都会不同，淮南早在刘宋丢失淮北以后就成为南朝的北境，兵乱频仍，是一片属于军镇与荒邑、边民与豪帅的土地；当辛术到来时，不要说沿淮地区，就连靠后方的广陵、合肥也已经被侯景屠掠过——所以谁能想到，就是在此时此地，尚能找到万卷佳本和法书名画。

万卷

在古代中国的任何时段，万卷都是个不可小觑的书籍体量，直到明清，"万卷楼"这种名号仍以其简单直白的炫耀效果而广为藏书家青睐。

即使不去与卷容量弹性更大的后卷轴装时代相比，就在辛术南下之时，西魏的国家藏书还没有超过八千卷，而南朝宋齐两代国家藏书都在一万多卷，梁初始突破两万，这样看来，淮南的万卷书，当真是十分可观的。

事实上，生活在中古时期，坐拥千卷就可能被载入史册了。自宋齐好书之士如谢弘微、沈亮、褚渊、柳世隆、刘善明、沈驎士等，至唐之韦述、柳公绰，后梁之孙隲，后唐之张宪、贾馥，藏量都在千卷级。晋人范蔚有书七千馀卷，吸引远近来读者恒有百馀人；北朝魏齐间，邺（今河北临漳）令宋世良家有书五千卷，渤海（治今河北东光）人刘昼亦因往求观。这说明千卷书已经可以辐射到一个相当的地理范围，或者说可以承担起一个区域图书馆的角色了。

万卷藏书家的现身，似乎比千卷者还要早。桓谭在《新论》中提到，他的朋友梁子初、杨子林二人平生"所写万卷"，那么东汉初就有万卷藏家了。又据《博物志》，蔡邕也有书近万卷。但是此后，这个级别的藏家就从史料中消失了，再出现的万卷主人——陆澄、崔慰祖、沈约、任昉、王僧孺、李业兴、张缅、张缵、萧统、萧绎、萧励、许亨等等，上距蔡邕皆已二三百年。而这些人里除了陆澄、崔慰祖时代稍早卒于萧齐末，李业兴是北朝人外，其余全部活跃于梁代。

在三至五世纪之间，可能还有些藏书家的藏量数据未被史籍记录，但由已知信息勾勒出的藏书力从高峰到低谷、从低谷再到高峰的趋势，大体是有参考意义的，而且，它也可以与国家官藏的变动曲线相印证。西汉末年，国家藏书整理后计为一万三千两百十九卷，西晋达到了两万零九百三十五卷，永嘉南渡后猛跌到三千零十四卷，宋元徽间有一万五千零七十四卷，齐永明间有一万八千零十卷，梁天监间，新建立的国家藏书机构文德省有书两万三千一百零六卷（秘阁还另有一份收藏），数量重回峰值。现代国家藏书机构和出版方之间有稳定的供应渠道，但是在中古时期，官私收书路径差别并不太多，差别更多体现在实力上，换言之，秘阁不过是力量通常更雄厚的藏家。所以正常情况下，公私收藏意愿和收藏能力的变动趋势，应当是基本一致的。

不过，无论公藏私藏，萧梁藏书只是在数量上恢复到了过去——东晋以前的书籍数量,经过汉末和永嘉之乱亡佚惨重,汉晋之书很多已经不再会出现在梁人的书单里了。旧书渐亡,新书渐出,看似同一数量级的古今目录,里面暗暗发生着新旧迭代。

新书越出越多,而且越写越大。如果以554年萧绎被俘为限,寻找《隋志》中此年以前的大书top15,那么梁人贡献了一多半:

表1 《隋志》55千年前大书前15种

排序	书名	时代	发起人或责任人	卷帙
1	《四海类聚方》	隋	炀帝	2600
2	《三教珠英》	唐	武则天	1300
3	《区宇图志》	隋	炀帝	1200
4	《文思博要》	唐	太宗	1200
5	《文馆词林》	唐	高宗	1000
6	《华林遍略》	梁	武帝	700
7	《总集境内十八州谱》	梁	武帝	690
8	《皇览》	曹魏	文帝	680
9	《通史》	梁	武帝	602
10	《策府》	唐	张大素	582
11	《梁凶仪注》	梁	严植之	524
12	《通史》	梁	萧衍	480
13	《后魏起居注》	北魏	邢昕 等	336
14	《晋起居注》	宋	刘道会	322
15	《礼论》	宋	何承天	300

汉唐间书籍,绝大多数是二十卷以下的小书,超过百卷者在《隋书·经籍志》中只占1.7%,参照这个数据,可以感受梁人制造的大书到底有多大。如上表所示,大书多是国家工程。而国家工程的组织者自己也特别能写,清代学者赵翼做古今作者产量排行,梁武帝和简文帝居帝王代表队头两名。而梁武帝经史子集儒释道书法绘画音乐无不染指,文治武功都要,诚可谓中古时期的乾隆。

国家工程极具视觉冲击力的大成果丰盈了官藏目录，但这些大成果未必会进入私人藏书，私藏的新宠儿是现当代个人著述尤其是诗文作品。魏晋南北朝史籍但凡讲到某书导致洛阳纸贵、都下风靡，除了名人八卦书裴启《语林》外，基本都是单篇诗文或别集。引领风尚的畅销作家，则有谢灵运、谢庄、刘孝绰、徐陵、阳休之、邢邵等等。魏收攻击邢邵，说他在沈约集中做贼，《沈约集》一百卷，居《隋志》别集之冠，可见无论剽窃还是抓剽窃，没有丰厚的收藏是不行的。

因此，梁代的私人藏书家看似回归到了东汉的万卷水准，其实二者相当不同。除了藏品的构成差异外，私藏与官藏的关系也变化了。班固《汉书·叙传》在介绍其伯父班斿得成帝赐以秘书之副后，特别补充一句"时书不布，自东平思王以叔父求太史公、诸子书，大将军白不许"来强调所得之珍贵，这一则可见当时私人藏书之少，二也可见书籍来源的单一。前文提到的东汉万卷级藏家梁子初和杨子林两人都是郎官，而蔡邕曾校书东观，他们的万卷书恐怕也主要是因接触中秘书的机会得来（写副或赐副）。魏晋以下，除了赐书外，很多士人的藏书是承自先人，比如王弼、范蔚、谢弘微、褚渊等。和赐书一样，继承也是个比较封闭的流通渠道，而且往往要数代积累始成规模。但梁人谈论藏书，始爱用"聚书"一词，聚，意味着渠道的多样化。萧绎在《金楼子·聚书篇》中透露他的聚书来源包括赐赠、借抄和购买，他没透露的其实还有巧取豪夺。渠道多则收效快，萧绎因此四十年聚得八万卷书。值得注意的是，尽管萧绎身份特殊，赐书却并不是他收藏的主要渠道。秘阁不仅不再是人间藏书的主要输出方，有时候反而还要寻求私藏输入，任昉死后，梁武帝就使人查阅他的私藏书录，"官所无者，就昉家取之"（《梁书·任昉传》）。就算"秘阁图书，例不外出"（《南齐书·羌传》）的老规矩还在，私人收藏却无须仰仗它。国家图书馆近乎寓禁于藏的垄断性已成过去，藏书家不再是秘阁的衍生物了。

佳本

辛术北归后又过了将近十年，北齐秘阁组织过一次校书工程。校书

221

则要有校本,按照惯例,校本主要由多书之家出借,辛术和邢邵、魏收等六人都在此次被点名上借之列。辛术是否拿出了一些他在淮南的秘获呢? 其他五人中有没有曾获得辛术"馈遗"者,又贡献馈遗参与了这次校书呢? 淮南万馀卷宋齐梁典籍,既是"佳本",未始没有可能通过"校"的途径,渗透到了北齐国家藏书中。

国家藏书的校勘方式,也就是古人口中的"刘向故事",它其实包括了采访、剔复、校雠、缮写、装潢、分类、编目等一套全活。这样的"校书",按照现代理念,可能更接近于出版一套新丛书。因此,就像一套丛书一样,最后形成官藏目录的那些书籍,其用纸、书法、版式装帧都是有统一规划的。比如刘裕灭秦,得其官藏四千卷,皆"赤轴青纸,文字古拙"。唐人比较梁、陈、齐、周、隋五代官书,说:

> 梁代有大同、大通年所写书,卷末有校书沈长文、孟宝荣署记。

> 陈代有太建、至德年所写书卷,权端、胡琛、李真、戚邕、虞综等校。皆用短幅黄㯊纸,文字拙恶,书尾者名微位卑,多不审定。

> 齐、周书纸墨亦劣,或用后魏时字……又无当时名辈书记。

> 隋代旧书最为丽好,率用广陵麻纸缮写,皆作萧子云书,书体妍妙可爱。有秘书郎柳调、崔君儒、明馀庆、窦威、长孙威德等署纪,学士孔德绍、彭季彰、李文博、袁公直等勘校。青赤二色琉璃轴,五色绮带,织竹帙,紫玄黄表上织成有"御正""御副"等字。(《集贤注记》)

官书有定式,私人手里的书籍则未必,尤其到了"聚书"的时代,追求的就是五花八门。像萧绎喜好元嘉版,在藩时"又于江州江革家得元嘉前后书五帙,又就姚凯处得三帙,又就江禄处得四帙,足为一部,合二十帙,一百一十五卷,并是元嘉书,纸墨极精奇。又聚得元嘉《后汉》并《史记》《续汉春秋》《周官》《尚书》及诸子集等,可一千馀卷"。又好小字书

（细书），拥有《周易》《尚书》《周官》《仪礼》《礼记》《毛诗》《春秋》各一部。又好巾箱本，使人写得《前汉》《后汉》《史记》《三国志》《晋阳秋》《庄子》《老子》《肘后方》《离骚》等合六百三十四卷，"书极精细"。可见私人收藏虽然和官藏一样强调好纸张好书法，但并不追求后者那种定于一尊的统一美学，在版本上更能拥抱多样性。

田晓菲曾指出，萧绎书单里有不少重复的常见书，说明那些书只是收藏品，所以他的八万卷里多有副本。① 这里的副本，严格地说是同书异版，萧绎也拥有真正的副本，如"《五经》正副本"，但数量似不多。我们看萧绎详细记述他如何以江革、姚凯、江禄家书辛苦补配得全帙，最终却没写明这到底是什么书，这也说明他的兴趣点所在。好收佳本，就不免得到许多同书异版，这其实颇能给私人书目增添声势。萧绎有元嘉版《后汉》《史记》，有巾箱本《前汉》《后汉》《史记》《三国志》，在东州时还写得过《前汉》《后汉》《史记》《三国志》各一部。《史记》一百三十卷，《汉书》一百卷，《后汉书》一百二十卷，《三国志》六十五卷，上列这些史书加起来已经超过千卷了。官目中诸书只有唯一版本，所以一书只计一次，至于同书异版、副本则不会参与正御目录的统计，而法书画卷、内典道书通常独立编目，亦不入四部目录统计。但从《金楼子·聚书篇》看，私藏目录是可以把副本、法书画卷、内典道书一并列入的。以上这些区别，让官私目数据比较时官藏可能要"吃亏"，毕竟在藏书卷数上超过了官藏，并不意味着在藏书种类上超过了官藏。

但梁代私人藏家亦有在种类上下功夫的，如上文提到的任昉，又如王僧孺"好坟籍，聚书至万馀卷，率多异本，与沈约、任昉家书相埒。少笃志精力，于书无所不睹。其文丽逸，多用新事，人所未见者，世重其富"（《梁书·王僧孺传》）。凡此"异本"型藏书家，所求重点就在稀见书，因此可以从种类上挑战官藏。这样看，萧梁有佳本型和异本型藏家，不过萧绎的聚书单中也有别人赠送的"异书"，藏家们并不非佳即异，只是各

---

① 田晓菲《芳帙青简，绿字柏熏：六朝与初唐物质文化的一个侧面》，收《影子与水文：秋水堂自选集》，南京大学出版社，2019 年，第 100—121 页。

有侧重罢了。后来北齐秘阁向辛术等人借校本,总共借来三千馀卷,就已经"五经诸史,殆无遗阙"(《北齐书·樊逊传》)。以此推论,萧梁动辄万卷甚至两三万卷的藏家,藏品中佳异本占了很大比例。

书籍是知识的载体,也是"物"本身。如果异本代表着人们对知识的追逐(关于这一点,可以参胡宝国《知识至上的南朝学风》),佳本则代表着一种对"物"的欲望(关于这一点,可以参前揭田晓菲文)。在文学史上,萧梁是一个对物有极高鉴赏力的时代,对好物,诗人歌咏之;对佳人,诗人将其物化以歌咏之。《颜氏家训》说梁朝贵游子弟"熏衣剃面,傅粉施朱,驾长檐车,跟高齿屐,坐棋子方褥,凭斑丝隐囊,列器玩于左右",这是梁人在历史中留下的一个著名负面形象。但《颜氏家训》这里的观察方式本也就是当时咏物诗的方式:堆积意象,罗列好物。无论贵游子弟,还是他们的批判者,都在以捕捉"物"的方式感受这个世界。佳本,正是物的猎手走进书籍史的猎获。

淮南

辛术在淮南的事迹,其实是借用《史记》的模板写作的。《史记·萧相国世家》说,刘邦入咸阳,"诸将皆争走金帛财物之府分之,何独先入收秦丞相御史律令图书藏之"。律令图书的书,是指户籍簿册、档案文书之类,并不是一般意义上的书籍,但是到了魏晋南北朝,它常被史家偷换概念以刻画爱书之人:

> (吕)布之破也……太祖又给众官车各数乘,使取布军中物,唯其所欲。众人皆重载,唯涣取书数百卷,资粮而已。(《三国志·魏书·袁涣传》引《袁氏世纪》)

> 及克统万,世祖赐诸将珍宝杂物,顺固辞,唯取书数千卷。(《魏书·李顺传》)

不过，虽然事出同一模板，辛术和袁涣、李顺还有些差异。一方面，他所获更多，一举得到中古时期的最高级别藏量；另一方面，更重要的是，在他那里，爱书籍和爱财货不仅不构成强烈的价值取向对比，反而合一了——书籍就是财货。来自萧梁的书籍在北方可以馈遗"权要"，意味着它并非一般的礼物，而是功利性的期待着交换的货物。这再次让我们看到六世纪书籍史的新动态：书，至少某些书，已经不仅是阅读物，还是收藏品，不仅是知识的载体，还是物本身，因此也是价值的载体。

《隋书·经籍志》盛称梁武帝治下"四境之内，家有文史"。然而，让辛术大获丰收的淮南，并不是普通的"四境之内"；辛术的收获，也不是普通的"文史"；这万卷书的拥有者，也不会是普通之"家"。那么，赫然出现在淮南的万卷，它们曾经的主人都是谁？它们为什么被带到这里、留在这里？侯景之乱前，江淮间书籍和艺术品总量有多少？它们之间有没有在此地通过公私渠道流入北方的？淮南，是否始终有一条通向北方的交易渠道？辛术带走了梁人万卷，却给后人观看梁代书籍史留下了一个窗口。

附二
PPP：中古王朝史编纂的组织模式

梁末侯景之乱的时候，吴兴郡武康县（今属浙江德清）人姚察在老家避难，后来去了邻县做县令。陈霸先控制建康局势后，姚察受人推荐，回到都城，成为一名初级史官，参与到重新启动的梁史修撰工作中。没过多久，梁陈禅代，梁史尚未成功，陈史修撰又提上日程。二史的执掌者迭经更替，到陈朝末年，姚察成为梁史和国史的总负责人。后主祯明三年（589），隋军攻破建康，姚察经历了第二次改朝换代。这次他带着史稿来到长安，在后来的岁月里，作为隋的官员，受诏继续完成梁陈史。这期间隋文帝急于读到姚察的成果，姚察于是且写且进，但全书始终没有杀青，这份未竟的事业，他临终托付给了儿子姚思廉。炀帝大业初，姚思廉奉诏修梁陈史，又经过隋唐易代，武德五年奉诏参修梁史，贞观三年奉诏修梁陈史，这样一直到贞观十年（636），姚氏父子名下的《梁书》和《陈书》才大功告成，此时离陈朝灭亡已过了半个世纪。

《陈书》和《梁书》的修撰过程曲折，由南到北，由父到子，由梁到唐，幸亏二姚长寿，一个活了七十四岁，一个活了八十一岁，否则这个耗时比梁陈二朝都长的工程，都未必能在他们手里完结（二史修成时姚思廉八十岁）。拖延当然极大程度上是战乱造成的，无论史官的工作条件，还是所依据的档案文献，都受到了动荡环境的破坏；但战乱之外肯定还有别的原因，因为在汉唐之间的史学家里，姚察不是唯一一个结不了项的。（表1）

表1　汉唐间未完史书编撰

主题	作者	书名	结果
后汉书	华峤	《汉后书》	《十典》未成而卒。
	华彻	《汉后书》	未竟而卒。
魏史	卫觊、缪袭		累载不成。
晋史	王铨		未就而卒。
	崔浩	《晋后书》	未就，传世者五十馀卷。
	谢灵运	《晋书》	粗立条流，书竟不就。《隋志》著录三十六卷。
	袁炳	《晋书》	未成，卒。
	陆煦	《晋书》	未就。
宋史	裴松之		未及成而卒。
南齐史	檀超		未就而卒官。
梁史	徐陵		书竟不成。
	刘璠	《梁典》	始就，未及刊定而卒。《旧唐志》著录三十卷。
	许亨	《梁史》	成者五十八卷，未就而殁。
	姚察		未毕功。
陈史	顾野王	国史纪传	未就而卒。《旧唐志》著录三卷。
	姚察		未毕功。
后魏史	李彪		在秘书岁馀，史业竟未及就。
	谷纂		不能有所缉缀。
	山伟		时事荡然，万不记一。
	杨素		薨而止。
北齐史	李德林		未成。
周史	牛弘	《周史》	略叙纪纲，仍皆抵忤。《隋志》著录十八卷。
隋史	王绩	《隋书》	未就而卒。

主题	作者	书名	结果
通史	吴均	《通史》	草本纪、世家功已毕,唯列传未就。
	崔慰祖	《海岱志》	半未成。《隋志》著录二十卷。
	裴子野	《齐梁春秋》	始草创,未就而卒。
	李大师		所撰未毕,以为没齿之恨焉。
史注	萧方等	《后汉书注》	未就。

在中古时期编修史籍,尤其是纪传史,确实有相当高的失败率。复盘失败案例,可以看到,史书在当时难做,首先其实难在大。大,不仅本身就意味着撰写难度,还关乎纸张、笔墨、缮写、装潢、贮藏和运输的成本压力。东晋史官王隐本来负责修国史,后来不幸丢了工作,他虽然还想把《晋书》做下去,可"贫无资用,书遂不就",直到找到资助人权臣庾亮,"亮供其纸笔,书乃得成"。有了纸笔,还要有抄工,《南史》《北史》的作者李延寿因为"家素贫馨,又不办雇人书写",只好"连缀改定,止资一手",亲力亲为,严重影响了工作进度。有了纸笔和抄工,最好还要有个办公场地,以供写作和存放体积庞大的资料及草稿。所以北魏李彪修史,向朝廷提出的物资申请就包括:①"官给事力,以充所须";②"求都下乞一静处"。李彪说,这样他可以保证工作进度"近则期月可就,远则三年有成"。李彪没好意思要工钱,那其实是刚需中的刚需,好在上面意识到修史首先得让史学家有饭吃,所以对李彪"颇相赈饷"。而魏收修《魏书》时,获得一个挂职吃空饷的职位,因此能安心做事。总之,如果横向或者纵向的物资人力支持不到位,想修一部大书,几乎无从谈起。

这些支持到位,解决的也还只是硬件,动笔之前,尚面临资料问题。修史异于纯创作,无法纯靠灵感、玄思、酒精和捻断胡须生成,它必须要依托原始材料,所以能搜集到多少文献是事业成败的关键。史撰者的身份不同,所修史涉及的时间段不同,获取文献的难度也各有不同。北魏崔鸿作《十六国春秋》,"搜集诸国旧史,属迁京甫尔,率多分散,求之公私,驱驰数岁"。其中有一种书境内寻访不得,无从下笔,居然为此耽搁了七年,最后只能寄希望于官方出面到境外采买。文献在境外或者散在民间,都会增加搜集的难度,从而耽误修撰的推进,但即便它们好好地保存在自家秘阁,也未必唾手即得。梁吴均撰齐史,求阅萧齐起居注和群臣行状,武帝以"齐氏故事,布在流俗,闻见既多,可搜访也"的借口拒绝了。布在流俗的信息,就算有也不易搜罗,就算能搜罗到,风格和准确度也不可和正规档案同日而语。不要说中古时期,直到讯息已经足够发达的晚清,供职史馆的恽毓鼎看到多据邸抄而成的《光绪东华录》,还有"私家不可作史"之叹,"其书疏略特甚,政事皆不具首尾,舍史馆而编《东华录》,犹弃山而聚铜也,无怪乎不成片段矣"。那么对早期史家而言,自己去撒网搜访,还要找到足够的有效信息,难度可想而知。

史书卷帙既多,所依托的原始文献体量更会数倍于成书,所以作者得到文献后,还要花时间精力去阅读消化、排比考订。袁弘作《后汉纪》,陷入资料的海洋,"经营八年,疲而不能定"。李延寿为撰南北史,翻阅资料千馀卷,整整花掉十六年。要之,物资有靠,生计不愁,无事打扰,工作勤奋,生逢太平,健康长寿,这对史学家的事业成功都很重要。当然,最好还有一个能继承父志的儿子,实在不行,还可以让他去完成未竟的事业。

父子相承

像姚察、姚思廉这样父子修史的情况,在中古时期也相当常见。前表中华峤未成的《汉后书》,王铨未成的晋史,刘璠未及刊定的《梁典》,许亨只完成了一部分的《梁史》,李德林未成的北齐史,李大师引为"没齿之恨"的南北史,都分别由他们的儿子华彻、华畅、王隐、刘休徵、许善心、李百药和李延寿完成。工作多,一代人做不完,可也留下了生产资料如草稿、笔记、资料、书籍,还留下了遗憾,那么他的继承人似乎当然而然地要继承下这一切。但问题是,为什么史学家们更愿意把"麻烦"交给儿子,而不是其他人?

众所周知,第一个把这种麻烦交给儿子的人是司马谈。《太史公自序》说，司马谈临终"执迁手而泣"，嘱咐司马迁修史以继世业、继圣业。姚察"临亡之时，仍以体例诫约子思廉博访撰续，思廉泣涕奉行"。刘璠临终对刘休徵说："能成我志，其在此书乎！"史传中的这些叙述，正是在模仿《太史公自序》中司马父子交接任务的场景。虽然《史记》并非事实上的父子合撰，但"太史公书"的太史公的确可以理解为单数更可以理解为复数，太史公们为父子修史提供了精神源头，而这个精神的核心力量在于，《史记》是"世序天地"的司马氏的"一家之言"。巧的是，虽然班固不像司马迁那样热衷于建构世业谱系，《汉书》倒实实在在是子成父书。于是《史记》和《汉书》这两部中古纪传史作者悉心学习和效仿的经典，就让父子修史成为一种模范，这个模范既可期待毕功，又能保证史家对"一家之言"的终极追求。所以刘休徵刊定《梁典》，史称"勒成一家"；许善心述成《梁史》，史称"修续家书"；陆琼续成其父陆云公的《嘉瑞记》，史称"勒成一家之言"。姚察、姚思廉父子尽管始终是奉诏修史，在唐人看来，也还是做儿子的"续成父书"。反过来说，如果接棒的是别人——裴松之修宋史，未成亡故，他的助手孙冲之马上"表求别自创立，为一家之言"。徐爰修宋史，"虽因前作，而专为一家之书"。沈约修宋史，大获利于前人成果，主体部分一年即成，却反过来苛评前史"立传之方，取舍乖衷，进由时旨，退傍世情，垂之方来，难以取信"。这也更让史家明白，如果自己未能完成编纂，那么只有把接力棒交到子孙手里，才能保证体例被遵循，成果被尊重，"一家"有保证。

但是在这里，观念和制度间就呈现出一种微妙的关系。姚察临终前将国家公务私相授受，姚思廉继承父业又经过了"上表陈父遗言""内史侍郎虞世基奏思廉踵成梁、陈二代史""有诏许其续成梁、陈史"的官方认证手续。寻求认证未必是必须的，但肯定是严谨的，因为隋有"人间有撰集国史、臧否人物者，皆令禁绝"之令，梁陈史不算国史，但难免不稍牵涉，尤其是陈史。隋初王劭私撰北齐史被人举报，已是前鉴。这样，姚氏的一家之言在不断的官方确认中推进，后者保证了前者的安全，甚至保证了它在其他同题作品中胜出而成为最权威的一种，但肯定也改造了它的原初面貌，比如《陈书》甚至连个像样的叙传都没有，那本是史出一家的核心标志。司马氏是《史记》里的上帝,但姚氏只是《陈书》里的众生——姚察被很奇怪地与江总合传,当他把接力棒交到儿子手里时,不知是否预料到这个结果。

PPP 模式?

以著作局为机构依托的官修史制度,是西晋以后确立起来的。但无论在此前还是此后,能够完全脱离"官"的纯粹私人的王朝史编撰,数量其实都很有限。《史记》并非官方发起,谈不上官修,但作者利用了太史可以接触到材料档案的职务便利,这种便利成就了《史记》。类似地,后来所谓私修史,其作者很多有在著作局或秘阁工作的经历,这些工作有权限取阅皇家藏书和存档,于原始资料积累大有助益。比如华峤作《汉后书》,就是凭借秘书监的身份"遍观秘阁,遂就其绪"。《三国志》是中古最著名的私修史,其作者陈寿也做过著作郎。《续汉书》的作者司马彪做过秘书丞,"因得博览群书,乃注《庄子》,作《九州春秋》,叙述三国史事"。《南史》《北史》更不用说,李延寿"从贞观以来,屡叨史局",自己就参加了官修《隋书》、《五代史志》和《晋书》的编纂,经眼材料之多远非外人可及。

《汉书》始于私续父书,因缘际会,奉诏而成,如同一个国家后期资助项目。王隐《晋书》也是这种情况,他做著作郎的时候,手中已有其父王铨的晋史遗稿。类似的又如王韶之,先是私撰《晋安帝阳秋》,"即除著作佐郎,使续后事",因成《晋纪》。如果《汉后书》那种私修史模式可称为假公济私型,那么王韶之《晋纪》这样的官修史,实可谓假私济公型。

上面例子中的"假",都只是假材料。实则公所能假私者,还包括职位、人员、场所以及其他物质保障,具体到每种史书,则各有不同;即便对同一部史书而言,"公"的参与方式和参与程度在其编纂过程中也可能发生变化。而私之所能济公,也不仅仅是"带资进组"而已。著作局不是要害部门,负责人也并非抢手职位,至于下面做整理材料工作的基层岗,只是士人的起家之选,"上车不落则著作",年轻人很可能混个资历就升迁走了。所以单凭著作体制给出的职业前景,很难激发出修史需要的那种生死以之、颠沛如是的职业精神。私对公的最大"济",还是有志于良史的人才本身。

所以对于汉唐间的史籍,有时候很难精确地用官修史、私修史去区隔,因为太多的作品都兼具官私要素,或者说这个时代的史学编纂,经常表现为一种公私互济的 PPP(Public-Private Partnership,公私合营)组织模式。在 PPP 模式中,国家发起的修史工程委托给"一家","一家"则通过完成国家工程实现自己的"一家之言"。

所谓一家之言,简单地理解就是把史书当成子书去做,在史撰中彰明史家个人的历史思想,至少是价值观,而非整齐故事而已。基于这样的出发点,一家之言的愿望和官修史制度扭合到一起,其实也不是那么容易,惨烈的崔浩国史案就是没扭合好的例子。不过,尽管史家常标举董狐南史为职业楷模,一旦进入 PPP 模式,董南式的过激冲突其实很难发生,引发矛盾的多是史家没有意识到的观念分歧。所以史家一旦被磨炼得敏感,也会去规避风险,沈约奉齐武帝诏撰《宋书》,对该不该为被萧道成杀害的刘宋忠臣袁粲立传,拿捏不准,主动上报武帝御批。《宋书》中又多载宋孝武、明帝"诸鄙渎事",齐武帝派人给沈约带话:"孝武事迹不容顿尔。我昔经事宋明帝,卿可思讳恶之义。"沈约立刻就删。由此也能看到,在这种修史模式下,如果皇帝有足够的专业能力,手就可以伸得很长,像宋孝武帝甚至亲自下场,为挑战他的臧质、鲁爽、王僧达作传。前文提到,吴均向梁武帝求观齐起居注不获,于是私撰《齐春秋》,武帝以"其书不实"为名下令焚之。如果只做到这一步,那梁武帝只是个平庸的统治者,妙的是他又搭建了一个 PPP 平台,让吴均来写一部《通史》,武帝自作赞序,期待"此书若成,众史可废"。这就见出在人才使用上的手段高明了。

尽管扭合有难度,但 PPP 的精神是合作,冲突不是主流。在崔浩案后,北魏史官刁柔仍然敢"志存偏党,《魏书》中与其内外通亲者并虚美过实"。史官魏收甚至公然宣称"何物小子,敢共魏收作色!举之则使上天,按之当使入地!"——很难想象谁敢在清初的明史馆里说这样的话。这就是因为在 PPP 模式下,只要在大是大非问题上不犯错误,秉笔者在小节上尚拥有相对自由。谢朓临终托人给沈约带话，俾作佳传："君方为三代史，亦不得见没！"王韶之《晋纪》序王珣货殖、王廙作乱，二王子弟遂与韶之结怨，不复往来。这也都可见在时人眼中，一般传记的权力还是属于"一家"。有此权力，《陈书》虽然去个性化到没有叙传，也还是保留了姚察的传记，还有隋文帝对姚察的极高评价："我平陈，唯得此一人！"要知道在《隋书》中，隋文帝还和唐初预修《隋书》兼监诸史的许敬宗的父亲许善心说过"我平陈国，唯获此人！"周武帝平齐后也对《北齐书》作者李百药的父亲李德林说过"平齐之利，唯在于尔！"这种话术若不是老政治家们的招安套路，那就是子孙们在力所能及的范围内搞出来的"历史书写"了。

国家出钱出物，个人出力，既成就官修史事业，又在一定范围内实现"一家之言"，如此 PPP 不失为家国两便之法。但是，一家之言和官修史制度的根本目标毕竟不一致，这也埋下了分裂的伏笔。官修史的目标固定，一是前朝史，无则修之；二是本朝史，随着王朝时刻的推进，须史官们同步整理档案、整合成书，如此一代代接续下去，王朝不终结，修史不中断；三是如遇历史评价变化，还需回改。但追求一家之言的史家，更偏好没有人做过的，以及在自己手里可以杀青的课题。崔鸿身为北魏史官，本国史"未有所就"，但"弱冠便有著述之志，见晋魏前史皆成一家，无所措意"，于是选择并作成了《十六国春秋》。王隐要修晋史，是因为永嘉之乱后"当晋未有书，而天下大乱，旧事荡灭"。"应仲远作《风俗通》，崔子真作《政论》，蔡伯喈作《劝学篇》，史游作《急就章》，犹皆行于世，便成没而不朽。仆虽无才，非志不立，故疾没世而无闻焉，所以自强不息也。"但是一旦晋有了书，就有谁的书能"行于世"，哪位作者"没而不朽"的问题了。所以王隐、干宝、朱凤、虞预、孙盛前后做史官，不仅没有体现出接力合作精神，还爆出过互相攻讦剽窃的丑闻，结果是五人各成一史，五史都从司马懿写起，不是前后相接，而是重合覆盖。除了这五位过分积极的，还有特别消极的史官，北魏崔光撰魏史，"徒有卷目，初未考正，阙略尤多。每云：'此史会非我世所成，但须记录时事，以待后人。'"这些态度和作为，对官修史事业的成功都是不利的。

在中古时期修王朝史,最有能力提供物资支持的是官方,最有能力提供修史资料的也是官方,尤其修本朝史、前朝史所需档案,往往只有官方有本。史籍特别是大卷帙王朝史的这种特性,就宿命般地决定了它的修撰要以官方力量为主导。"一家之言"的传统职业精神,提供的是责任心和情怀,但责任心和情怀未必就能保证按时结项和验收合格。甚至破一家为多家,更能(理论上说)缩短工期,顺便消弭成果中不必要的个性,而这也就是唐代官修史的新走向。当然,在刘知幾的描述中,唐史馆的日常工作状态是"每欲记一事,载一言,皆阁笔相视,含毫不断。故首白可期,而汗青无日"。要想让这些抽掉了情怀的史官像姚氏父子一样,用毕生精力成就哪怕只有三十六卷的《陈书》,也不是那么容易的。

征引文献

B

《白氏六帖事类集》,文物出版社,1987 年。

《宝刻丛编》,[宋]陈思著,《石刻史料新编》第一辑,新文丰出版社公司,1977 年。

《抱朴子内篇校释》,[晋]葛洪著,王明校释,中华书局,1985 年。

《碑帖鉴定》,马子云、施安昌著,广西师范大学出版社,1993 年。

《北京图书馆藏中国历代石刻拓本汇编》,中州古籍出版社,1989 年。

《北齐书》,中华书局,1972 年。

《北史》,中华书局,1974 年。

《北堂书钞》,[唐]虞世南编,中国书店影印孔广陶校注本,1989 年。

《北周地理志》,王仲荦著,中华书局,1980 年。

C

《蔡邕集编年校注》,[汉]蔡邕著,邓安生笺注,河北教育出版社,2002 年。

《藏书的艺术》,约翰·威利斯·克拉克著,黄瑶译,四川人民出版社,2021 年。

《曹操"魏公"之封与汉魏禅代"故事"——兼论汉魏封爵制度之变》,杨英撰,《苏州大学学报》(哲社版),2014 年第 5 期。

《册府元龟》,[宋]王钦若等编,中华书局,1960 年。

《长安志 长安志图》,[宋]宋敏求、[元]李好文著,三秦出版社,2013 年。

《抄工与学者:希腊、拉丁文献传播史》,[英]L. D. 雷诺兹、[英]N. G.威尔逊著,苏杰译,北京大学出版社,2021 年。

《陈书》,中华书局,1972年。

《出三藏记集》,[梁]僧祐著,中华书局,1995年。

《初学记》,[唐]徐坚编,中华书局,2004年。

《从碑石、碑颂、碑传到碑文——论汉唐之间碑文体演变之大趋势》,程章灿撰,《唐研究》第十三卷,北京大学出版社,2007年,第419—436页。

《从丙部到史部——汉唐之间目录学史部的形成》,聂溦萌撰,《中国史研究》,2015年第3期。

《从〈千顷堂书目〉到〈明史·艺文志〉》,张云著,山东大学博士学位论文,2017年。

D

《大业杂记辑校》,[唐]杜宝撰,辛德勇辑校,中华书局,2020年。

《当代西方汉学研究集萃》(上古史卷),陈致主编,上海古籍出版社,2012年。

《道藏源流考》(新修订版),陈国符著,中华书局,2014年。

《典故论稿》,于溯著,南京大学博士学位论文,2011年。

《东晋初年的国史叙事与正统性建构》,李磊撰,《史林》,2018年第5期。

『東洋美術史論叢』,吉村怜博士古稀記念会编,雄山阁出版,1999年。

《读史方舆纪要》,[清]顾祖禹著,中华书局,2005年。

《读史丛预防》,[清]洪颐煊著,《续修四库全书》本,上海古籍出版社,2002年。

《敦煌壁画中的经架——兼议莫高窟第156窟前室室顶南侧壁画题材》,郭俊叶著,《文物》,2011年第10期。

《敦煌石室写经纸的研究》,潘吉星著,《文物》,1966年第3期。

《敦煌写本文献学》,张涌泉著,甘肃教育出版社,2013年。

《敦煌学十八讲》,荣新江著,北京大学出版社,2001年。

E

《二十五史补编》,中华书局,1995年。

《二十五史三编》,岳麓书社,1994年。

《二十五史艺文经籍志考补萃编》第二十四卷,清华大学出版社,2014年。

《二十五史艺文经籍志考补萃编》第十八卷,清华大学出版社,2012年。

《二十五史艺文经籍志考补萃编续刊》第十四卷,清华大学出版社,2020年。

《二十五史艺文经籍志考补萃编续刊》第十五卷,清华大学出版社,2020年。

F

《法律的文学叙事与历史叙事——从欧阳修的〈纵囚论〉说起》，杨孟哲撰，《天府新论》，2017 年第 3 期。

《法书要录校理》，[唐]张彦远纂辑，刘石校理，中华书局，2021 年。

《法言义疏》，[汉]扬雄著，汪荣宝注疏，中华书局，1987 年。

《法苑珠林校注》，[唐]释道世著，周叔迦、苏晋仁校注，中华书局，2003 年。

《凡将斋金石丛稿》，马衡著，中华书局，1977 年。

《范晔不敢作志辨》，谭绪缵撰，《中国历史文献研究集刊》第 4 集，湖南人民出版社，1984 年，第 173—177 页。

《斐德若篇》，[古希腊]柏拉图著，朱光潜译，商务印书馆，2018 年。

《封氏闻见记校注》，[唐]封演撰，赵贞信校注，中华书局，2005 年。

《风俗通义校注》，王利器校注，中华书局，1981 年。

《佛教文献学十讲》，[英]肯尼斯·罗伊·诺曼著，陈世峰、纪赟译，中西书局，2019 年。

G

《陔馀丛考》，[清]赵翼著，中华书局，2003 年。

《高僧传》，[梁]释慧皎著，汤用彤校注，中华书局，1992 年。

《艮斋杂说·续说·看鉴偶评》，[清]尤侗著，中华书局，2007 年。

《古代书价述略》，张升撰，《中国出版史研究》，2016 年第 3 期。

《古典目录学研究》，张固也著，华中师范大学出版社，2014 年。

《古典时期的图书世界》，H.L.皮纳著，康慨译，浙江大学出版社，2011 年。

《诂经精舍文集》，阮元辑，《丛书集成初编》本，中华书局，1985 年。

《古诗源》，[清]沈德潜选评，中华书局，1963 年。

《古书通例》，余嘉锡著，中华书局，2009 年。

《古希腊罗马的图书与读者》，[英]弗雷德里克·G.凯尼恩著，苏杰译，浙江大学出版社，2012 年。

《古希腊罗马技术史》，[德]赫尔穆特·施耐德著，张巍译，上海三联书店，2018 年。

《古文旧书考》，[日]岛田翰著，上海古籍出版社，2014 年。

《观书辨音：历史书写与魏晋精英的政治文化》，徐冲著，北京大学出版社，2020 年。

《关于晋史的撰述与唐修晋书撰人问题》，冉昭德撰，《西北大学学报（哲社版）》，1957
　　年第 4 期。

《管锥编》，钱锺书著，生活・读书・新知三联书店，2007 年。

《关中金石记》，[清]毕沅著，《石刻史料新编》第二辑，新文丰出版社公司，1979 年。

《广弘明集》，《大正藏》第 52 册。

《癸辛杂识》，[宋]周密著，中华书局，1988 年。

《国学常识》，曹朴著，文光书店，1943 年。

H

《海昏侯简牍初论》，朱凤瀚主编，北京大学出版社，2021 年。

《韩愈文集汇校笺注》，刘真伦、岳珍校注，中华书局，2010 年。

《汉代婚丧礼俗考》，杨树达著，上海古籍出版社，2007 年。

《汉代物质文化资料图说》（修定本），孙机著，中华书局，2020 年。

《汉唐间史学的发展》（修订版），胡宝国著，北京大学出版社，2014 年。

《汉魏两晋南北朝佛教史》，汤用彤著，中华书局，1983 年。

《汉、魏两武帝与文学发展关系的比较》，袁济喜撰，《社会科学辑刊》，1983 年第
　　4 期。

《汉魏六朝诗论丛》，余冠英著，古典文学出版社，1956 年。

《汉魏六朝乐府文学史》（增补本），萧涤非著，人民文学出版社，2011 年。

《汉魏六朝杂传集》，熊明辑校，中华书局，2017 年。

《汉书》，中华书局，1962 年。

《汉隋之间的车驾制度》，刘增贵撰，《"中研院"史语所集刊》第 63 本第 2 分册，1993
　　年，第 410—420 页。

《汉至唐初史官的演变》，牛润珍著，河北教育出版社，1999 年。

《后汉书》，中华书局，1965 年。

《〈后汉书〉发微》，王利器撰，《传统文化与现代化》，1997 年第 5 期。

《华阳国志校补图注》，[晋]常璩著，任乃强校注，上海古籍出版社，1987 年。

《寰宇访碑录》，[清]孙星衍著，《石刻史料新编》第一辑，1977 年。

《黄庭坚全集》，[宋]黄庭坚著，中华书局，2021 年。

《回忆空间：文化记忆的形式和变迁》，[德]阿莱达・阿斯曼著，潘璐译，北京大学出
　　版社，2016 年。

J

《畿辅通志》，[清]黄彭年等著，《石刻史料新编》第二辑，1979 年。

《嵇康集校注》，戴明扬校注，人民文学出版社，1962 年。

《记忆之术》，[英]弗朗西斯·叶芝著，钱彦、姚了了译，中信出版集团，2015 年。

《简牍帛书格式研究》，程鹏万著，上海古籍出版社，2017 年。

《建安七子集》，俞绍初辑校，中华书局，2005 年。

《建安时代"文的自觉"说再审视》，孙明君撰，《北京大学学报》(哲社版)，1996 年。

《建康实录》，[唐]许嵩著，中华书局，1986 年。

《今尘集》，邢义田著，联经出版事业股份有限公司，2021 年。

《金楼子疏证校注》(修订本)，[梁]萧绎著，陈志平、熊清元校注，上海古籍出版社，
    2022 年。

《金明馆丛稿初编》，陈寅恪著，生活·读书·新知三联书店，2011 年。

《金明馆丛稿二编》，陈寅恪著，生活·读书·新知三联书店，2011 年。

《金石录校证》，[宋]赵明诚著，金文明校证，中华书局，2019 年。

《金石萃编》，[清]王昶著，《石刻史料丛编》第一辑，1977 年。

《金石萃编补》，[清]叶奕苞著，《石刻史料新编》第一辑，1977 年。

《金石全例》，北京图书馆出版社，2008 年。

《近百年"文学自觉说"研究述评》，张慧撰，《运城学院学报》，2017 年第 1 期。

《晋书》，中华书局，1974 年。

《晋唐间的晋史编纂——由唐修〈晋书〉的回溯》，聂溦萌撰，《中华文史论丛》，2016
    年第 2 期。

《京都大学藏刘炫〈孝经述议〉残卷录文校补》，程苏东撰，《中国典籍与文化论丛》第
    十七辑，凤凰出版社，2015 年。

《景定建康志》，[宋]周应合著，南京出版社，2009 年。

《九家旧晋书辑本》，《丛书集成初编》本，中华书局，1985 年。

《旧唐书》，中华书局，1975 年。

《"疽发背而死"与中国史学传统》，潘务正撰，《文史哲》，2016 年第 6 期。

《郡斋读书志校证》，[宋]晁公武著，孙猛校证，上海古籍出版社，1990 年。

L

《冷庐杂识》，[清]陆以湉著，中华书局，1984 年。

《李白评传》，周勋初著，南京大学出版社，2005年。

《李清照集笺注》（修订本），徐培均笺注，上海古籍出版社，2013年。

《李审言文集》，李详著，江苏古籍出版社，1989年。

《礼物：汉代石刻与社会网络》，程章灿撰，《中国学术》第37辑，商务印书馆，2016年，第149页。

《历代名画记译注》，［日］冈村繁译注，俞慰刚译，上海古籍出版社，2002年。

《隶释 隶续》，［宋］洪适著，中华书局，1986年。

《梁书》，中华书局，1973年。

《两汉纪》，［汉］荀悦著，［晋］袁宏著，中华书局，2002年。

《列仙传校笺》，王叔岷校笺，中华书局，2007年。

《刘禹锡集》，卞孝萱校订，中华书局，1990年。

《柳宗元集》，中华书局，1979年。

《六朝风采》，南京市博物馆编，文物出版社，2004年。

《六朝"高士"类杂传考论》，卞东波撰，《古典文献研究》第七辑，凤凰出版社，2004，第132—151页。

《六朝官僚制的叙述》，［日］中村圭尔撰，《魏晋南北朝隋唐史资料》第二十六辑，武汉大学文科学报编辑部，2010年。

《六朝事迹编类》，中华书局，2012年。

《论演说家》，［古罗马］西塞罗著，王焕生译，中国政法大学出版社，2003年。

《洛阳伽蓝记校注》，［北魏］杨衒之著，范祥雍校注，上海古籍出版社，1978年。

《鲁迅全集》（第三卷），人民文学出版社，2005年。

《陆云集》，中华书局，1988年。

M

《美国学者论唐代文学》，［美］倪豪士编选，上海古籍出版社，1994年。

《明史》，中华书局，1974年。

《目录学发微》，余嘉锡著，巴蜀书社，1991年。

N

《南北朝交聘使节行进路线考》，蔡宗宪撰，《中国历史地理论丛》，2005年第4期。

《南北战争三百年：中国4—6世纪的军事与政权》，李硕著，上海人民出版社，

2017 年。

《南朝陵墓研究》,许志强,南京大学博士学位论文,2020 年。

《南京北郊东晋温峤墓》,华国荣、张九文撰,《文物》,2002 年第 7 期。

《南海寄归内法传校注》,[唐]义净著,王邦维校注,中华书局,1995 年。

《南京近郊六朝墓的清理》,江苏省文物管理委员会撰,《考古学报》,1957 年第 1 期。

《南京市郭家山东晋温氏家族墓》,南京市博物馆撰,《文物》,2008 年第 6 期。

《南京尧化门南朝梁墓发掘简报》,南京博物院撰,《文物》,1981 年第 12 期。

《南齐书》,中华书局,1972 年。

《南史》,中华书局,1975 年。

《廿二史考异》,[清]钱大昕著,上海古籍出版社,2014 年。

《廿二史札记校证》,[清]赵翼著,王树民校证,中华书局,1963 年。

O

《欧阳修全集》,[宋]欧阳修著,《儒藏》精华编第二〇六册,北京大学出版社,
2016 年。

Q

《齐民要术今释》,[北魏]贾思勰著,石声汉校释,中华书局,2009 年。

《千顷堂书目》,[清]黄虞稷著,上海古籍出版社,2001 年。

《全球景观中的中国古代艺术》,巫鸿著,生活·读书·新知三联书店,2017 年。

《全唐诗》,中华书局,1960 年。

《全唐文补遗》(第七辑),三秦出版社,2005 年。

R

《日藏弘仁本文馆词林校证》,中华书局,2001 年。

《容斋随笔》,[宋]洪迈著,中华书局,2005 年。

S

《三国志》,中华书局,1982 年。

《晒书堂集》,[清]郝懿行著,齐鲁书社,2010 年。

《剡溪漫笔》,[明]孙能传著,中国书店影印本,1987 年。

《少室山房笔丛》，〔明〕胡应麟著，上海书店，2009 年。

《什么是文化史》（第三版），〔英〕彼得·伯克著，蔡玉辉译，北京大学出版社，
　　2020 年。

《盛唐诗》，〔美〕宇文所安（Stephen Owen）著，贾晋华译，生活·读书·新知三联书
　　店，2014 年。

《诗式校注》，〔唐〕皎然著，李壮鹰校注，人民文学出版社，2003 年。

《诗薮》，〔明〕胡应麟著，上海古籍出版社，1979 年。

《十八家晋书》，王树民撰，《文史》，1983 年第 1 辑。

《十国春秋》，〔清〕吴任臣著，中华书局，2010 年。

《石林燕语》，〔宋〕叶梦得著，宇文绍奕考异，中华书局，1984 年。

《十三经注疏》，中华书局，2009 年。

《史记》，中华书局，1982 年。

《史通通释》，〔唐〕刘知幾著，〔清〕浦起龙通释，上海古籍出版社，2022 年。

《世说新语笺疏》，余嘉锡笺疏，中华书局，2007 年。

《书的大历史：六千年的演化与变迁》，〔英〕基思·休斯敦著，伊玉岩、邵慧敏译，生
　　活·读书·新知三联书店，2020 年。

《书林清话》，叶德辉著，中华书局，1957 年。

《书籍的历史》，〔法〕弗雷德里克·巴比耶著，刘阳等译，广西师范大学出版社，
　　2005 年。

《鼠璞》，〔宋〕戴埴著，《丛书集成初编》本，中华书局，1985 年。

《水经注疏》，杨守敬、熊会贞疏，江苏古籍出版社，1989 年。

《水经注研究二集》，陈桥驿著，山西人民出版社，1987 年。

《宋本艺文类聚》，上海古籍出版社，2003 年。

《宋高僧传》，中华书局，1987 年。

《宋书》，中华书局，1974 年。

《宋尤袤刻本文选》，国家图书馆出版社，2017 年。

《宋元学案》，〔清〕黄宗羲原著，〔清〕全祖望补修，中华书局，1986 年。

《四库提要辨证》，余嘉锡著，中华书局，2007 年。

《隋书》，中华书局，1973 年。

《〈隋书·经籍志〉成书考》，寇克让撰，《文史》（总第 90 辑），中华书局，2010 年。

《隋书经籍志考证》，章宗源著，王颂蔚批校，中华书局，2021 年。

《隋书求是》，岑仲勉著，中华书局，2004 年。

《〈隋书·经籍志〉著录情况的统计研究——〈隋书·经籍志〉研究之二》,张晚霞撰,
　　《淮北煤炭师范学院学报》(哲学社会科学版),2004 年第 5 期。
《隋唐五代墓志汇编·陕西卷》,天津古籍出版社,1991 年。
《说范晔〈后汉书〉之志》,刘汉忠撰,《文献》,1997 年第 4 期。
《说文解字注》,[清]段玉裁注,上海古籍出版社,1981 年。

T

《太平广记》,[宋]李昉等编,中华书局,1961 年。
《太平御览》,中华书局,1960 年。
《唐钞本》,大阪市立美术馆编,同朋社,1981 年。
《唐代墓志汇编》,上海古籍出版社,1992 年。
《唐代墓志汇编续集》,上海古籍出版社,2001 年。
《唐令拾遗》,[日]仁井田陞著,长春出版社,1989 年。
《唐六典》,中华书局,1992 年。
《唐秘书少监刘应道墓志考释》,刘瑞、穆小军撰,《唐研究》第四卷,北京大学出版社,
　　1998 年,第 166 页。
《唐末以前官修史书要录》,杨翼骧、叶振华撰,《史学史研究》,1991 年第 4 期。
《唐书合钞》,[清]沈炳震撰,丁小鹤补正,书目文献出版社,1992 年。
《唐修国史研究》,李南晖著,中山大学出版社,2022 年。
《唐摭言校证》,[唐]王定保著,陶绍清校证,中华书局,2021 年。
《天一阁藏明钞本天圣令校证 附唐令复原研究》,黄正建著,中华书局,2006 年。
《通典》,中华书局,1988 年。
《通史》,[古希腊]波利比乌斯著,杨之涵译,上海三联书店,2021 年。
《通志二十略》,[宋]郑樵著,中华书局,1995 年。

W

《王维集校注》,陈铁民校注,中华书局,1997 年。
《王隐家世及其〈晋书〉》,曹书杰撰,《史学史研究》,1995 年第 2 期。
《魏晋南北朝史论集续编》,周一良著,北京大学出版社,1991 年。
《魏晋南北朝史中的史料批判研究》,孙正军撰,《文史哲》,2016 年第 1 期。
《魏晋史学的思想与社会基础》,逯耀东著,中华书局,2006 年。

《魏晋政治与皇权传递》,权家玉著,社会科学文献出版社,2019 年。

《魏晋之际的政治权力与家族网络》(修订本),仇鹿鸣著,上海古籍出版社,2020 年。

《魏晋之际国子、太学之议与司马氏政权的合法性建构》,李磊撰,《江海学刊》,2016
年第 6 期。

《魏书》,中华书局,1974 年。

《味水轩日记》,[明]李日华著,上海远东出版社,1996 年。

《魏武帝诗注》,黄节注,中华书局,2008 年。

《文心雕龙注》,范文澜注,人民文学出版社,1958 年。

《文选版本研究》,傅刚著,世界图书出版公司,2014 年。

《〈文选〉姐妹篇及其分卷分合问题》,黄伟豪撰,《文学遗产》,2013 年第 4 期。

《文选平点》,黄侃著,上海古籍出版社,1985 年。

《文史通义校注》,[清]章学诚著,叶瑛校注,中华书局,2004 年。

《"五柳先生"及"无弦琴"的守穷守默——从扬雄看陶渊明的"愤宋"》,吴国富撰,《九
江师专学报》(哲社版),2001 年第 2 期。

《文苑英华》,中华书局,1966 年。

X

《西方古典学辑刊第三辑:苏格拉底的申辩》,复旦大学出版社,2021 年。

《西晋佐命功臣铭飨表微》,朱晓海撰,《台大中文学报》,2000 年第 12 期。

《希腊史纲》,[古希腊]狄奥多罗斯著,席代岳译,文化发展出版社,2019 年。

《西域考古图记》(修订版),[英]奥雷尔·斯坦因著,中国社会科学院考古研究所主
持翻译,广西师范大学出版社,2019 年。

《先秦汉魏晋南北朝诗》,逯钦立辑校,中华书局,1983 年。

《新唐书》,中华书局,1975 年。

《形象与写意:史传书写程式化修辞频现》,孙正军撰,《中国社会科学报》,2014 年 4
月 23 日第 5 版。

《续高僧传》,[唐]道宣著,中华书局,2014 年。

Y

《颜氏家训集解》,[北齐]颜之推著,王利器集解,中华书局,1993 年。

《弇州四部稿》,[明]王世贞著,万历刻本。

《药堂杂文》,周作人著,北京十月文艺出版社,2012年。

《野客丛书》,[宋]王楙著,中华书局,1987年。

《一切经音义三种校本合刊》(修订版),徐时仪校注,上海古籍出版社,2012年。

《义门读书记》,[清]何焯,中华书局,1987年。

《印度佛教史》,[英]渥德尔著,王世安译,商务印书馆,1995年。

《影子与水文:秋水堂自选集》,田晓菲著,南京大学出版社,2019年。

《余嘉锡论学杂著》,余嘉锡著,中华书局,2007年。

《庾子山集注》,[北周]庾信著,[清]倪璠注,中华书局,1980年。

《禹贡锥指》,[清]胡渭著,上海古籍出版社,2006年。

《与正仓院的七次约会》,扬之水著,上海书画出版社,2021年。

《玉海艺文校证》(修订本),[宋]王应麟著,武秀成、赵庶洋校证,凤凰出版社,
    2017年。

《语石 语石异同评》,[清]叶昌炽著,柯昌泗评,中华书局,1994年。

《元和郡县图志》,中华书局,1983年。

《越缦堂读书记》,李慈铭著,中华书局,2006年。

《乐师与史官:传统政治文化与政治制度论集》,阎步克著,生活·读书·新知三联书
    店,2001年。

《云笈七签》,[宋]张君房编,中华书局,2003年。

Z

《臧荣绪与〈晋书〉研究》,王超著,山东师范大学硕士学位论文,2015年。

《正史艺文志数字多误》,宋怀仁撰,《古籍整理研究学刊》,1985年第2期。

《直斋书录解题》,[宋]陈振孙著,上海古籍出版社,1987年。

《中古良吏书写的两种模式》,孙正军撰,《历史研究》,2014年第3期。

《中古时代的历史书写与皇帝权力起源》,徐冲著,上海古籍出版社,2012年。

《钟山札记》,[清]卢文弨著,中华书局,2010年。

《中国的传记写作》,[英]崔瑞德(Denis Twitchett)撰,张书生译,《史学史研究》,
    1985年第3期。

《中国的自传文学》,[日]川合康三著,蔡毅译,中央编译出版社,1999年。

《中国佛教通史》,[日]镰田茂雄著,关世谦译,佛光出版社,1985年。

《中国佛学源流略讲》,吕澂著,中华书局,1979年。

《中国古代的类书》,胡道静著,上海人民出版社,2020 年。

《中国古代陵寝制度史研究》,杨宽著,上海人民出版社,2016 年。

《中国古典目录学中史部之演化轨迹述略》,辛德勇撰,《中国典籍与文化》,2006 年
　　第 1 期。

《中国画像砖全集·四川画像砖》,四川美术出版社,2006 年。

《中国经学史》,〔日〕本田成之著,孙俍工译,漓江出版社,2013 年。

《中国目录学史》,姚名达著,上海古籍出版社,2018 年。

《中国史学通论 史馆论议》,朱希祖著,中华书局,2012 年。

《中国史学史》,金毓黻著,商务印书馆,1999 年。

《中国行政区划通史·三国两晋南北朝卷》,复旦大学出版社,2017 年。

《中国印本书籍发展简史》,赵万里著,《文物参考资料》,1952 年第 4 期。

《中国纸文化中特有的"敬惜字纸"之现象》,白化文撰,《中国典籍与文化》,2011 年
　　第 3 期。

《中国造纸技术史稿》,潘吉星著,文物出版社,1997 年。

《周礼经注疏音义校勘记》,〔日〕加藤虎之亮著,中西书局,2016 年。

《周绍良先生欣开九秩庆寿文集》,中华书局,1997 年。

《周书》,中华书局,1971 年。

《资治通鉴》,中华书局,1956 年。

《朱淑真集注》,〔宋〕朱淑真撰,〔宋〕魏仲恭辑,〔宋〕郑元佐注,中华书局,2008 年。

《朱希祖史学史选集》,中西书局,2019 年。

《朱子语类》,〔宋〕黎靖德编,中华书局,1986 年。

《传记与小说——唐代文学比较论集》,〔美〕倪豪士著,中华书局,2007 年。

《纵囚归狱与初唐的德政制造》,陈爽撰,《历史研究》,2018 年第 2 期。

英文文献

Bookrolls and Scribes in Oxyrhynchus, William A. Johnson, University of Toronto
　　Press, 2004.

Books and Readers in Early Modern England: *Material Studies*, Jennifer
　　Andersen and Elizabeth Sauer (ed.), University of Pennsylvania Press, 2002.

Die Buchrolle in der Kunst, Theodor Birt, Leipzig, 1907.

"Divide and Edit: A Brief History of Book Divisions", Carolyn Higbie, *Harvard*

Studies in Classical Philology, Vol. 105 (2010), pp. 1 – 31.

"Languages, Books, and Reading from the Printed Word to the Digital Text", Roger Chartier, *Critical Inquiry* , Vol. 31, No. 1 (Autumn 2004), p.151.

"Literacy and Luxury in the early empire: A papyrus-roll winder from Pompeii", Susan Wood, *Memoirs of the American Academy in Rome*, Vol. 46 (2001), pp.23 – 40.

"Mikroskopische Untersuchung einiger früher, ostasiatischer Tun-huang-Papiere", Mariannem Harders-Steinhäuser, *Das Papier*, BD. 23 No. 3 (1968), SS210 – 216.

"Modularity: An Interdisciplinary History of an Ordering Concept", Andrew L. Russell, *Information & Culture*, Vol. 47, No. 3 (2012), pp.257 – 287.

"Papiers de Dunhuang. Essai d'analyse morphologique des manuscrits chinois datés", Jean-Pierre Drège, *T'oung Pao*, Second Series, Vol. 67, Livr. 3/5 (1981), pp.305 – 360.

Printing and Book Culture in Late Imperial China, Cynthia J. Brokaw and Kai-wing Chow ed., University of California Press, 2005.

The Oxford Handbook of Papyrology, Roger S. Bagnall, ed., Oxford University Press, 2009.

The Role of the Scroll: An Illustrated Introduction to Scrolls in the Middle Ages. Thomas Forrest Kelly, W. W. Norton & Company, 2019.

图书在版编目(CIP)数据

中古时期的历史文献与知识传播 / 于溯著. —南京:
南京大学出版社,2023.12
ISBN 978 - 7 - 305 - 27363 - 6

Ⅰ.①中… Ⅱ.①于… Ⅲ.①中国历史-文献-知识
传播-研究-中古 Ⅳ.①K230.7②G219.2

中国国家版本馆 CIP 数据核字(2023)第 210843 号

出版发行 南京大学出版社
社   址 南京市汉口路 22 号   邮 编 210093
丛 书 名 中国古代文献文化史
主   编 程章灿
书   名 中古时期的历史文献与知识传播
著   者 于 溯
责任编辑 束 悦

出版统筹 胡 豪 李 亭
装帧设计 赵 秦
封底篆印 徐兴无
责任监制 冯晓哲

照   排 南京紫藤制版印务中心
印   刷 南京爱德印刷有限公司
开   本 718×1000 1/16 印张 16.75 字数 249 千
版   次 2023 年 12 月第 1 版 印次 2023 年 12 月第 1 次印刷
ISBN 978 - 7 - 305 - 27363 - 6
定   价 70.00 元

网   址:http://www.njupco.com
官方微博:http://weibo.com/njupco
官方微信:njupress
销售咨询热线:(025)83594756

中国古代文献文化史　十卷本／程章灿　主编